suhrkamp taschenbuch 2029

Brechts *Aufhaltsamer Aufstieg des Arturo Ui*, diese Verhüllung als Enthüllung, der gelegentlich schon der Vorwurf galt, sie bedeute eine starke Vereinfachung, ja Verfälschung der tatsächlichen historischen Vorgänge und der Marxist Brecht habe mit ihr eine unmarxistische Geschichtsdarstellung geliefert, hat mit ihrer zupackenden Verbindung von Gangster-Story und hohem Stil der Tragödie theatralische Wirksamkeit unter Beweis gestellt. Hinter diese unleugbaren Oberflächeneffekte zurückzuspüren, die Genese des Stücks zu verfolgen und seinen Stellenwert in Brechts Dramatik zu bestimmen, macht sich der Materialienband von Raimund Gerz zur Aufgabe. Er konfrontiert die letzte Textfassung mit den von Brecht gesammelten und der ersten (im Nachlaß überlieferten) Fassung eingeklebten dokumentarischen Fotos; er bietet unter den Materialien zum Stück neben Brechts ›Anmerkungen‹ und Eintragungen ins Arbeitsjournal verstreute Texte aus dem Nachlaß und die *Geschichte des Giacomo Ui*, umfaßt in einem Kapitel zur Rezeption Kritiken der Aufführungen in Stuttgart und Berlin. Ausgewählte ›Texte zur Erläuterung des historischen Hintergrunds‹, darunter Auszüge aus den Braunbüchern und Hitlers Reden, erfassen den historischen Kontext und belegen dessen Bezugspunkte für Brechts dramatische Arbeit.

Brechts »Aufhaltsamer Aufstieg des Arturo Ui«

Herausgegeben von Raimund Gerz

suhrkamp taschenbuch
materialien

Suhrkamp

suhrkamp taschenbuch 2029
Erste Auflage 1983

Einzelnachweise am Schluß des Bandes
Satz: Georg Wagner, Nördlingen
Druck: Nomos Verlagsgesellschaft, Baden-Baden
Printed in Germany
Umschlag nach Entwürfen von
Willy Fleckhaus und Rolf Staudt

1 2 3 4 5 6 – 88 87 86 85 84 83

Inhalt

I

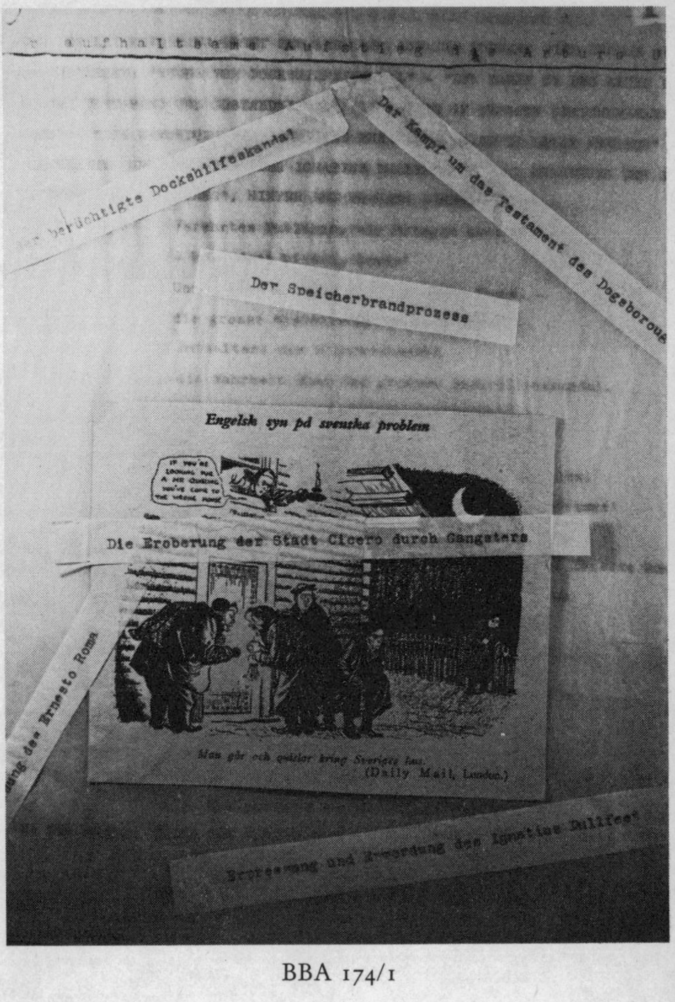
berüchtigte Dockshilfeskandal
Der Speicherbrandprozess
Engelsk syn på svenska problem
Die Eroberung der Stadt Cicero durch Gangsters
(Daily Mail, London.)
Ernesto Roma

BBA 174/1

Bertolt Brecht
Der aufhaltsame Aufstieg des Arturo Ui
Textfassung (BBA 2094)
mit den Fotos der ersten Fassung (BBA 174)

Mitarbeiter: M. Steffin

Personen

Der Ansager · Flake, Caruther, Butcher, Mulberry, Clark – Geschäftsleute, Führer des Karfioltrusts · Sheet, Reedereibesitzer · Der alte Dogsborough · Der junge Dogsborough · Arturo Ui, Gangsterchef · Ernesto Roma, sein Leutnant; Emanuele Giri; Giuseppe Givola, Blumenhändler – Gangster · Ted Ragg, Reporter des »Star« · Dockdaisy · Bowl, Prokurist bei Sheet · Goodwill und Gaffles, zwei Herren von der Stadtverwaltung · O'Casey, Untersuchungsbeauftragter · Ein Schauspieler · Hook, Gemüsegroßhändler · Der Angeklagte Fish · Der Verteidiger · Der Richter · Der Arzt · Der Ankläger · Eine Frau · Der junge Inna, Romas Vertrauter · Ein kleiner Mann · Ignatius Dullfeet · Betty Dullfeet, seine Frau · Dogsboroughs Diener · Leibwächter · Gunmänner · Grünzeughändler von Chicago und Cicero · Zeitungsreporter

Prolog

Vor den Leinenvorhang tritt der Ansager. Auf dem Vorhang sind große Ankündigungen zu lesen: »Neues vom Dockshilfeskandal« – »Der Kampf um des alten Dogsborough Testament und Geständnis« – »Sensation im großen Speicherbrandprozeß« – »Die Ermordung des Gangsters Ernesto Roma durch seine Freunde« – »Erpressung und Ermordung des Ignatius Dullfeet« – »Die Eroberung der Stadt Cicero durch Gangster«. Hinter dem Vorhang Bumsmusik.

DER ANSAGER Verehrtes Publikum, wir bringen heute –
Ruhe dort hinten, Leute!
Und nehmen Sie den Hut ab, junge Frau! –
Die große historische Gangsterschau!
Enthaltend zum allerersten mal
Die Wahrheit über den großen Dockshilfeskandal.
Ferner bringen wir Ihnen zur Kenntnis
Dogsboroughs Testament und Geständnis.
Den Aufstieg des Arturo Ui während der Baisse!
Sensationen im berüchtigten Speicherbrandprozeß!
Den Dullfeetmord! Die Justiz im Koma!
Gangster unter sich: die Abschlachtung des Ernesto Roma!
Zum Schluß das illuminierte Schlußtableau:
Gangster erobern die Stadt Cicero!
Sie sehen hier, von Künstlern dargestellt
Die berühmtesten Heroen unserer Gangsterwelt.
Sie sehen tote und Sie sehen lebendige
Vorübergegangene und ständige
Geborene und gewordene, so
Zum Beispiel den guten, alten ehrlichen Dogsborough!
Vor den Vorhang tritt der alte Dogsborough.
Das Herz ist schwarz, das Haar ist weiß.
Mach deinen Diener, du verdorbener Greis!
Der alte Dogsborough tritt zurück, nachdem er sich verbeugt hat.
Sie sehen ferner bei uns – da
Ist er ja schon –
Vor den Vorhang ist Givola getreten
den Blumenhändler Givola.
Mit seinem synthetisch geölten Maul
Verkauft er Ihnen einen Ziegenbock als Gaul.
Lügen, heißt es, haben kurze Beine!
Nun betrachten Sie seine!
Givola tritt hinkend zurück.
Und nun zu Emanuele Giri, dem Superclown!
Heraus mit dir, laß dich anschaun!
Vor den Vorhang tritt Giri und grüßt mit der Hand.
Einer der größten Killer aller Zeiten!
Weg mit dir!
Giri tritt erbost zurück.

Und nun zur größten unsrer Sehenswürdigkeiten!
Der Gangster aller Gangster! Der berüchtigte
Arturo Ui! Mit dem uns der Himmel züchtigte
Für alle unsre Sünden und Verbrechen
Gewalttaten, Dummheiten und Schwächen!
Vor den Vorhang tritt Ui und geht die Rampe entlang ab.
Wem fällt da nicht Richard der Dritte ein?
Seit den Zeiten der roten und weißen Rose
Sah man nicht mehr so große
Fulminante und blutige Schlächterein!
Verehrtes Publikum, angesichts davon
War es die Absicht der Direktion
Weder Kosten zu scheuen noch Sondergebühren
Und alles im großen Stile aufzuführen.
Jedoch ist alles streng wirklichkeitsgetreu
Denn was Sie heut abend sehen, ist nicht neu
Nicht erfunden und ausgedacht
Zensuriert und für Sie zurechtgemacht:
Was wir hier zeigen, weiß der ganze Kontinent:
Es ist das Gangsterstück, das jeder kennt!
Während die Musik anschwillt und das Knattern eines Maschinengewehrs sich ihr gesellt, tritt der Ansager geschäftig ab.

1

a

City. Auftreten fünf Geschäftsleute, die Führer des Karfioltrusts.

FLAKE Verdammte Zeiten!

CLARK 's ist, als ob Chicago
Das gute alte Mädchen, auf dem Weg
Zum morgendlichen Milchkauf in der Tasche
Ein Loch entdeckt hätt und im Rinnstein jetzt
Nach ihren Cents sucht.

CARUTHER Letzten Donnerstag
Lud mich Ted Moon mit einigen achtzig andern
Zum Taubenessen auf den Montag. Kämen
Wir wirklich, fänden wir bei ihm vielleicht
Nur noch den Auktionator. Dieser böse Wechsel
Vom Überfluß zur Armut kommt heut schneller
Als mancher zum Erbleichen braucht. Noch schwimmen
Die Grünzeugflotten der fünf Seen wie ehdem
Auf diese Stadt zu, und schon ist kein Käufer
Mehr aufzutreiben.

BUTCHER 's ist, als ob die Nacht
Am hellen Mittag ausbräch!

MULBERRY Clive und Robber
Sind unterm Hammer!

CLARK Wheelers Obstimport –
Seit Noahs Zeiten im Geschäft – bankrott!

FLAKE Dick Havelocks Garagen zahlen aus!

CARUTHER Und wo ist Sheet?

FLAKE Hat keine Zeit, zu kommen.
Er läuft von Bank zu Bank jetzt.

CLARK Was? Auch Sheet?
Pause.
Mit einem Wort: Das Karfiolgeschäft
In dieser Stadt ist aus.

BUTCHER Nun, meine Herrn
Kopf hoch! Wer noch nicht tot ist, lebt noch!

MULBERRY Nicht tot sein heißt nicht: leben.

BUTCHER Warum schwarz sehn?
Der Lebensmittelhandel ist im Grund
Durchaus gesund. 's ist Futter für die Vier-
Millionenstadt! Was Krise oder nicht:
Die Stadt braucht frisches Grünzeug, und wir schaffen's!
CARUTHER Wie steht es mit den Grünzeugläden?
MULBERRY Faul.
Mit Kunden, einen halben Kohlkopf kaufend
Und den auf Borg!
CLARK Der Karfiol verfault uns.
FLAKE Im Vorraum wartet übrigens ein Kerl –
Ich sag's nur, weil's kurios ist – namens Ui . . .
CLARK Der Gangster?
FLAKE Ja. Persönlich. Riecht das Aas
Und sucht mit ihm sogleich Geschäftsverbindung.
Sein Leutnant, Herr Ernesto Roma, meint
Er könnt die Grünzeugläden überzeugen
Daß andern Karfiol zu kaufen als
Den unsern ungesund ist. Er verspricht
Den Umsatz zu verdoppeln, weil die Händler
Nach seiner Meinung lieber noch Karfiol
Als Särge kaufen.
Man lacht mißmutig.
CARUTHER 's ist 'ne Unverschämtheit.
MULBERRY *lacht aus vollem Hals:*
Thompsonkanonen und Millsbomben! Neue
Verkaufsideen! Endlich frisches Blut
Im Karfiolgeschäft! Es hat sich rumgesprochen
Daß wir schlecht schlafen: Herr Arturo Ui
Beeilt sich, seine Dienste anzubieten!
Ihr, jetzt heißt's wählen zwischen dem und nur noch
Der Heilsarmee. Wo schmeckt das Süpplein besser?
CLARK Ich denke, heißer wär es wohl beim Ui.
CARUTHER Schmeißt ihn hinaus!
MULBERRY Doch höflich! Wer kann wissen
Wie weit's mit uns noch kommen wird!
Sie lachen.
FLAKE *zu Butcher:* Was ist
Mit Dogsborough und einer Stadtanleih?

Zu den andern:
Butcher und ich, wir kochten da was aus
Was uns durch diese tote Zeit der Geldnot
Hindurchbrächt. Unser Leitgedanke war
Ganz kurz und schlicht: warum soll nicht die Stadt
Der wir doch Steuern zahln, uns aus dem Dreck ziehn
Mit einer Anleih, sag für Kaianlagen
Die wir zu bauen uns verpflichten könnten
Daß das Gemüse billiger in die Stadt kommt.
Der alte Dogsborough mit seinem Einfluß
Könnt uns das richten. Was sagt Dogsborough?

BUTCHER Er weigert sich, was in der Sach zu tun.

FLAKE Er weigert sich? Verdammt, er ist der Wahlboß
Im Dockbezirk und will nichts tun für uns?

CARUTHER Seit Jahr und Tag blech ich in seinen Wahlfonds!

MULBERRY Zur Höll, er war Kantinenwirt bei Sheet!
Bevor er in die Politik ging, aß er
Das Brot des Trusts! 's ist schwarzer Undank! Flake!
Was sagt ich dir? 's gibt keinen Anstand mehr!
's ist nicht nur Geldknappheit! 's ist Anstandsknappheit!
Sie trampeln fluchend aus dem sinkenden Boot
Freund wird zu Feind, Knecht bleibt nicht länger Knecht
Und unser alter, lächelnder Kantinenwirt
Ist nur noch eine einz'ge kalte Schulter.
Moral, wo bist du in der Zeit der Krise?

CARUTHER Ich hätt es nicht gedacht vom Dogsborough!

FLAKE Wie redet er sich aus?

BUTCHER Er nennt den Antrag fischig.

FLAKE Was ist dran fischig? Kaianlagen baun
Ist doch nicht fischig. Und bedeutet Arbeit
Und Brot für Tausende!

BUTCHER Er zweifelt, sagt er
Daß wir Kaianlagen baun.

FLAKE Was? Schändlich!

BUTCHER Daß wir sie nicht baun wolln?

FLAKE Nein, daß er zweifelt!

CLARK Dann nehmt doch einen andern, der die Anleih
Uns durchboxt.

MULBERRY Ja, 's gibt andere!

BUTCHER Es gibt.

Doch keinen wie den Dogsborough. Seid ruhig!
Der Mann ist gut.

CLARK Für was?

BUTCHER Der Mann ist ehrlich.
Und was mehr ist: bekannt als ehrlich.

FLAKE Mumpitz!

BUTCHER Ganz klar, daß er an seinen Ruf denkt!

FLAKE Klar?
Wir brauchen eine Anleih von der Stadt.
Sein guter Ruf ist seine Sache.

BUTCHER Ist er's?
Ich denk, er ist die unsre. Eine Anleih
Bei der man keine Fragen stellt, kann nur
Ein ehrlicher Mann verschaffen, den zu drängen
Um Nachweis und Beleg sich jeder schämte.
Und solch ein Mann ist Dogsborough. Das schluckt!
Der alte Dogsborough ist unsre Anleih.
Warum? Sie glauben an ihn. Wer an Gott
Längst nicht mehr glaubt, glaubt noch an Dogsborough.
Der hartgesottne Jobber, der zum Anwalt
Nicht ohne Anwalt geht, den letzten Cent
Stopft' er zum Aufbewahrn in Dogsboroughs Schürze
Säh er sie herrnlos überm Schanktisch liegen.
Zwei Zentner Biederkeit! Die achtzig Winter
Die er gelebt, sahn keine Schwäche bei ihm!
Ich sage euch: ein solcher Mann ist Gold wert –
Besonders, wenn man Kaianlagen bauen
Und sie ein wenig langsam bauen will.

FLAKE Schön, Butcher, er ist Gold wert. Wenn er gradsteht
Für eine Sache, ist sie abgemacht.
Nur steht er nicht für unsre Sache grad!

CLARK Nicht er! »Die Stadt ist keine Suppenschüssel!«

MULBERRY Und »Jeder für die Stadt, die Stadt für sich!«.

CARUTHER 's ist eklig! Kein Humor.

MULBERRY 'ne Ansicht wechselt
Er wohl noch seltner als ein Hemd. Die Stadt
Ist für ihn nichts aus Holz und Stein, wo Menschen
Mit Menschen hausen und sich raufen um
Hauszins und Beefsteaks, sondern was Papiernes
Und Biblisches. Ich konnt ihn nie vertragen.

CLARK Der Mann war nie im Herzen mit uns. Was
Ist ihm Karfiol! Was das Transportgeschäft!
Seinetwegen kann das Grünzeug dieser Stadt
Verfaulen. Er rührt keinen Finger! Neunzehn
Jahr holt er unsre Gelder in den Wahlfonds.
Oder sind's zwanzig? Und die ganze Zeit
Sah er Karfiol nur auf der Schüssel! Und
Stand nie in einer einzigen Garage!

BUTCHER So ist's.

CLARK Zur Höll mit ihm!

BUTCHER Nein, nicht zur Höll!
Zu uns mit ihm!

FLAKE Was soll das? Clark sagt klar
Daß dieser Mann uns kalt verwirft.

BUTCHER Doch Clark sagt
Auch klar, warum.

CLARK Der Mann weiß nicht, wo Gott wohnt!

BUTCHER Das ist's! Was fehlt ihm? Wissen fehlt ihm. Dogsborough
Weiß nicht, wie einer sich in unsrer Haut fühlt.
Die Frag heißt also: Wie kommt Dogsborough
In unsre Haut? Was müssen wir tun mit ihm?
Wir müssen ihn belehren! Um den Mann ist's schad.
Ich hab ein Plänchen. Horcht, was ich euch rat!
Eine Schrift taucht auf, welche gewisse Vorfälle der jüngsten Vergangenheit ins Gedächtnis zurückruft.*

* [Vergleiche die Zeittafeln in Teil III.]

b

Vor der Produktenbörse. Flake und Sheet im Gespräch.

SHEET Ich lief vom Pontius zum Pilatus. Pontius
War weggereist, Pilatus war im Bad.
Man sieht nur noch die Rücken seiner Freunde!
Der Bruder, eh er seinen Bruder trifft
Kauft sich beim Trödler alte Stiefel, nur
Nicht angepumpt zu werden! Alte Partner
Fürchten einander so, daß sie vorm Stadthaus
Einander ansprechen mit erfundenen Namen!

Die ganze Stadt näht sich die Taschen zu.

FLAKE Was ist mit meinem Vorschlag?

SHEET Zu verkaufen?
Das tu ich nicht. Ihr wollt das Essen für
Das Trinkgeld und dann noch den Dank fürs Trinkgeld!
Was ich von euch denk, sag ich besser nicht.

FLAKE Mehr kriegst du nirgends.

SHEET Und von meinen Freunden
Krieg ich nicht mehr als anderswo, ich weiß.

FLAKE Das Geld ist teuer jetzt.

SHEET Am teuersten
Für den, der's braucht. Und daß es einer braucht
Weiß niemand besser als sein Freund.

FLAKE Du kannst
Die Reederei nicht halten.

SHEET Und du weißt
Ich hab dazu 'ne Frau, die ich vielleicht
Auch nicht mehr halten kann.

FLAKE Wenn du verkaufst ...

SHEET ... ist's ein Jahr länger. Wissen möcht ich nur
Wozu ihr meine Reederei wollt.

FLAKE Daß wir
Im Trust dir helfen wollen könnten, daran
Denkst du wohl gar nicht?

SHEET Nein. Das fiel mir nicht ein.
Wo hatt' ich meinen Kopf? Daß mir nicht einfiel
Ihr könntet helfen wollen und nicht nur
Mir abpressen, was ich habe!

FLAKE Bitterkeit
Gegen jedermann hilft dir nicht aus dem Sumpf.

SHEET 's hilft wenigstens dem Sumpf nicht, lieber Flake!

Vorbei kommen schlendernd drei Männer, der Gangster Arturo Ui, sein Leutnant Ernesto Roma und ein Leibwächter. Ui starrt Flake im Vorbeigehen an, als erwarte er, angesprochen zu werden, und Roma wendet sich böse nach ihm um im Abgehen.

SHEET Wer ist's?

FLAKE Arturo Ui, der Gangster. – Wie
Wenn du an uns verkauftest?

SHEET Er schien eifrig,
Mit dir zu sprechen.

FLAKE *ärgerlich lachend:*
Sicher. Er verfolgt uns
Mit Angeboten, unsern Karfiol
Mit seinem Browning abzusetzen. Solche
Wie diesen Ui gibt es jetzt viele schon.
Das überzieht die Stadt jetzt wie ein Aussatz
Der Finger ihr und Arm und Schulter anfrißt.
Woher es kommt, weiß keiner. Jeder ahnt
Es kommt aus einem tiefen Loch. Dies Rauben
Entführen, Pressen, Schrecken, Drohn und Schlachten
Dies »Hände hoch!« und »Rette sich, wer kann!« –
Man müßt's ausbrennen.
SHEET *ihn scharf anblickend:*
Schnell. Denn es steckt an.
FLAKE Wie
Wenn du an uns verkauftest?
SHEET *zurücktretend und ihn betrachtend:*
Ja, es stimmt
Da ist 'ne Ähnlichkeit. Ich mein, mit diesen
Die grad vorübergingen, nicht sehr stark
Doch eben da, mehr ahnbar noch als sichtbar:
Am Grund von Teichen sieht man manchmal Äste
Grün und verschleimt, es könnten Schlangen sein
Doch sind's wohl Äste, oder doch nicht? Ja
So gleichst du diesem Roma, sei nicht böse.
Jetzt, wo ich ihn sah und dann dich, ist's mir
Als hätt ich früher schon so was gemerkt
Doch nicht verstanden und nicht nur bei dir.
Sag noch einmal: »Wie, wenn du an uns verkauftest?«
Ich glaub, die Stimm ist auch . . . Nein, besser sag:
»Die Hände hoch!« Denn das ist, was du meinst.
Er hebt die Hände hoch.
Ich heb sie hoch, Flake. Nehmt die Reederei!
Gebt mir 'nen Fußtritt dafür oder zwei!
Gebt mir zwei Fußtritt, das ist etwas mehr.
FLAKE Du bist verrückt
SHEET Ich wünschte, daß ich's wär!

2

Hinterzimmer in Dogsboroughs Gasthof. Dogsborough und sein Sohn spülen Gläser. Auftreten Butcher und Flake.

DOGSBOROUGH Ihr kommt umsonst. Ich mach's nicht! Er ist fischig
Euer Antrag, stinkend wie ein fauler Fisch.
DER JUNGE DOGSBOROUGH Mein Vater lehnt ihn ab.
BUTCHER Vergiß ihn, Alter!
Wir fragen. Du sagst nein. Gut, dann ist's nein.
DOGSBOROUGH 's ist fischig. Solche Kaianlagen kenn ich.
Ich mach's nicht.
DER JUNGE DOGSBOROUGH Vater macht's nicht.
BUTCHER Gut, vergiß es.
DOGSBOROUGH Ich sah euch ungern auf dem Weg. Die Stadt
Ist keine Suppenschüssel, in die jeder
Den Löffel stecken kann. Verdammt auch, euer
Geschäft ist ganz gesund.
BUTCHER Was sag ich, Flake?
Ihr seht zu schwarz.
DOGSBOROUGH Schwarzsehen ist Verrat.
Ihr fallt euch selber in den Rücken, Burschen.
Schaut, was verkauft ihr? Karfiol. Das ist
So gut wie Fleisch und Brot. Und Fleisch und Brot
Und Grünzeug braucht der Mensch. Steaks ohne Zwiebeln
Und Hammel ohne Bohnen, und den Gast
Seh ich nicht wieder! Der und jener ist
Ein wenig knapp im Augenblick. Er zaudert
Bevor er einen neuen Anzug kauft.
Jedoch, daß diese Stadt, gesund wie je
Nicht mehr zehn Cent aufbrächte für Gemüse
Ist nicht zu fürchten. Kopf hoch, Jungens! Was?
FLAKE 's tut wohl, dir zuzuhören, Dogsborough.
's gibt einem Mut zum Kampf.
BUTCHER Ich find's fast komisch
Daß wir dich, Dogsborough, so zuversichtlich
Und standhaft finden, was Karfiol angeht.
Denn gradheraus, wir kommen nicht ohne Absicht.
Nein, nicht mit der, die ist erledigt, Alter.

Hab keine Angst. Es ist was Angenehmres.
So hoffen wir zumindest. Dogsborough
Der Trust hat festgestellt, daß eben jetzt
Im Juni zwanzig Jahr vergangen sind
Seit du, ein Menschenalter uns vertraut als
Kantinenwirt in einer unsrer Firmen
Schiedst von uns, dich dem Wohl der Stadt zu widmen.
Die Stadt wär ohne dich nicht, was sie ist heut.
Und mit der Stadt wär der Karfioltrust nicht
Was er heut ist. Ich freu mich, daß du ihn
Im Kern gesund nennst. Denn wir haben gestern
Beschlossen, dir zu diesem festlichen Anlaß
Sag als Beweis für unsre hohe Schätzung
Und Zeichen, daß wir uns dir immer noch
Im Herzen irgendwie verbunden fühlen
Die Aktienmehrheit in Sheets Reederei
Für zwanzigtausend Dollar anzubieten.
Das ist noch nicht die Hälfte ihres Werts.
Er legt ein Aktienpaket auf den Tisch.

DOGSBOROUGH Butcher, was soll das?

BUTCHER Dogsborough, ganz offen:
Der Karfioltrust zählt nicht grad besonders
Empfindliche Seelen unter sich, jedoch
Als wir da gestern auf, nun, unsre dumme
Bitt um die Anleih deine Antwort hörten
Ehrlich und bieder, rücksichtslos, gerade
Der ganze alte Dogsborough darin
Trat einigen von uns, ich sag's nicht gern
Das Wasser in die Augen. »Was«, sagt' einer –
Sei ruhig, Flake, ich sag nicht, wer –, »da sind
Wir ja auf einen schönen Weg geraten!«
's gab eine kleine Pause, Dogsborough.
Und danach kam der Vorschlag ganz natürlich.

DOGSBOROUGH Butcher und Flake, was steckt dahinter?

BUTCHER Was
Soll denn dahinterstecken? 's ist ein Vorschlag!

FLAKE Und es macht Spaß, ihn auszurichten. Hier
Stehst du, das Urbild eines ehrlichen Bürgers
Ein Sprichwortname und ein mächtiger Mann
In deiner Kneipe und spülst nicht nur Gläser

Nein, unsre Seelen auch! Und bist dabei
Nicht reicher, als dein Gast sein mag. 's ist rührend.

DOGSBOROUGH Ich weiß nicht, was ich sagen soll.

BUTCHER Sag nichts.
Schieb das Paket ein! Denn ein ehrlicher Mann
Kann's brauchen, wie? Verdammt, den ehrlichen Weg
Kommt wohl der goldene Waggon nicht oft, wie?
Ja, und dein Junge hier: Ein guter Name
Heißt's, ist mehr als ein gutes Bankbuch wert.
Nun, er wird's nicht verachten. Nimm das Zeug!
Ich hoff, du wäschst uns nicht den Kopf für das!

DOGSBOROUGH Sheets Reederei!

FLAKE Du kannst sie sehn von hier.

DOGSBOROUGH *am Fenster:*
Ich sah sie zwanzig Jahr.

FLAKE Wir dachten dran.

DOGSBOROUGH Und was macht Sheet?

FLAKE Geht in das Biergeschäft.

BUTCHER Erledigt?

DOGSBOROUGH Nun, 's ist alles schön und gut
Mit eurem Katzenjammer, aber Schiffe
Gibt man nicht weg für nichts.

FLAKE Da ist was dran.
's mag sein, daß auch die Zwanzigtausend uns
Ganz handlich kämen, jetzt, wo diese Anleih
Verunglückt ist.

BUTCHER Und daß wir unsre Aktien
Nicht gern grad jetzt am offnen Markt ausböten ...

DOGSBOROUGH Das klingt schon besser. 's wär kein schlechter Handel.
Wenn da nicht doch noch einige besondre
Bedingungen daran geknüpft sind ...

FLAKE Keine.

DOGSBOROUGH Und zwanzigtausend, sagt ihr?

FLAKE Ist's zuviel?

DOGSBOROUGH Nein, nein. Es wär dieselbe Reederei
In der ich nur ein kleiner Wirt war. Wenn
Da nicht ein Pferdefuß zum Vorschein kommt ...
Ihr habt die Anleih wirklich aufgegebn?

FLAKE Ganz.

DOGSBOROUGH Möcht ich's fast überdenken. Was, mein Junge
Das wär für dich was! Dachte schon, ihr seid
Verschnupft. Jetzt macht ihr solch ein Angebot!
Da siehst du, Junge, Ehrlichkeit bezahlt sich
Mitunter auch. 's ist, wie ihr sagt: der Junge
Hat, wenn ich geh, nicht viel mehr als den guten
Namen zu erben, und ich sah so viel
Übles, verübt aus Not!
BUTCHER Uns wär ein Stein vom Herzen
Wenn du annähmst. Denn zwischen uns wär dann
Nichts mehr von diesem Nachgeschmack, du weißt
Von unserm dummen Antrag! Und wir könnten
In Zukunft hören, was du uns anrätst
Wie auf gerade, ehrliche Art der Handel
Die tote Zeit durchstehen kann, denn dann
Wär's auch dein Handel, Dogsborough; denn dann
Wärst doch auch du ein Karfiolmann. Stimmt's?
Dogsborough ergreift seine Hand.
DOGSBOROUGH Butcher und Flake, ich nehm's.
DER JUNGE DOGSBOROUGH Mein Vater nimmt's.
Eine Schrift taucht auf.

3

Wettbüro der 122. Straße. Arturo Ui und sein Leutnant Ernesto Roma, begleitet von den Leibwächtern, hören die Radiorennberichte. Neben Roma Dockdaisy.

ROMA Ich wollt, Arturo, du befreitest dich
Aus dieser Stimmung braunen Trübsinns und
Untätiger Träumerei, von der die Stadt
Schon spricht.
UI *bitter:* Wer spricht? Kein Mensch spricht von mir noch.
Die Stadt hat kein Gedächtnis. Ach, kurzlebig
Ist hier der Ruhm. Zwei Monate kein Mord, und
Man ist vergessen. *Durchfliegt die Zeitungen.* Schweigt der Mauser, schweigt
Die Presse. Selbst wenn ich die Morde liefre

BBA 174/20

Kann ich nie sicher sein, daß was gedruckt wird.
Denn nicht die Tat zählt, sondern nur der Einfluß.
Und der hängt wieder ab von meinem Bankbuch.
Kurz, 's ist so weit gekommen, daß ich manchmal
Versucht bin, alles hinzuschmeißen.

ROMA Auch
Bei unsern Jungens macht der Bargeldmangel
Sich peinlich fühlbar. Die Moral sinkt ab.
Untätigkeit verdirbt sie mir. Ein Mann
Der nur auf Spielkarten schießt, verkommt. Ich geh
Schon nicht mehr gern ins Hauptquartier, Arturo.
Sie dauern mich. Mein »Morgen geht es los«
Bleibt mir im Hals stecken, wenn ich ihre Blick' seh.
Dein Plan für das Gemüseracket war
So vielversprechend. Warum nicht beginnen?

UI Nicht jetzt. Nein, nicht von unten. 's ist zu früh.

ROMA »Zu früh« ist gut! Seit dich der Trust wegschickte
Sitzt du, vier Monate jetzt schon, herum
Und brütest. Pläne! Pläne! Halbherzige
Versuche! Der Besuch beim Trust brach dir
Das Rückgrat. Und der kleine Zwischenfall
In Harpers Bank mit diesen Polizisten
Liegt dir noch in den Knochen!

UI Aber sie schossen!

ROMA Nur in die Luft! 's war ungesetzlich.

UI Um
Ein Haar zwei Zeugen weniger, und ich säße
Im Kittchen jetzt. Und dieser Richter! Nicht
Für fünf Cent Sympathie!

ROMA Für Grünzeugläden
Schießt keine Polizei. Sie schießt für Banken.
Schau her, Arturo, wir beginnen mit
Der elften Straße: Fenster eingehaut
Petroleum auf Karfiol, das Mobiliar
Zerhackt zu Brennholz! Und wir arbeiten uns
Hinunter bis zur siebten Straße. Ein
Zwei Tage später tritt Manuele Giri
Nelke im Knopfloch, in die Läden und
Sagt Schutz zu. Zehn Prozent vom Umsatz.

UI Nein.

Erst brauch ich selber Schutz. Vor Polizei
Und Richter muß ich erst geschützt sein, eh
Ich andre schützen kann. 's geht nur von oben.
Düster:
Hab ich den Richter nicht in meiner Tasche
Indem er was von mir in seiner hat
Bin ich ganz rechtlos. Jeder kleine Schutzmann
Schießt mich, brech ich in eine Bank, halt tot.

ROMA Bleibt uns nur Givolas Plan. Er hat den Riecher
Für Dreck, und wenn er sagt, der Karfioltrust
Riecht »anheimelnd faul«, muß etwas dran sein. Und
Es w a r ein Teil Gerede, als die Stadt
Wie's heißt, auf Dogsboroughs Empfehlung damals
Die Anleih gab. Seitdem wird dies und das
Gemunkelt über irgendwas, was nicht
Gebaut sein soll und eigentlich sein müßt.
Doch andrerseits war Dogsborough dafür
Und warum sollt der alte Sonntagsschüler
Für etwas sein, wenn's irgend fischig ist?
Dort kommt ja Ragg vom »Star«. Von solchen Sachen
Weiß niemand mehr als Ragg. He! Hallo, Ted!

RAGG *etwas betrunken:*
Hallo, ihr! Hallo, Roma! Hallo, Ui!
Wie geht's in Capua?

UI Was meint er?

RAGG Oh
Nichts weiter, Ui. Das war ein kleiner Ort
Wo einst ein großes Heer verkam. Durch Nichtstun
Wohlleben, mangelnde Übung.

UI Sei verdammt!

ROMA *zu Ragg:*
Kein Streit! Erzähl uns was von dieser Anleih
Für den Karfioltrust, Ted!

RAGG Was schert das euch?
Verkauft ihr jetzt Karfiol? Ich hab's! Ihr wollt
Auch eine Anleih von der Stadt. Fragt Dogsborough!
Der Alte peitscht sie durch. *Kopiert den Alten:* »Soll ein Geschäftszweig
Im Grund gesund, jedoch vorübergehend
Bedroht von Dürre, untergehn?« Kein Auge

Bleibt trocken in der Stadtverwaltung. Jeder
Fühlt tief mit dem Karfiol, als wär's ein Stück von ihm.
Ach, mit dem Browning fühlt man nicht, Arturo!
Die anderen Gäste lachen.

ROMA Reiz ihn nicht, Ted. Er ist nicht bei Humor.

RAGG Ich kann's mir denken. Givola, heißt es, war
Schon bei Capone um Arbeit.

DOCKDAISY *sehr betrunken:* Das ist Lüge!
Guiseppe läßt du aus dem Spiel!

RAGG Dockdaisy!
Noch immer Kurzbein Givolas Nebenbraut?
Stellt sie vor:
Die vierte Nebenbraut des dritten Nebenleutnants
Eines – *zeigt auf Ui* – schnell sinkenden Sterns von zweiter Größe!
Oh, trauriges Los!

DOCKDAISY Stopft ihm sein schmutziges Maul, ihr!

RAGG Dem Gangster flicht die Nachwelt keine Kränze!
Die wankelmütige Menge wendet sich
Zu neuen Helden. Und der Held von gestern
Sinkt in Vergessenheit. Sein Steckbrief gilbt
In staubigen Archiven. »Schlug ich nicht
Euch Wunden, Leute?« – »Wann?« – »Einst!« – »Ach, die Wunden
Sind lang schon Narben!« – Und die schönsten Narben
Verlaufen sich mit jenen, die sie tragen! –
»So bleibt in einer Welt, wo gute Taten
So unbemerkt gehn, nicht einmal von üblen
Ein kleines Zeugnis?« – »Nein!« – »O faule Welt!«

UI *brüllt auf:*
Stopft ihm sein Maul!
Die Leibwächter nähern sich Ragg.

RAGG *erblassend:* He! Keine rauhen Töne
Ui, mit der Presse!
Die Gäste sind alarmiert aufgestanden.

ROMA *drängt Ragg weg:*
Geh nach Haus, Ted, du
Hast ihm genug gesagt. Geh schnell!

RAGG *rückwärts weggehend, jetzt sehr in Furcht:*
Auf später!

Das Lokal leert sich schnell.

ROMA *zu Ui:*
Du bist nervös, Arturo.

UI Diese Burschen
Behandeln mich wie Dreck.

ROMA Warum, 's ist nur
Dein langes Schweigen, nichts sonst.

UI *düster:* Wo bleibt Giri
Mit diesem Prokuristen vom Karfioltrust?

ROMA Er wollt mit ihm um drei Uhr hier sein.

UI Und
Was ist das mit Givola und Capone?

ROMA Nichts Ernstliches. Capone war bei ihm nur
Im Blumenladen, Kränze einzukaufen.

UI Kränze? Für wen?

ROMA Ich weiß nicht. Nicht für uns.

UI Ich bin nicht sicher.

ROMA Ach, du siehst zu schwarz heut.
Kein Mensch bekümmert sich um uns.

UI So ist es! Dreck
Behandeln sie mit mehr Respekt. Der Givola
Läuft weg beim ersten Mißerfolg. Ich schwör dir
Ich rechne ab mit ihm beim ersten Erfolg!

ROMA Giri!

Eintritt Emanuele Giri mit einem heruntergekommenen Individuum, Bowl.

GIRI Das ist der Mann, Chef!

ROMA *zu Bowl:* Und du bist
Sheets Prokurist, im Karfioltrust?

BOWL War.
War Prokurist, Chef. Bis vorige Woche.
Bis dieser Hund ...

GIRI Er haßt, was nach Karfiol riecht.

BOWL Der Dogsborough ...

UI *schnell:* Was ist mit Dogsborough?

ROMA Was hattest du zu tun mit Dogsborough?

GIRI Drum schleif ich ihn ja her!

BOWL Der Dogsborough
Hat mich gefeuert.

ROMA Aus Sheets Reederei?

BOWL Aus seiner eigenen. Es ist seine, seit
Anfang September.

ROMA Was?

GIRI Sheets Reederei –
Das ist der Dogsborough. Bowl war dabei
Als Butcher vom Karfioltrust selbst dem Alten
Die Aktienmehrheit überstellte.

UI Und?

BOWL Und! 's ist 'ne blutige Schande ...

GIRI Siehst du's nicht, Chef?

BOWL ... daß Dogsborough die fette Stadtanleih
Für den Karfioltrust vorschlug ...

GIRI ... und geheim
Selbst im Karfioltrust saß!

UI *dem es zu dämmern beginnt:*
Das ist korrupt.
Bei Gott, der Dogsborough hat Dreck am Stecken!

BOWL Die Anleih ging an den Karfioltrust, aber
Sie machten's durch die Reederei. Durch mich.
Und ich zeichnete für Dogsborough
Und nicht für Sheet, wie es nach außen aussah.

GIRI Wenn das kein Schlager ist! Der Dogsborough!
Das rostige alte Aushängeschild! Der biedre
Verantwortungsbewußte Händedrücker!
Der unbestechliche wasserdichte Greis!

BOWL Ich tränk's ihm ein, mich wegen Unterschleif
Zu feuern, und er selber ... Hund!

ROMA Nimm's ruhig!
's gibt außer dir noch andere Leute, denen
Das Blut kocht, wenn sie so was hören müssen.
Was meinst du, Ui?

UI *auf Bowl:* Wird er's beschwören?

GIRI Sicher.

UI *groß aufbrechend:*
Haltet ein Aug auf ihn! Komm, Roma! Jetzt
Riech ich Geschäfte!
Er geht schnell ab, von Ernesto Roma und den Leibwächtern gefolgt.

GIRI *schlägt Bowl auf die Schulter:*
Bowl, du hast vielleicht

Ein Rad in Schwung gesetzt, das ...

BOWL Und betreff
Des Zasters ...

GIRI Keine Furcht! Ich kenn den Chef.
Eine Schrift taucht auf.

4

Dogsboroughs Landhaus. Dogsborough und sein Sohn.

DOGSBOROUGH Dies Landhaus hätt ich niemals nehmen dürfen.
Daß ich mir das Paket halb schenken ließ
War nicht angreifbar.

DER JUNGE DOGSBOROUGH Absolut nicht.

DOGSBOROUGH Daß
Ich um die Anleih ging, weil ich am eignen Leib
Erfuhr, wie da ein blühender Geschäftszweig
Verkam aus Not, war kaum ein Unrecht. Nur
Daß ich, vertrauend, daß die Reederei was abwürf
Dies Landhaus schon genommen hatte, als
Ich diese Anleih vorschlug, und so insgeheim
In eigner Sach gehandelt hab, war falsch.

DER JUNGE DOGSBOROUGH Ja, Vater.

DOGSBOROUGH 's war ein Fehler oder kann
Als Fehler angesehen werden. Junge, dieses
Landhaus hätt ich nicht nehmen dürfen.

DER JUNGE DOGSBOROUGH Nein.

DOGSBOROUGH Wir sind in eine Fall gegangen, Sohn.

DER JUNGE DOGSBOROUGH Ja, Vater.

DOGSBOROUGH Dies Paket war wie des Schankwirts
Salziges Krabbenzeug, im Drahtkorb, gratis
Dem Kunden hingehängt, damit er, seinen
Billigen Hunger stillend, sich Durst anfrißt.
Pause.
Die Anfrag nach den Kaianlagen im Stadthaus
Gefällt mir nicht. Die Anleih ist verbraucht –
Clark nahm, und Butcher nahm, Flake nahm und Caruther
Und leider Gottes nahm auch ich –, und noch ist

BBA 174/28

Kein Pfund Zement gekauft! Das einzige Gute:
Daß ich den Handel auf Sheets Wunsch nicht an
Die große Glocke hing, so daß niemand weiß
Ich hab zu tun mit dieser Reederei.

DIENER *tritt ein:*
Herr Butcher vom Karfioltrust an der Leitung.

DOGSBOROUGH Junge, geh du!

Der junge Dogsborough mit dem Diener ab. Man hört Glocken von fern.

DOGSBOROUGH Was kann der Butcher wollen?

BBA 174/29

Zum Fenster hinausblickend:
Es waren die Pappeln, die bei diesem Landsitz
Mich reizten. Und der Blick zum See, wie Silber
Bevor's zu Talern wird. Und daß nicht saurer
Geruch von altem Bier hier hängt. Die Tannen
Sind auch gut anzusehn, besonders die Wipfel.
Es ist ein Graugrün. Staubig. Und die Stämme
Von der Farb des Kalbleders, das man früher beim Abzapfen
Am Faß verwandte. Aber den Ausschlag gaben
Die Pappeln. Ja, die Pappeln waren's. Heut
Ist Sonntag. Hm. Die Glocken klängen friedlich
Wär in der Welt nicht so viel Menschenbosheit.
Was kann der Butcher heut, am Sonntag, wollen?
Ich hätt dies Landhaus . . .

DER JUNGE DOGSBOROUGH *zurück:*
Vater, Butcher sagt
Im Stadthaus sei heut nacht beantragt worden
Den Stand der Kaianlagen des Karfioltrusts
Zu untersuchen! Vater, fehlt dir was?
DOGSBOROUGH Mein Kampfer!
DER JUNGE DOGSBOROUGH *gibt ihm:*
Hier!
DOGSBOROUGH Was will der Butcher machen?
DER JUNGE DOGSBOROUGH Herkommen
DOGSBOROUGH Hierher? Ich empfang ihn nicht.
Ich bin nicht wohl. Mein Herz. *Er steht auf. Groß:* Ich hab mit dieser
Sach nichts zu tun. Durch sechzig Jahre war
Mein Weg ein grader, und das weiß die Stadt.
Ich hab mit ihren Schlichen nichts gemein.
DER JUNGE DOGSBOROUGH Ja, Vater. Ist dir besser?
DER DIENER *herein:* Ein Herr Ui

Ist in der Halle.
DOGSBOROUGH Der Gangster!
DER DIENER Ja. Sein Bild
War in den Blättern. Er gibt an, Herr Clark
Vom Karfioltrust habe ihn geschickt.
DOGSBOROUGH Wirf ihn hinaus! Wer schickt ihn? Clark? Zum Teufel!
Schickt er mir Gangster auf den Hals? Ich will . . .
Eintreten Arturo Ui und Ernesto Roma.
UI Herr Dogsborough.
DOGSBOROUGH Hinaus!
ROMA Nun, nun! Gemütlich!
Nichts Übereiltes! Heut ist Sonntag, was?
DOGSBOROUGH Ich sag: Hinaus!
DER JUNGE DOGSBOROUGH Mein Vater sagt: Hinaus!
ROMA Und sagt er's nochmals, ist's nochmals nichts Neues.
UI *unbewegt:*
Herr Dogsborough.
DOGSBOROUGH Wo sind die Diener? Hol
Die Polizei!
ROMA Bleib lieber stehn, Sohn! Schau

Im Flur, mag sein, sind ein paar Jungens, die
Dich mißverstehen könnten.

DOGSBOROUGH So. Gewalt.

ROMA Oh, nicht Gewalt! Nur etwas Nachdruck, Freund.

Stille.

UI Herr Dogsborough. Ich weiß, Sie kennen mich nicht.
Oder nur vom Hörensagen, was schlimmer ist.
Herr Dogsborough, Sie sehen vor sich einen
Verkannten Mann. Sein Bild geschwärzt von Neid
Sein Wollen entstellt von Niedertracht. Als ich
Vor nunmehr vierzehn Jahren als Sohn der Bronx und
Einfacher Arbeitsloser in dieser Stadt
Meine Laufbahn anfing, die, ich kann es sagen
Nicht ganz erfolglos war, hatt' ich um mich nur
Sieben brave Jungens, mittellos, jedoch
Entschlossen wie ich, ihr Fleisch herauszuschneiden
Aus jeder Kuh, die unser Herrgott schuf.
Nun, jetzt sind's dreißig, und es werden mehr sein.
Sie werden fragen: Was will Ui von mir?
Ich will nicht viel. Ich will nur eines: nicht
Verkannt sein! Nicht als Glücksjäger, Abenteurer
Oder was weiß ich betrachtet werden.
Räuspern.
Zumindest nicht von einer Polizei
Die ich stets schätzte. Drum steh ich vor Ihnen
Und bitt Sie – und ich bitt nicht gern –, für mich
Ein Wörtlein einzulegen, wenn es not tut
Beir Polizei.

DOGSBOROUGH *ungläubig:*
Sie meinen, für Sie bürgen?

UI Wenn's not tut. Das hängt davon ab, ob wir
Im guten auskommen mit den Grünzeughändlern.

DOGSBOROUGH Was haben Sie im Grünzeughandel zu schaffen?

UI Ich komm dazu. Ich bin entschlossen, ihn
Zu schützen. Gegen jeden Übergriff.
Wenn's sein muß, mit Gewalt.

DOGSBOROUGH Soviel ich weiß
Ist er bis jetzt von keiner Seit bedroht.

UI Bis jetzt. Vielleicht. Ich sehe aber weiter

Und frag: wie lang? Wie lang in solcher Stadt
Mit einer Polizei, faul und korrupt
Wird der Gemüsehändler sein Gemüse
In Ruh verkaufen können? Wird ihm nicht
Vielleicht schon morgen früh sein kleiner Laden
Von ruchloser Hand zerstört, die Kass' geraubt sein?
Wird er nicht lieber heut schon gegen kleines Entgelt
Kräftigen Schutz genießen wollen?

DOGSBOROUGH Ich
Denk eher: nein.

UI Das würd bedeuten, daß er
Nicht weiß, was für ihn gut ist. Das ist möglich.
Der kleine Grünzeughändler, fleißig, aber
Beschränkt, oft ehrlich, aber selten weitblickend
Braucht starke Führung. Leider kennt er nicht
Verantwortung dem Trust gegenüber, dem
Er alles verdankt. Auch hier, Herr Dogsborough
Setzt meine Aufgab ein. Denn auch der Trust
Muß heut geschützt sein. Weg mit faulen Zahlern!
Zahl oder schließ den Laden! Mögen einige
Schwache zugrund gehn! Das ist Naturgesetz!
Kurz, der Karfioltrust braucht mich.

DOGSBOROUGH Was geht mich
Der Karfioltrust an? Sie sind mit Ihrem
Merkwürdigen Plan an falscher Stelle, Mann.

UI Darüber später. Wissen Sie, was Sie brauchen?
Sie brauchen Fäuste im Karfioltrust! Dreißig
Entschlossene Jungens unter meiner Führung!

DOGSBOROUGH Ich weiß nicht, ob der Trust statt Schreibmaschinen
Thompsonkanonen haben will, doch ich
Bin nicht im Trust.

UI Wir reden davon noch.
Sie sagen: dreißig Männer, schwer bewaffnet
Gehn aus und ein im Trust. Wer bürgt uns da
Daß nicht uns selbst was zustößt? Nun, die Antwort
Ist einfach die: die Macht hat stets, wer zahlt.
Und wer die Lohntüten austeilt, das sind Sie.
Wie könnt ich jemals gegen Sie ankommen?
Selbst wenn ich wollte und Sie nicht so schätzte

Wie ich es tu, Sie haben mein Wort dafür!
Was bin ich schon? Wie groß ist schon mein Anhang?
Und wissen Sie, daß einige bereits abfallen?
Heut sind's noch zwanzig, wenn's noch zwanzig sind!
Wenn Sie mich nicht retten, bin ich aus. Als Mensch
Sind Sie verpflichtet, heute mich zu schützen
Vor meinen Feinden und, ich sag's, wie's ist
Vor meinen Anhängern auch! Das Werk von vierzehn Jahren
Steht auf dem Spiel! Ich rufe Sie als Mensch an!

DOGSBOROUGH So hören Sie, was ich als Mensch tun werd:
Ich ruf die Polizei.

UI Die Polizei?

DOGSBOROUGH Jawohl, die Polizei.

UI Heißt das, Sie weigern
Sich, mir als Mensch zu helfen? *Brüllt:* Dann verlang ich's
Von Ihnen als einem Verbrecher! Denn das sind Sie!
Ich werd Sie bloßstellen! Die Beweise hab ich!
Sie sind verwickelt in den Kaianlagen-
Skandal, der jetzt heraufzieht! Sheets Reederei
Sind Sie! Ich warn Sie! Treiben Sie mich nicht
Zum Äußersten! Die Untersuchung ist
Beschlossen worden!

DOGSBOROUGH *sehr bleich:*
Sie wird niemals stattfinden!
Meine Freunde . . .

UI Haben Sie nicht! Die hatten Sie gestern.
Heut haben Sie keinen Freund mehr, aber morgen
Haben Sie nur Feinde. Wenn Sie einer rettet
Bin ich's! Arturo Ui! Ich! Ich!

DOGSBOROUGH Die Untersuchung
Wird es nicht geben. Niemand wird mir das
Antun. Mein Haar ist weiß . . .

UI Doch außer Ihrem Haar
Ist nichts an Ihnen weiß. Mann! Dogsborough!
Versucht, seine Hand zu ergreifen.
Vernunft! Nur jetzt Vernunft! Lassen Sie sich retten
Von mir! Ein Wort von Ihnen, und ich schlag
Einen jeden nieder, der Ihnen nur ein einziges
Haar krümmen will! Dogsborough, helfen Sie
Mir jetzt, ich bitt Sie, einmal! Nur einmal!

Ich kann nicht mehr vor meine Jungens, wenn
Ich nicht mit Ihnen übereinkomm!
Er weint.

DOGSBOROUGH Niemals!
Bevor ich mich mit Ihnen einlaß, will ich
Lieber zugrund gehn!

UI Ich bin aus. Ich weiß es.
Ich bin jetzt vierzig und bin immer noch nichts!
Sie müssen mir helfen!

DOGSBOROUGH Niemals!

UI Sie, ich warn Sie!
Ich werde Sie zerschmettern!

DOGSBOROUGH Doch solang ich
Am Leben bin, kommen Sie mir niemals, niemals
Zu Ihrem Grünzeugracket!

UI *mit Würde:* Nun, Herr Dogsborough
Ich bin erst vierzig. Sie sind achtzig, also
Werd ich mit Gottes Hilf Sie überleben!
Ich weiß, ich komme in den Grünzeughandel!

DOGSBOROUGH Niemals!

UI Roma, wir gehn.
Er verbeugt sich formell und verläßt mit Ernesto Roma das Zimmer.

DOGSBOROUGH Luft! Was für eine Fresse!
Ach, was für eine Fresse! Nein, dies Landhaus
Hätt ich nicht nehmen dürfen! Aber sie werden's
Nicht wagen, da zu untersuchen. Sonst
Wär alles aus! Nein, nein, sie werden's nicht wagen.

DER DIENER *herein:*
Goodwill und Gaffles von der Stadtverwaltung!
Auftreten Goodwill und Gaffles.

GOODWILL Hallo, Dogsborough!

DOGSBOROUGH Hallo, Goodwill und Gaffles!
Was Neues?

GOODWILL Und nichts Gutes, fürcht ich. War
Das nicht Arturo Ui, der in der Hall
An uns vorüberging?

DOGSBOROUGH *mühsam lachend:*
Ja, in Person.
Nicht grad 'ne Zierde in 'nem Landhaus.

GOODWILL Nein.
Nicht grad 'ne Zierde! Nun, kein guter Wind
Treibt uns heraus zu dir. Es ist die Anleih
Des Karfioltrusts für die Kaianlagen.
DOGSBOROUGH *steif:*
Was mit der Anleih?
GAFFLES Nun, gestern im Stadthaus
Nannten sie einige, jetzt werd nicht zornig
Ein wenig fischig.
DOGSBOROUGH Fischig.
GOODWILL Sei beruhigt!
Die Mehrheit nahm den Ausdruck übel auf.
Ein Wunder, daß es nicht zu Schlägerein kam!
GAFFLES Verträge Dogsboroughs fischig! wurd geschrien.
Und was ist mit der Bibel? Die ist wohl
Auch fischig plötzlich! 's wurd fast eine Ehrung
Für dich dann, Dogsborough! Als deine Freunde
Sofort die Untersuchung forderten
Fiel, angesichts unsres Vertrauns, doch mancher
Noch um und wollte nichts mehr davon hören.
Die Mehrheit aber, eifrig, deinen Namen
Auch nicht vom kleinsten Windhauch des Verdachts
Gerührt zu sehn, schrie: Dogsborough, das ist
Nicht nur ein Name und nicht nur ein Mann
's ist eine Institution! und setzte tobend
Die Untersuchung durch.
DOGSBOROUGH Die Untersuchung.
GOODWILL O'Casey führt sie für die Stadt. Die Leute
Vom Karfioltrust sagen nur, die Anleih
Sei direkt an Sheets Reederei gegeben
Und die Kontrakte mit den Baufirmen waren
Von Sheets Reederei zu tätigen.
DOGSBOROUGH Sheets Reederei.
GOODWILL Am besten wär's, du schicktest selbst 'nen Mann
Mit gutem Ruf, der dein Vertrauen hat
Und unparteiisch ist, hineinzuleuchten
In diesen dunklen Rattenkönig.
DOGSBOROUGH Sicher.
GAFFLES So ist's erledigt, und jetzt zeig uns dein
Gepriesnes neues Landhaus, Dogsborough

Daß wir was zu erzählen haben!

DOGSBOROUGH Ja.

GOODWILL Friede und Glocken! Was man wünschen kann!

GAFFLES *lachend:*

Und keine Kaianlag!

DOGSBOROUGH Ich schick den Mann!

Sie gehen langsam hinaus.

Eine Schrift taucht auf.

5

Stadthaus: Butcher, Flake, Clark, Mulberry, Caruther. Gegenüber neben Dogsborough, der kalkweiß ist, O'Casey, Gaffles und Goodwill. Presse.

BUTCHER *leise:*

Er bleibt lang aus.

MULBERRY Er kommt mit Sheet. Kann sein

Sie sind nicht übereins. Ich denk, sie haben

Die ganze Nacht verhandelt. Sheet m u ß sagen

Daß er die Reederei noch hat.

CARUTHER Es ist für Sheet

Kein Honiglecken, sich hierherzustellen

Und zu beweisen, daß nur er der Schurk ist.

FLAKE Sheet macht es nicht.

CLARK Er muß.

FLAKE Warum soll er

Fünf Jahre Gefängnis auf sich nehmen?

CLARK 's ist

Ein Haufen Geld, und Mabel Sheet braucht Luxus.

Er ist noch heut vernarrt in sie. Er macht's.

Und was Gefängnis angeht: er wird kein

Gefängnis sehn. Das richtet Dogsborough.

Man hört Geschrei von Zeitungsjungen, und ein Reporter bringt ein Blatt herein.

GAFFLES Sheet ist tot aufgefunden. Im Hotel.

In seiner Westentasche ein Billett nach Frisco.

BUTCHER Sheet tot?

O'CASEY *liest:* Ermordet.
MULBERRY Oh!
FLAKE *leise:* Er hat es nicht gemacht.
GAFFLES Dogsborough, ist dir übel?
DOGSBOROUGH *mühsam:* 's geht vorbei.
O'CASEY Der Tod des Sheet ...
CLARK Der unerwartete Tod
Des armen Sheet ist fast 'ne Harpunierung
Der Untersuchung ...
O'CASEY Freilich: Unerwartet
Kommt oft erwartet, man erwartet oft
Was Unerwartetes, so ist's im Leben.
Jetzt steh ich vor euch mit gewaschenem Hals
Und hoff, ihr müßt mich nicht an Sheet verweisen
Mit meinen Fragen, denn Sheet ist sehr schweigsam
Seit heute nacht, wie ich aus diesem Blatt seh.
MULBERRY Was heißt das, eure Anleih wurde schließlich
Der Reederei gegeben, ist's nicht so?
O'CASEY So ist's. Jedoch: Wer ist die Reederei?
FLAKE *leise:*
Komische Frag! Er hat noch was im Ärmel!
CLARK *ebenso:*
Was könnt das sein?
O'CASEY Fehlt dir was, Dogsborough?
Ist es die Luft? *Zu den andern:* Ich mein nur, man könnt sagen:
Jetzt muß der Sheet nebst einigen Schaufeln Erde
Auf sich auch noch den andern Dreck hier nehmen.
Ich ahn ...
CLARK Vielleicht, O'Casey, es wär besser
Sie ahnten nicht so viel. In dieser Stadt
Gibt es Gesetze gegen üble Nachred.
MULBERRY Was soll euer dunkles Reden? Wie ich hör
Hat Dogsborough 'nen Mann bestimmt, dies alles
Zu klären. Nun, so wartet auf den Mann!
O'CASEY Er bleibt lang aus. Und wenn er kommt, dann, hoff ich
Erzählt er uns nicht nur von Sheet.
FLAKE Wir hoffen
Er sagt, was ist, nichts sonst.
O'CASEY So, 's ist ein ehrlicher Mann?

Das wär nicht schlecht. Da Sheet erst heut nacht starb
Könnt alles schon geklärt sein. Nun, ich hoff
Zu Dogsborough:
Es ist ein guter Mann, den du gewählt hast.

CLARK *scharf:*
Er ist der, der er ist, ja? Und hier kommt er.
Auftreten Arturo Ui und Ernesto Roma, begleitet von Leibwächtern.

UI Hallo, Clark! Hallo, Dogsborough! Hallo!

CLARK Hallo, Ui!

UI Nun, was will man von mir wissen?

O'CASEY *zu Dogsborough:*
Das hier dein Mann?

CLARK Gewiß. Nicht gut genug?

GOODWILL Dogsborough, heißt das ...?

O'CASEY *da die Presse unruhig geworden ist:*
Ruhe dort!

EIN REPORTER 's ist Ui!
Gelächter. O'Casey schafft Ruhe. Dann mustert er die Leibwächter.

O'CASEY Wer sind die Leute?

UI Freunde.

O'CASEY *zu Roma:* Wer sind Sie?

UI Mein Prokurist, Ernesto Roma.

GAFFLES Halt!
Ist, Dogsborough, das hier dein Ernst?
Dogsborough schweigt.

O'CASEY Herr Ui
Wie wir Herrn Dogsboroughs beredtem Schweigen
Entnehmen, sind es Sie, der sein Vertraun hat
Und unsres wünscht. Nun, wo sind die Kontrakte?

UI Was für Kontrakte?

CLARK *da O'Casey Goodwill ansieht:*
Die die Reederei
Bezwecks des Ausbaus ihrer Kaianlagen
Mit Baufirmen getätigt haben muß.

UI Ich weiß nichts von Kontrakten.

O'CASEY Nein?

CLARK Sie meinen
's gibt keine solchen?

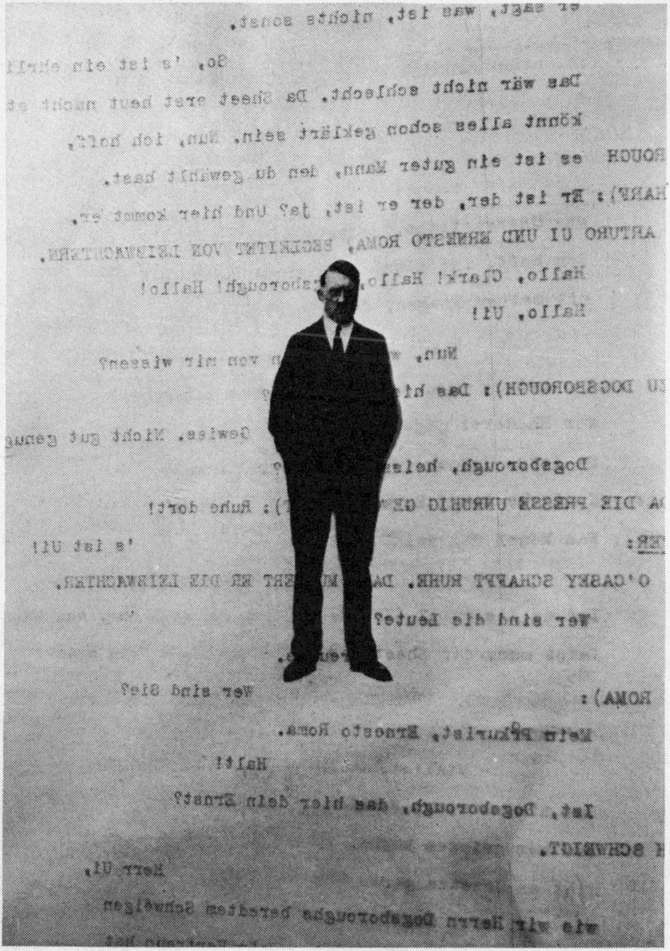

BBA 174/43

O'CASEY *schnell:* Sprachen Sie mit Sheet?
UI *schüttelt den Kopf:*
Nein.
CLARK Ach, Sie sprachen nicht mit Sheet?
UI *hitzig:* Wer das
Behauptet, daß ich mit dem Sheet sprach, lügt.
O'CASEY Ich dacht, Sie schauten in die Sache, Ui
Im Auftrag Dogsboroughs?
UI Das tat ich auch.
O'CASEY Und trug, Herr Ui, Ihr Studium Früchte?
UI Sicher.
Es war nicht leicht, die Wahrheit festzustellen.
Und sie ist nicht erfreulich. Als Herr Dogsborough
Mich zuzog, im Interesse dieser Stadt
Zu klären, wo das Geld der Stadt, bestehend
Aus den Spargroschen von uns Steuerzahlern
Und einer Reederei hier anvertraut
Geblieben ist, mußt ich mit Schrecken feststellen
Daß es veruntreut worden ist. Das ist Punkt eins.
Punkt zwei ist: Wer hat es veruntreut? Nun
Auch das konnt ich erforschen, und der Schuldige
Ist leider Gottes ...
O'CASEY Nun, wer ist es?
UI Sheet.
O'CASEY Oh, Sheet! Der schweigsame Sheet! Den Sie nicht sprachen!
UI Was schaut ihr so? Der Schuldige heißt Sheet.
CLARK Der Sheet ist tot. Hast du's denn nicht gehört?
UI So, ist er tot? Ich war die Nacht in Cicero.
Drum hab ich nichts gehört. Roma war bei mir.
Pause.
ROMA Das nenn ich komisch. Meint ihr, das ist Zufall
Daß er grad jetzt ...?
UI Meine Herrn, das ist kein Zufall.
Sheets Selbstmord ist die Folg von Sheets Verbrechen.
's ist ungeheuerlich!
O'CASEY 's ist nur kein Selbstmord.
UI Was sonst! Natürlich, ich und Roma waren
Heut nacht in Cicero, wir wissen nichts.
Doch was ich weiß, was uns jetzt klar ist: Sheet

Scheinbar ein ehrlicher Geschäftsmann, war
Ein Gangster!

O'CASEY Ich versteh. Kein Wort ist Ihnen
Zu scharf für Sheet, für den heut nacht noch andres
Zu scharf war, Ui. Nun, Dogsborough, zu dir.

DOGSBOROUGH Zu mir?

BUTCHER *scharf:*
Was ist mit Dogsborough?

O'CASEY Das ist:
Wie ich Herrn Ui versteh – und ich versteh
Ihn, denk ich, gut –, war's eine Reederei
Die Geld erhielt und die es unterschlug.
So bleibt nur eine Frage nun: Wer ist
Die Reederei? Ich höre, sie heißt Sheet.
Doch was sind Namen? Was uns interessiert
Ist, wem die Reederei gehörte. Nicht
Nur, wie sie hieß! Gehörte sie auch Sheet?
Sheet ohne Zweifel könnt's uns sagen, aber
Sheet spricht nicht mehr von dem, was ihm gehörte
Seitdem Herr Ui in Cicero war. Wär's möglich
Daß doch ein andrer der Besitzer war
Als der Betrug geschah, der uns beschäftigt?
Was meinst du, Dogsborough?

DOGSBOROUGH Ich?

O'CASEY Ja. Könnt's sein
Daß du an Sheets Kontortisch saßest, als dort
Grad ein Kontrakt, nun, sagen wir – nicht gemacht wurd?

GOODWILL O'Casey!

GAFFLES *zu O'Casey:*
Dogsborough?! Was fällt dir ein?

DOGSBOROUGH Ich ...

O'CASEY Und schon früher, als du uns im Stadthaus
Erzähltest, wie der Karfiol es schwer hätt
Und daß wir eine Anleih geben müßten –
War's eigene Erfahrung, die da sprach?

BUTCHER Was soll das? Seht ihr nicht, dem Mann ist übel?

CARUTHER Ein alter Mann!

FLAKE Sein weißes Haar müßt euch
Belehren, daß in ihm kein Arg sein kann.

ROMA Ich sag: Beweise!

O'CASEY Was Beweise angeht ...
UI Ich bitt um Ruhe! Etwas Ordnung, Freunde!
GAFFLES *laut:*
Um Himmels willen, Dogsborough, sprich!
EIN LEIBWÄCHTER *brüllt plötzlich:* Der Chef
Will Ruhe! Ruhig!
Plötzliche Stille.
UI Wenn ich sagen darf
Was mich bewegt in dieser Stunde und
Bei diesem Anblick, der beschämend ist –
Ein alter Mann beschimpft und seine Freunde
Schweigend herumsteh'nd –, so ist's das: Herr Dogsborough
Ich glaube Ihnen. Sieht so Schuld aus, frag ich?
Blickt so ein Mann, der krumme Wege ging?
Ist weiß hier nicht mehr weiß, schwarz nicht mehr schwarz?
's ist weit gekommen, wenn es so weit kommt.
CLARK Man wirft hier einem unbescholtenen Mann
Bestechung vor!
O'CASEY Und mehr als das: Betrug!
Denn ich behaupt, die schattige Reederei
Von der wir so viel Schlechtes hörten, als man
Sie noch dem Sheet zuschrieb, war Eigentum
Des Dogsborough zur Zeit der Anleih!
MULBERRY Das ist Lüge!
CARUTHER Ich setz den Kopf zum Pfand
Für Dogsborough! Oh, lad die ganze Stadt!
Und find da einen, der ihn schwarz nennt!
REPORTER *zu einem andern, der eben eintritt:*
Eben
Wird Dogsborough beschuldigt!
DER ANDERE REPORTER Dogsborough?
Warum nicht Abraham Lincoln?
MULBERRY UND FLAKE Zeugen! Zeugen!
O'CASEY Ach, Zeugen? Wollt ihr das? Nun, Smith, wie steht's
Mit unserm Zeugen? Ist er da? Ich seh
Er ist gekommen.
Einer seiner Leute ist in die Tür getreten und hat ein Zeichen gemacht. Alle blicken zur Tür. Kurze Pause. Dann hört man eine Folge von Schüssen und Lärm. Große Unruhe. Die Reporter laufen hinaus.

DIE REPORTER Es ist vor dem Haus. Maschinengewehr. – Wie heißt dein Zeuge, O'Casey? – Dicke Luft. – Hallo, Ui!

O'CASEY *zur Tür gehend:* Bowl. *Schreit hinaus:* Hier herein!

DIE LEUTE VOM KARFIOLTRUST Was ist los? – Jemand ist abgeschossen worden. – Auf der Treppe. – Verdammt!

BUTCHER *zu Ui:*

Mehr Unfug? Ui, wir sind geschiedene Leute
Wenn da was vorging, was . . .

UI Ja?

O'CASEY Bringt ihn rein!

Polizisten tragen eine Leiche herein.

O'CASEY 's ist Bowl. Meine Herrn, mein Zeuge ist nicht mehr
Vernehmungsfähig, fürcht ich.

Er geht schnell ab. Die Polizisten haben Bowls Leiche in eine Ecke gelegt.

DOGSBOROUGH Gaffles, nimm
Mich weg von hier!

Gaffles geht, ohne zu antworten, an ihm vorbei hinaus.

UI *mit ausgestreckter Hand auf Dogsborough zu:*

Meinen Glückwunsch, Dogsborough!
Ich will, daß Klarheit herrscht. So oder so.

Eine Schrift taucht auf.

6

Mammoth-Hotel. Suite des Ui. Zwei Leibwächter führen einen zerlumpten Schauspieler vor den Ui. Im Hintergrund Givola.

ERSTER LEIBWÄCHTER Er ist ein Schauspieler, Chef. Unbewaffnet.

ZWEITER LEIBWÄCHTER Er hätte nicht die Pinkepinke für einen Browning. Voll ist er nur, weil sie ihn in der Kneipe was deklamieren lassen, wenn sie voll sind. Aber er soll gut sein. Er ist ein Klassikanischer.

UI So hören Sie: Man hat mir zu verstehen gegeben, daß meine Aussprache zu wünschen übrigläßt. Und da es unvermeidlich sein wird, bei dem oder jenem Anlaß ein paar Worte zu äußern, ganz besonders, wenn's einmal politisch wird, will ich Stunden nehmen. Auch im Auftreten.

BBA 174/50

DER SCHAUSPIELER Jawohl.

UI Den Spiegel vor!

Ein Leibwächter trägt einen großen Stehspiegel nach vorn.

UI Zuerst das Gehen. Wie geht ihr auf dem Theater oder in der Oper?

DER SCHAUSPIELER Ich versteh Sie. Sie meinen den großen Stil. Julius Cäsar, Hamlet, Romeo, Stücke von Shakespeare. Herr Ui, Sie sind an den rechten Mann gekommen. Wie man klassisch auftritt, kann der alte Mahonney Ihnen in zehn Minuten

BBA 174/50

beibringen. Sie sehen einen tragischen Fall vor sich, meine Herren. Ich hab mich ruiniert mit Shakespeare. Englischer Dichter. Ich könnte heute am Broadway spielen, wenn es nicht Shakespeare gäbe. Die Tragödie eines Charakters. »Spielen Sie nicht Shakespeare, wenn Sie Ibsen spielen, Mahonney! Schauen Sie auf den Kalender! Wir halten 1912, Herr!« – »Die Kunst kennt

BBA 174/50

BBA 174/50

keinen Kalender, Herr«, sage ich, »ich mache Kunst.« Ach ja.

GIVOLA Mir scheint, du bist an den falschen Mann geraten, Chef. Er ist passé.

UI Das wird sich zeigen. Gehen Sie herum, wie man bei diesem Shakespeare geht.

Der Schauspieler geht herum.

UI Gut!

GIVOLA Aber so kannst du nicht vor den Karfiolhändlern gehen! Es ist unnatürlich!

UI Was heißt unnatürlich? Kein Mensch ist heut natürlich. Wenn ich gehe, wünsche ich, daß es bemerkt wird, daß ich gehe.

Er kopiert das Gehen des Schauspielers.

DER SCHAUSPIELER Kopf zurück. *Ui legt den Kopf zurück.* Der Fuß berührt den Boden mit der Fußspitze zuerst. *Uis Fuß berührt den Boden mit der Fußspitze zuerst.* Gut. Ausgezeichnet. Sie haben eine Naturanlage. Nur mit den Armen muß noch etwas geschehen. Steif. Warten Sie. Am besten, Sie legen sie vor dem Geschlechtsteil zusammen. *Ui legt die Hände beim Gehen vor dem Geschlechtsteil zusammen.* Nicht schlecht. Ungezwungen und doch gerafft. Aber der Kopf ist zurück. Richtig. Ich denke, der Gang ist für Ihre Zwecke in Ordnung, Herr Ui. Was wünschen Sie noch?

UI Das Stehen. Vor Leuten.

GIVOLA Stell zwei kräftige Jungens dicht hinter dich, und du stehst ausgezeichnet.

UI Das ist ein Unsinn. Wenn ich stehe, wünsche ich, daß man nicht auf zwei Leute hinter mir, sondern auf mich schaut. Korrigieren Sie mich!

Er stellt sich in Positur, die Arme über der Brust gekreuzt.

DER SCHAUSPIELER Das ist möglich. Aber gewöhnlich. Sie wollen nicht aussehen wie ein Friseur, Herr Ui. Verschränken Sie die Arme so. *Er legt die Arme so übereinander, daß die Handrükken sichtbar bleiben: sie kommen auf die Oberarme zu liegen.* Eine minuziöse Änderung, aber der Unterschied ist gewaltig. Vergleichen Sie im Spiegel, Herr Ui.

Ui probiert die neue Armhaltung im Spiegel.

UI Gut.

GIVOLA Wozu machst du das? Nur für die feinen
Herrn im Trust?

BBA 174/52

UI Natürlich nicht. Selbstredend
Ist's für die kleinen Leute. Wozu, glaubst du
Tritt dieser Clark vom Trust zum Beispiel im-
Ponierend auf? Doch nicht für seinesgleichen?
Denn da genügt sein Bankguthaben, gradso
Wie für bestimmte Zwecke kräftige Jungens
Mir den Respekt verschaffen. Clark tritt im-

BBA 174/52

Ponierend auf der kleinen Leute wegen!
Und so tu ich's.

GIVOLA Nur, man könnt sagen: 's wirkt
Nicht angeboren. Es gibt Leute, die
Da heikel sind.

UI Selbstredend gibt es die.
Nur kommt's nicht darauf an, was der Professor denkt
Der oder jener Überschlaue, sondern
Wie sich der kleine Mann halt seinen Herrn
Vorstellt. Basta.

GIVOLA Jedoch, warum den Herrn
Herausgehängt? Warum nicht lieber bieder

Hemdsärmelig und mit blauem Auge, Chef?
UI Dazu hab ich den alten Dogsborough.
GIVOLA Der hat etwas gelitten, wie mir scheint.
Man führt es zwar noch unter »Haben« auf
Das wertvolle alte Stück, doch zeigen tut man's
Nicht mehr so gern, mag sein, 's ist nicht ganz echt ...
So geht's mit der Familienbibel, die
Man nicht mehr aufschlägt, seit man, im Freundeskreis
Gerührt drin blätternd, zwischen den ehrwürdigen
Vergilbten Seiten die vertrocknete
Wanze entdeckte. Aber freilich, für
Den Karfiol dürft er noch gut genug sein.
UI Wer respektabel ist, bestimme ich.
GIVOLA Klar, Chef. Nichts gegen Dogsborough! Man kann
Ihn noch gebrauchen. Nicht einmal im Stadthaus
Läßt man ihn fallen, 's gäb zu lauten Krach.
UI Das Sitzen.
DER SCHAUSPIELER Das Sitzen. Das Sitzen ist beinahe das schwerste, Herr Ui. Es gibt Leute, die können gehen; es gibt Leute, die können stehen; aber wo sind die Leute, die sitzen können? Nehmen Sie einen Stuhl mit Lehne, Herr Ui. Und jetzt lehnen Sie sich nicht an. Hände auf die Oberschenkel, parallel mit dem Bauch, Ellenbogen stehen vom Körper ab. Wie lange können Sie so sitzen, Herr Ui?
UI Beliebig lang.
DER SCHAUSPIELER Dann ist alles gut, Herr Ui.
GIVOLA Vielleicht ist's richtig, Chef, wenn du das Erbe
Des Dogsborough dem lieben Giri läßt.
Der trifft Volkstümlichkeit – auch ohne Volk.
Er mimt den Lustigen und kann so lachen
Daß vom Plafond die Stukkatur abfällt
Wenn's not tut. Und auch wenn's nicht not tut, wenn
Zum Beispiel du als Sohn der Bronx auftrittst
Was du doch wahrlich bist, und von den sieben
Entschlossenen Jungens sprichst ...
UI So. Lacht er da?
GIVOLA Daß vom Plafond die Stukkatur fällt. Aber
Sag nichts zu ihm, sonst sagt er wieder, ich
Sei ihm nicht grün. Gewöhn ihm lieber ab
Hüte zu sammeln.

UI Was für Hüte?

GIVOLA Hüte

Von Leuten, die er abgeschossen hat.
Und damit öffentlich herumzulaufen.
's ist ekelhaft.

UI Dem Ochsen, der da drischt
Verbind ich nicht das Maul. Ich überseh
Die kleinen Schwächen meiner Mitarbeiter.
Zum Schauspieler:
Und nun zum Reden! Tragen Sie was vor!

DER SCHAUSPIELER Shakespeare. Nichts anderes. Cäsar. Der antike Held. *Er zieht ein Büchlein aus der Tasche.* Was halten Sie von der Antoniusrede? Am Sarg Cäsars. Gegen Brutus. Führer der Meuchelmörder. Ein Muster der Volksrede, sehr berühmt. Ich spielte den Antonius in Zenith, 1908. Genau, was Sie brauchen, Herr Ui. *Er stellt sich in Positur und rezitiert, Zeile für Zeile, die Antoniusrede:*
Mitbürger, Freunde, Römer, euer Ohr!
Ui spricht ihm aus dem Büchlein nach, mitunter ausgebessert von dem Schauspieler, jedoch wahrt er im Grund seinen knappen und rauhen Ton.

DER SCHAUSPIELER Cäsar ist tot. Und Cäsar zu begraben
Nicht ihn zu preisen, kam ich her. Mitbürger!
Das Böse, das der Mensch tut, überlebt ihn;
Das Gute wird mit ihm zumeist verscharrt.
Sei's so mit Cäsar! Der wohledle Brutus
Hat euch versichert: Cäsar war tyrannisch.
Wenn er das wär, so wär's ein schwerer Fehler
Und schwer hätt Cäsar ihn nunmehr bezahlt.

UI *allein weiter:* Ich stehe hier mit Brutus' Billigung
(Denn Brutus ist ein ehrenwerter Mann
Das sind sie alle, ehrenwerte Männer)
An seinem Leichnam nun zu euch zu reden.
Er war mein Freund, gerecht und treu zu mir
Doch Brutus sagt uns, Cäsar war tyrannisch
Und Brutus ist ein ehrenwerter Mann.
Er brachte viel Gefangne heim nach Rom:
Roms Kassen füllten sich mit Lösegeldern.
Vielleicht war das von Cäsar schon tyrannisch?
Freilich, hätt das der arme Mann in Rom.

BBA 174/56

Von ihm behauptet – Cäsar hätt geweint.
Tyrannen sind aus härterem Stoff? Vielleicht!
Doch Brutus sagt uns, Cäsar war tyrannisch
Und Brutus ist ein ehrenwerter Mann.
Ihr alle saht, wie bei den Luperkalien
Ich dreimal ihm die königliche Kron' bot.
Er wies sie dreimal ab. War das tyrannisch?
Nein? Aber Brutus sagt, er war tyrannisch
Und ist gewiß ein ehrenwerter Mann.
Ich rede nicht, Brutus zu widerlegen
Doch steh ich hier zu sagen, was ich weiß.
Ihr alle liebtet ihn einmal – nicht grundlos!
Was für ein Grund hält euch zurück zu trauern?
Während der letzten Verse fällt langsam der Vorhang.
Eine Schrift taucht auf.

7

Büro des Karfioltrusts. Arturo Ui, Ernesto Roma, Giuseppe Givola, Emanuele Giri und die Leibwächter. Eine Schar kleiner Gemüsehändler hört den Ui sprechen. Auf dem Podest neben dem Ui sitzt krank der alte Dogsborough. Im Hintergrund Clark.

UI *brüllend:*
Mord! Schlächterei! Erpressung! Willkür! Raub!
Auf offner Straße knattern Schüsse! Männer
Ihrem Gewerb nachgehend, friedliche Bürger
Ins Stadthaus tretend, Zeugnis abzulegen
Gemordet am hellichten Tag! Und was
Tut dann die Stadtverwaltung, frag ich? Nichts!
Freilich, die ehrenwerten Männer müssen
Gewisse schattige Geschäfte planen
Und ehrlichen Leuten ihre Ehr abschneiden
Statt daß sie einschreiten.
GIVOLA Hört!
UI Kurz, es herrscht Chaos.
Denn: Wenn ein jeder machen kann, was er will
Und was sein Egoismus ihm eingibt

Heißt das, daß alle gegen alle sind
Und damit Chaos herrscht. Wenn ich ganz friedlich
Meinen Gemüseladen führ oder, sagen wir
Mein Lastauto mit Karfiol steuer oder
Was weiß ich, und ein andrer, weniger friedlich
In meinen Laden trampelt: »Hände hoch!«
Oder mir den Reifen platt schießt mit dem Browning
Kann nie ein Friede herrschen! Wenn ich aber
Das einmal weiß, daß Menschen so sind und
Nicht sanfte Lämmchen, muß ich etwas tun
Daß sie mir eben nicht den Laden zertrampeln
Und ich die Hände nicht jeden Augenblick
Wenn es dem Nachbarn paßt, hochheben muß
Sondern sie für meine Arbeit brauchen kann
Sagen wir zum Gurkenzählen oder was weiß ich.
Denn so ist eben der Mensch. Der Mensch wird nie
Aus eigenem Antrieb seinen Browning weglegen.
Etwa, weil's schöner wär oder weil gewisse
Schönredner im Stadthaus ihn dann loben würden.
Solang ich nicht schieß, schießt der andre! Das
Ist logisch. Aber was da tun, fragt ihr.
Das sollt ihr hören. Eines gleich voraus:
So wie ihr's bisher machtet, so geht's nicht.
Faul vor der Ladenkasse sitzen und
Hoffen, daß alles gut gehn wird, und dazu
Uneinig unter euch, zersplittert, ohne
Starke Bewachung, die euch schützt und schirmt
Und hiemit ohnmächtig gegen jeden Gangster –
So geht's natürlich nicht. Folglich. Das erste
Ist Einigkeit, was not tut. Zweitens Opfer.
Was, hör ich euch sagen, opfern sollen wir?
Geld zahlen für Schutz, dreißig Prozent abführen
Für Protektion? Nein, nein, das wollen wir nicht!
Da ist uns unser Geld zu lieb! Ja, wenn
Der Schutz umsonst zu haben wär, dann gern!
Ja, meine lieben Gemüsehändler, so
Einfach ist's nicht. Umsonst ist nur der Tod.
Alles andere kostet. Und so kostet auch Schutz.
Und Ruhe und Sicherheit und Friede! Das
Ist nun einmal im Leben so. Und drum

Weil das so ist und nie sich ändern wird
Hab ich und einige Männer, die ihr hier
Stehn seht – und andere sind noch draußen –, beschlossen
Euch unsern Schutz zu leihn.
Givola und Roma klatschen Beifall.
Damit ihr aber
Sehn könnt, daß alles auf geschäftlicher Basis
Gemacht werden soll, ist Herr Clark erschienen
Von Clarks Großhandel, den ihr alle kennt.
Roma zieht Clark hervor. Einige Gemüsehändler klatschen.

GIVOLA Herr Clark, im Namen der Versammlung heiße
Ich Sie willkommen. Daß der Karfioltrust
Sich für Arturo Uis Ideen einsetzt
Kann ihn nur ehren. Vielen Dank, Herr Clark!

CLARK Wir vom Karfioltrust, meine Herrn und Damen
Sehn mit Alarm, wie schwer es für Sie wird
Das Grünzeug loszuschlagen. »'s ist zu teuer«
Hör ich Sie sagen. Doch, warum ist's teuer?
Weil unsre Packer, Lader und Chauffeure
Verhetzt von schlechten Elementen, mehr
Und mehr verlangen. Aufzuräumen da
Ist, was Herr Ui und seine Freunde wünschen.

ERSTER HÄNDLER Doch, wenn der kleine Mann dann weniger
Und weniger bekommt, wer kauft dann Grünzeug?

UI Diese Frage
Ist ganz berechtigt. Meine Antwort ist:
Der Arbeitsmann ist aus der heutigen Welt
Ob man ihn billigt oder nicht, nicht mehr
Hinwegzudenken. Schon als Kunde nicht.
Ich habe stets betont, daß ehrliche Arbeit
Nicht schändet, sondern aufbaut und Profit bringt.
Und hiemit nötig ist. Der einzelne Arbeitsmann
Hat meine volle Sympathie. Nur wenn er
Sich dann zusammenrottet und sich anmaßt
Da dreinzureden, wo er nichts versteht
Nämlich, wie man Profit herausschlägt und so weiter
Sag ich: Halt, Bruder, so ist's nicht gemeint.
Du bist ein Arbeitsmann, das heißt, du arbeitst.
Wenn du mir streikst und nicht mehr arbeitst, dann
Bist du kein Arbeitsmann mehr, sondern ein

Gefährliches Subjekt, und ich greif zu.
Clark klatscht Beifall.
Damit ihr aber seht, daß alles ehrlich
Auf Treu und Glauben vorgehn soll, sitzt unter
Uns hier ein Mann, der uns, ich darf wohl sagen
Allen, als Vorbild goldner Ehrlichkeit
Und unbestechlicher Moral dient, nämlich
Herr Dogsborough.
Die Gemüsehändler klatschen etwas stärker.
Herr Dogsborough, ich fühle
In dieser Stunde tief, wie sehr ich Ihnen
Zu Dank verpflichtet bin. Die Vorsehung
Hat uns vereinigt. Daß ein Mann wie Sie
Mich Jüngeren, den einfachen Sohn der Bronx
Zu Ihrem Freund, ich darf wohl sagen, Sohn
Erwählte, das werd ich Ihnen nie vergessen.
Er faßt Dogsboroughs schlaff herabhängende Hand und schüttelt sie.

GIVOLA *halblaut:*
Erschütternder Moment! Vater und Sohn!

GIRI *tritt vor:*
Leute, der Chef spricht uns da aus dem Herzen!
Ich seh's euch an, ihr hättet ein paar Fragen.
Heraus damit! Und keine Furcht! Wir fressen
Keinen, der uns nichts tut. Ich sag's, wie's ist:
Ich bin kein Freund von vielem Reden und
Besonders nicht von unfruchtbarem Kritteln
Der Art, die ja an nichts ein gutes Haar läßt
Nur Achs und Abers kennt und zu nichts führt.
Gesunde, positive Vorschläge aber
Wie man das machen kann, was nun einmal
Gemacht werden muß, hör'n wir mit Freude an.
Quatscht los!
Die Gemüsehändler rühren sich nicht.

GIVOLA *ölig:* Und schont uns nicht! Ich denk, ihr kennt mich.
Und meine Blumenhandlung!

EIN LEIBWÄCHTER Lebe Givola!

GIVOLA Soll's also Schutz sein oder Schlächterei
Mord, Willkür, Raub, Erpressung? Hart auf hart?

ERSTER HÄNDLER 's war ziemlich friedlich in der letzten Zeit.

In meinem Laden gab es keinen Stunk.

ZWEITER HÄNDLER In meinem auch nicht.

DRITTER HÄNDLER Auch in meinem nicht.

GIVOLA Merkwürdig!

ZWEITER HÄNDLER Man hat ja gehört, daß kürzlich
Im Schankgeschäft so manches vorkam, was
Herr Ui uns schilderte, daß wo die Gläser
Zerschlagen wurden und der Sprit vergossen
Wenn nicht für Schutz gezahlt wurd, aber gottlob
Im Grünzeughandel war es bisher ruhig.

ROMA Und Sheets Ermordung? Und der Tod des Bowl?
Nennt ihr das ruhig?

ZWEITER HÄNDLER Hat das mit Karfiol
Zu tun, Herr Roma?

ROMA Nein, 'nen Augenblick!

Roma begibt sich zu Ui, der nach seiner großen Rede erschöpft und gleichgültig dasaß. Nach ein paar Worten winkt er Giri her, und auch Givola nimmt an einer hastigen, geflüsterten Unterredung teil. Dann winkt Giri einem der Leibwächter und geht schnell mit ihm hinaus.

GIVOLA Werte Versammlung! Wie ich eben hör
Ersucht da eine arme Frau Herrn Ui
Von ihr vor der Versammlung ein paar Worte
Des Dankes anzuhören.

Er geht nach hinten und geleitet eine geschminkte, auffällig gekleidete Person – Dockdaisy – herein, die an der Hand ein kleines Mädchen führt. Die drei begeben sich vor Ui, der aufgestanden ist.

GIVOLA Sprechen Sie, Frau Bowl!

Zu den Grünzeughändlern:

Ich hör, es ist Frau Bowl, die junge Witwe
Des Prokuristen Bowl vom Karfioltrust
Der gestern, pflichtgemäß ins Stadthaus eilend
Von unbekannter Hand ermordet wurde.
Frau Bowl!

DOCKDAISY Herr Ui, ich möchte Ihnen in meinem tiefen Kummer, der mich befallen hat angesichts des frechen Mordes, der an meinem armen Mann verübt wurde, als er in Erfüllung seiner Bürgerpflicht ins Stadthaus gehen wollte, meinen tiefgefühlten Dank aussprechen. Es ist für die Blumen, die Sie mir und meinem kleinen Mädchen im Alter von sechs Jahren, die ihres Vaters beraubt wurde, geschickt haben. *Zur Versammlung:* Meine Herren, ich bin nur eine arme Witwe und möchte nur sagen, daß ich ohne Herrn Ui heute auf der Straße läge, das beschwöre ich jederzeit. Mein kleines Mädchen im Alter von fünf Jahren und ich werden es Ihnen, Herr Ui, niemals vergessen.

Ui reicht Dockdaisy die Hand und faßt dem Kind unter das Kinn.

GIVOLA Bravo!

Durch die Versammlung quer durch kommt Giri, den Hut Bowls auf, gefolgt von einigen Gangstern, welche große Petroleumkannen schleppen. Sie bahnen sich einen Weg zum Ausgang.

UI Frau Bowl, mein Beileid zum Verlust. Dies Wüten
Ruchlos und unverschämt, muß aufhörn, denn ...

GIVOLA *da die Händler aufzubrechen beginnen:* Halt!
Die Sitzung ist noch nicht geschlossen. Jetzt
Wird unser Freund James Greenwool zum Gedenken
Des armen Bowl ein Lied vortragen mit
Anschließender Sammlung für die arme Witwe.
Er ist ein Bariton.

Einer der Leibwächter tritt vor und singt ein schmalziges Lied, in dem das Wort »Heim« reichlich vorkommt. Die Gangster sitzen während des Vortrags tief versunken in den Musikgenuß, die Köpfe in die Hände gestützt oder mit geschlossenen Augen zurückgelehnt usw. Der karge Beifall, der sich danach erhebt, wird unterbrochen durch das Pfeifen von Polizei- und Brandautosirenen. Ein großes Fenster im Hintergrund hat sich gerötet.

ROMA Feuer im Dockbezirk!

STIMME Wo?

EIN LEIBWÄCHTER *herein:* Ist hier ein
Grünzeughändler namens Hook?

ZWEITER HÄNDLER Hier! Was ist los?

DER LEIBWÄCHTER Ihr Speicher brennt.

Der Händler Hook stürzt hinaus. Einige ihm nach. Andere ans Fenster.

ROMA Halt! Bleiben! Niemand
Verläßt den Raum! *Zum Leibwächter:* Ist's Brandstiftung?

DER LEIBWÄCHTER Ja, sicher
Man hat Petroleumkannen vorgefunden, Boß.
DRITTER HÄNDLER Hier wurden Kannen durchgetragen!
ROMA *rasend:* Wie?
Wird hier behauptet, daß es wir sind?
EIN LEIBWÄCHTER *stößt dem Mann den Browning in die Rippen:* Was
Soll man hier durchgetragen haben? Kannen?
ANDERE LEIBWÄCHTER *zu anderen Händlern:*
Sahst du hier Kannen? – Du?
DIE HÄNDLER Ich nicht. – Auch ich nicht.
ROMA Das will ich hoffen!
GIVOLA *schnell:* Jener selbe Mann
Der uns hier eben noch erzählte, wie
Friedlich es zugeht im Karfiolgeschäft
Sieht jetzt sein Lager brennen! Von ruchloser Hand
In Asch verwandelt! Seht ihr immer noch nicht?
Seid ihr denn blind? Jetzt einigt euch! Sofort!
UI *brüllend:*
's ist weit gekommen in dieser Stadt. Erst Mord
Dann Brandstiftung! Ja, jedem, wie mir scheint
Geht da ein Licht auf! Jeder ist gemeint!
Eine Schrift taucht auf.

8

Der Speicherbrandprozeß. Presse. Richter. Ankläger. Verteidiger. Der junge Dogsborough. Giri. Givola. Dockdaisy. Leibwächter. Gemüsehändler und der Angeklagte Fish.

a

Vor dem Zeugenstuhl steht Emanuele Giri und zeigt auf den Angeklagten Fish, der völlig apathisch dasitzt.

GIRI *schreiend:*
Das ist der Mann, der mit verruchter Hand
Den Brand gelegt hat! Die Petroleumkanne

BBA 174/67

Hielt er an sich gedrückt, als ich ihn stellte.
Steh auf, du, wenn ich mit dir sprech! Steh auf!
Man reißt den Fish hoch. Er steht schwankend.

DER RICHTER Angeklagter, reißen Sie sich zusammen. Sie stehen vor Gericht. Sie werden der Brandstiftung beschuldigt. Bedenken Sie, was für Sie auf dem Spiel steht!

FISH *lallt:* Arlarlarl.

DER RICHTER Wo hatten Sie die Petroleumkanne bekommen?

FISH Arlarl.

Auf einen Wink des Richters beugt sich ein übereleganter Arzt finsteren Aussehens über Fish und tauscht dann einen Blick mit Giri.

DER ARZT Simuliert.

DER VERTEIDIGER Die Verteidigung verlangt Hinzuziehung anderer Ärzte.

DER RICHTER *lächelnd:* Abgelehnt.

DER VERTEIDIGER Herr Giri, wie kam es, daß Sie an Ort und Stelle waren, als das Feuer im Speicher des Herrn Hook ausbrach, das zweiundzwanzig Häuser in Asche legte?

GIRI Ich machte einen Verdauungsspaziergang.

Einige Leibwächter lachen. Giri stimmt in das Lachen ein.

DER VERTEIDIGER Ist Ihnen bekannt, Herr Giri, daß der Angeklagte Fish ein Arbeitsloser ist, der einen Tag vor dem Brand zu Fuß nach Chicago kam, wo er zuvor niemals gewesen war?

GIRI Was, wenn?

DER VERTEIDIGER Trägt Ihr Auto die Nummer XXXXXX?

GIRI Sicher.

DER VERTEIDIGER Stand dieses Auto vier Stunden vor dem Brand vor Dogsboroughs Restaurant in der 87. Straße und wurde aus dem Restaurant der Angeklagte Fish in bewußtlosem Zustand geschleppt?

GIRI Wie soll ich das wissen? Ich war den ganzen Tag auf einer Spazierfahrt nach Cicero, wo ich zweiundfünfzig Leute traf, die beschwören können, daß sie mich gesehen haben.

Die Leibwächter lachen.

DER VERTEIDIGER Sagten Sie nicht eben, daß Sie in Chicago, in der Gegend der Docks, einen Verdauungsspaziergang machten?

GIRI Haben Sie was dagegen, daß ich in Cicero speise und in Chicago verdaue, Herr?

Großes, anhaltendes Gelächter, in das auch der Richter einstimmt.

Dunkel. Eine Orgel spielt Chopins Trauermarsch als Tanzmusik.

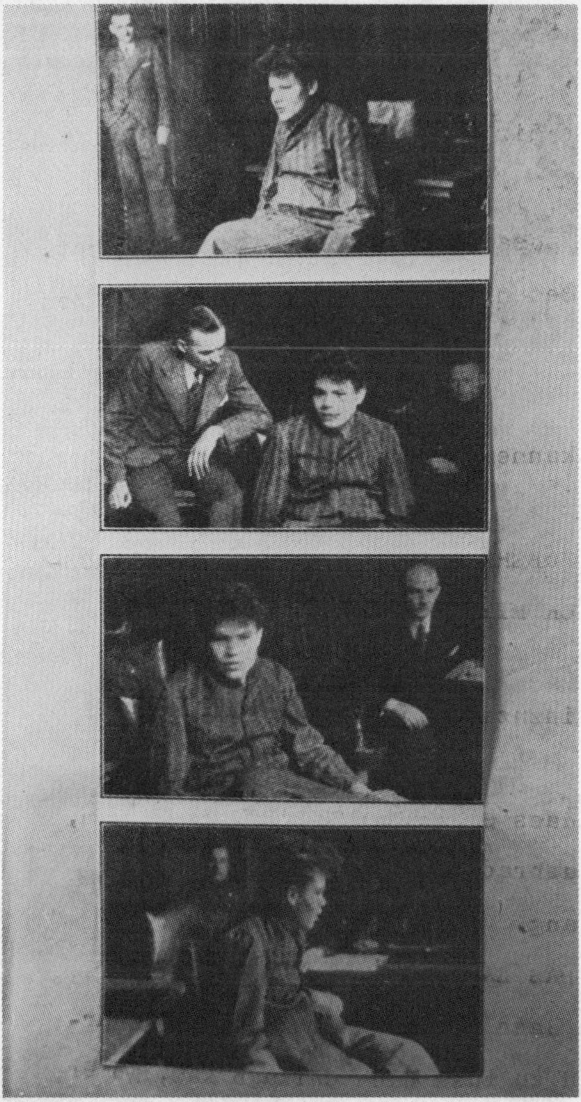

BBA 174/69

b

Wenn es wieder hell wird, sitzt der Gemüsehändler Hook im Zeugenstuhl.

DER VERTEIDIGER Haben Sie mit dem Angeklagten jemals einen Streit gehabt, Herr Hook? Haben Sie ihn überhaupt jemals gesehen?

HOOK Niemals.

DER VERTEIDIGER Haben Sie Herrn Giri gesehen?

HOOK Ja, im Büro des Karfioltrusts am Tag des Brandes meines Speichers.

DER VERTEIDIGER Vor dem Brand?

HOOK Unmittelbar vor dem Brand. Er ging mit vier Leuten, die Petroleumkannen trugen, durch das Lokal.

Unruhe auf der Pressebank und bei den Leibwächtern.

DER RICHTER Ruhe auf der Pressebank!

DER VERTEIDIGER An welches Grundstück grenzt Ihr Speicher, Herr Hook?

HOOK An das Grundstück der Reederei vormals Sheet. Mein Speicher ist durch einen Gang mit dem Hof der Reederei verbunden.

DER VERTEIDIGER Ist Ihnen bekannt, Herr Hook, daß Herr Giri in der Reederei vormals Sheet wohnte und also Zutritt zum Reedereigelände hat?

HOOK Ja, als Lagerverwalter.

Große Unruhe auf der Pressebank. Die Leibwächter machen »Buh, buh« und nehmen eine drohende Haltung gegen Hook, den Verteidiger und die Presse ein. Der junge Dogsborough eilt zum Richter und sagt ihm etwas ins Ohr.

DER RICHTER Ruhe! Die Verhandlung ist wegen Unwohlseins des Angeklagten vertagt.

Dunkel. Die Orgel spielt wieder Chopins Trauermarsch als Tanzmusik.

c

Wenn es wieder hell wird, sitzt Hook im Zeugenstuhl. Er ist zusammengebrochen, hat einen Stock neben sich und Binden um den Kopf und über den Augen.

BBA 174/71

DER ANKLÄGER Sehen Sie schlecht, Hook?
HOOK *mühsam:* Jawohl.
DER ANKLÄGER Können Sie sagen, daß Sie imstand sind, jemand klar und deutlich zu erkennen?
HOOK Nein.
DER ANKLÄGER Erkennen Sie zum Beispiel diesen Mann dort? *Er zeigt auf Giri.*
HOOK Nein.
DER ANKLÄGER Sie können nicht sagen, daß Sie ihn jemals gesehen haben?
HOOK Nein.
DER ANKLÄGER Nun eine sehr wichtige Frage, Hook. Überlegen Sie genau, bevor Sie sie beantworten. Die Frage lautet: Grenzt Ihr Speicher an das Grundstück der Reederei vormals Sheet?
HOOK *nach einer Pause:* Nein.

DER ANKLÄGER Das ist alles.

Dunkel. Die Orgel spielt weiter.

d

Wenn es wieder hell wird, sitzt Dockdaisy im Zeugenstuhl.

DOCKDAISY *mit mechanischer Stimme:* Ich erkenne den Angeklagten sehr gut an seinem schuldbewußten Ausdruck und weil er einen Meter und siebzig groß ist. Ich habe von meiner Schwägerin gehört, daß er an dem Mittag, an dem mein Mann beim Betreten des Stadthauses erschossen wurde, vor dem Stadthaus gesehen wurde. Er hatte eine Maschinenpistole, Fabrikat Webster, unter dem Arm und machte einen verdächtigen Eindruck.

Dunkel. Die Orgel spielt weiter.

e

Wenn es wieder hell wird, sitzt Giuseppe Givola im Zeugenstuhl. Unweit steht der Leibwächter Greenwool.

DER ANKLÄGER Es ist hier behauptet worden, daß im Büro des Karfioltrusts einige Leute Petroleumkannen hinausgetragen haben sollen, bevor die Brandstiftung erfolgte. Was wissen Sie davon?

GIVOLA Es kann sich nur um Herrn Greenwool handeln.

DER ANKLÄGER Herr Greenwool ist Ihr Angestellter, Herr Givola?

GIVOLA Jawohl.

DER ANKLÄGER Was sind Sie von Beruf, Herr Givola?

GIVOLA Blumenhändler.

DER ANKLÄGER Ist das ein Geschäft, in dem ein ungewöhnlich großer Gebrauch von Petroleum gemacht wird?

GIVOLA *ernst:* Nein, nur gegen Blattläuse.

DER ANKLÄGER Was machte Herr Greenwool im Büro des Karfioltrusts?

GIVOLA Er trug ein Lied vor.

DER ANKLÄGER Er kann also nicht gleichzeitig Petroleumkannen zum Speicher des Hook geschafft haben.

GIVOLA Völlig unmöglich. Er ist charakterlich nicht der Mann, der Brandstiftungen begeht. Er ist Bariton.

DER ANKLÄGER Ich stelle es dem Gericht anheim, den Zeugen Greenwool das schöne Lied singen zu lassen, das er im Büro des Karfioltrusts sang, während der Brand gelegt wurde.

DER RICHTER Der Gerichtshof hält es nicht für nötig.

GIVOLA Ich protestiere.
Er erhebt sich.
's ist unerhört, wie hier gehetzt wird. Jungens
Waschecht im Blut, nur in zu vielem Licht
Ein wenig schießend, werden hier behandelt
Als dunkle Existenzen. 's ist empörend.
Gelächter. Dunkel. Die Orgel spielt weiter.

f

Wenn es wieder hell wird, zeigt der Gerichtshof alle Anzeichen völliger Erschöpfung.

DER RICHTER Die Presse hat Andeutungen darüber gebracht, daß der Gerichtshof von gewisser Seite einem Druck ausgesetzt sein könnte. Der Gerichtshof stellt fest, daß er von keiner Seite irgendeinem Druck ausgesetzt wurde und in völliger Freiheit amtiert. Ich denke, diese Erklärung genügt.

DER ANKLÄGER Euer Ehren! Angesichts des verstockt eine Dementia simulierenden Angeklagten Fish hält die Anklage weitere Verhöre mit ihm für unmöglich. Wir beantragen also ...

DER VERTEIDIGER Euer Ehren! Der Angeklagte kommt zu sich!
Unruhe.

FISH *scheint aufzuwachen:* Arlarlwarlassrlarlawassrla.

DER VERTEIDIGER Wasser! Euer Ehren, ich beantrage das Verhör des Angeklagten Fish!
Große Unruhe.

DER ANKLÄGER Ich protestiere! Keinerlei Anzeichen deuten darauf hin, daß der Fish bei klarem Verstand ist. Es ist alles Mache der Verteidigung, Sensationshascherei, Beeinflussung des Publikums!

FISH Wassr.
Er wird gestützt vom Verteidiger und steht auf.

Verhör des Reichstagsbrandstifters van der Lubbe im Reichstage:
links nach rechts: Referendar Meyer-Collings als Dolmetscher, van der Lubbe, Kriminal-Assistent Wessely

BBA 174/74

DER VERTEIDIGER Können Sie antworten, Fish?

FISH Jarl.

DER VERTEIDIGER Fish, sagen Sie dem Gericht: Haben Sie am 28. des vorigen Monats einen Gemüsespeicher an den Docks in Brand gesteckt, ja oder nein?

FISH Neiwein.

DER VERTEIDIGER Wann sind Sie nach Chicago gekommen, Fish?

FISH Wasser.

DER VERTEIDIGER Wasser!

Unruhe. Der junge Dogsborough ist zum Richter getreten und redet auf ihn ein.

GIRI *steht breit auf und brüllt:* Mache! Lüge! Lüge!

DER VERTEIDIGER Haben Sie diesen Mann – *er zeigt auf Giri* – früher gesehen?

FISH Ja. Wasser.

DER VERTEIDIGER Wo? War es in Dogsboroughs Restaurant an den Docks?

FISH *leise:* Ja.

Große Unruhe. Die Leibwächter ziehen die Brownings und buhen. Der Arzt kommt mit einem Glas gelaufen. Er flößt den Inhalt Fish ein, bevor der Verteidiger ihm das Glas aus der Hand nehmen kann.

DER VERTEIDIGER Ich protestiere! Ich verlange Untersuchung des Glases hier!

DER RICHTER *wechselt mit dem Ankläger Blicke:* Antrag abgelehnt.

DOCKDAISY *schreiend gegen Fish:* Mörder!

DER VERTEIDIGER Euer Ehren!
Man will den Mund der Wahrheit, den mit Erd
Man nicht zustopfen kann, hier mit Papier
Zustopfen, einem Urteil Eurer Ehren
Als hoffte man, Ihr wäret Euer Schanden!
Man schreit hier der Justiz zu: Hände hoch!
Soll unsre Stadt, in einer Woch gealtert
Seit sie sich stöhnend dieser blutigen Brut
Nur weniger Ungetüme wehren muß
Jetzt auch noch die Justiz geschlachtet sehn
Nicht nur geschlachtet, auch geschändet, weil
Sich der Gewalt hingebend? Euer Ehren
Brecht dies Verfahren ab!

DER ANKLÄGER Protest! Protest!

GIRI Du Hund! Du ganz bestochner Hund! Du Lügner!
Giftmischer selbst! Komm nur heraus von hier
Und ich reiß dir die Kutteln raus! Verbrecher!

DER VERTEIDIGER Die ganze Stadt kennt diesen Mann!

GIRI *rasend:* Halt's Maul!
Da der Richter ihn unterbrechen will:
Auch du! Auch du halt's Maul! Wenn dir dein Leben lieb ist!
Da er nicht mehr Luft bekommt, gelingt es dem Richter, das Wort zu ergreifen.

DER RICHTER Ich bitte um Ruhe! Der Verteidiger wird wegen Mißachtung des Gerichts sich zu verantworten haben. Herrn Giris Empörung ist dem Gericht sehr verständlich. *Zum Verteidiger:* Fahren Sie fort!

DER VERTEIDIGER Fish! Hat man Ihnen in Dogsboroughs Restaurant zu trinken gegeben? Fish! Fish!

FISH *schlaff den Kopf sinken lassend:* Arlarlarl.

DER VERTEIDIGER Fish! Fish! Fish!

GIRI *brüllend:*

Ja, ruf ihn nur! Der Pneu ist leider platt!
Wolln sehn, wer Herr ist hier in dieser Stadt!
Unter großer Unruhe wird es dunkel. Die Orgel spielt weiter Chopins Trauermarsch als Tanzmusik.

g

Wenn es zum letztenmal hell wird, steht der Richter und verkündet mit tonloser Stimme das Urteil. Der Angeklagte Fish ist kalkweiß.

DER RICHTER Charles Fish, wegen Brandstiftung verurteile ich Sie zu fünfzehn Jahren Kerker.
Eine Schrift taucht auf.

9

a

Cicero. Aus einem zerschossenen Lastkraftwagen klettert eine blutüberströmte Frau und taumelt nach vorn.

DIE FRAU Hilfe! Ihr! Lauft nicht weg! Ihr müßt's bezeugen!
Mein Mann im Wagen dort ist hin! Helft! Helft!
Mein Arm ist auch kaputt ... Und auch der Wagen!
Ich bräucht 'nen Lappen für den Arm ... Sie schlachten uns
Als wischten sie von ihrem Bierglas Fliegen!
O Gott! So helft doch! Niemand da ... Mein Mann!
Ihr Mörder! Aber ich weiß, wer's ist! Es ist
Der Ui! *Rasend:* Untier! Du Abschaum allen Abschaums!
Du Dreck, vor dem's dem Dreck graust, daß er sagt:
Wo wasch ich mich? Du Laus der letzten Laus!
Und alle dulden's! Und wir gehen hin!

Ihr! 's ist der Ui! Der Ui!
In unmittelbarer Nähe knattert ein Maschinengewehr, und sie bricht zusammen.
Ui und der Rest!
Wo seid ihr? Helft! Stoppt keiner diese Pest?

BBA 174/78

b

Dogsboroughs Landhaus. Nacht gegen Morgen. Dogsborough schreibt sein Testament und Geständnis.

DOGSBOROUGH So habe ich, der ehrliche Dogsborough
In alles eingewilligt, was dieser blutige Gang
Angezettelt und verübt, nachdem ich achtzig
Winter mit Anstand getragen hatt'. O Welt!

Ich hör: die mich von früher kennen, sagen
Ich wüßt von nichts, und wenn ich's wüßt, ich würd
Es niemals dulden. Aber ich weiß alles.
Weiß, wer den Speicher Hooks anzündete.
Weiß, wer den armen Fish verschleppte und betäubte.
Weiß, daß der Roma bei dem Sheet war, als
Der blutig starb, im Rock das Schiffsbillett.
Weiß, daß der Giri diesen Bowl abschoß
An jenem Mittag vor dem Stadthaus, weil
Er zuviel wußt vom ehrlichen Dogsborough.
Weiß, daß er Hook erschlug, und sah ihn mit Hooks Hut.
Weiß von fünf Morden des Givola, die ich
Beiliegend anführ, und weiß alles vom Ui und daß
Der alles wußt, von Sheets und Bowls Tod bis zu
Den Morden des Givola und alles vom Brand.
Dies alles wußt ich, und dies alles hab ich
Geduldet, ich, euer ehrlicher Dogsborough, aus Gier
Nach Reichtum und aus Angst, ihr zweifelt an mir.

10

Mammoth-Hotel. Suite des Ui. Ui liegt in einem tiefen Stuhl und stiert in die Luft. Givola schreibt etwas, und zwei Leibwächter schauen ihm grinsend über die Schulter.

GIVOLA So hinterlaß ich, Dogsborough, dem guten
Fleißigen Givola meine Kneipe, dem tapfern
Nur etwas hitzigen Giri hier mein Landhaus
Dem biedern Roma meinen Sohn. Ich bitt euch
Den Giri zum Richter zu machen und den Roma
Zum Polizeichef, meinen Givola aber
Zum Armenpfleger. Ich empfehl euch herzlich
Arturo Ui für meinen eigenen Posten.
Er ist seiner würdig. Glaubt das eurem alten
Ehrlichen Dogsborough! – Ich denk, das reicht.
Und hoff, er kratzt bald ab. – Dies Testament
Wird Wunder wirken. Seit man weiß, er stirbt
Und hoffen kann, den Alten halbwegs schicklich

In saubre Erd zu bringen, ist man fleißig
Beir Leichenwäscherei. Man braucht 'nen Grabstein
Mit hübscher Inschrift. Das Geschlecht der Raben
Lebt ja seit alters von dem guten Ruf
Des hochberühmten weißen Raben, den
Man irgendwann und irgendwo gesehn hat.
Der Alte ist nun mal ihr weißer Rabe
So sieht ihr weißer Rabe nun mal aus.
Der Giri, Chef, ist übrigens zuviel
Um ihn, für meinen Geschmack. Ich find's nicht gut.

UI *auffahrend:*
Giri? Was ist mit Giri?

GIVOLA Ach, ich sage
Er ist ein wenig viel um Dogsborough.

UI Ich trau ihm nicht.

Auftritt Giri, einen neuen Hut auf, Hooks.

GIVOLA Ich auch nicht! Lieber Giri
Wie steht's mit Dogsboroughs Schlagfluß?

GIRI Er verweigert
Dem Doktor Zutritt.

GIVOLA Unserm lieben Doktor
Der Fish so schön betreut hat?

GIRI Einen andern
Laß ich nicht ran. Der Alte quatscht zuviel.

UI Vielleicht wird auch vor ihm zuviel gequatscht ...

GIRI Was heißt das? *Zu Givola:* Hast du Stinktier dich hier wieder
Mal ausgestunken?

GIVOLA *besorgt:* Lies das Testament
Mein lieber Giri!

GIRI *reißt es ihm heraus:* Was? Der Roma Polizeichef?
Seid ihr verrückt?

GIVOLA Er fordert's. Ich bin auch
Dagegen, Giri. Unserm Roma kann man
Leider nicht übern Weg traun.

Auftritt Roma, gefolgt von Leibwächtern.

GIVOLA Hallo, Roma!
Lies hier das Testament!

ROMA *reißt es Giri heraus:* Gib her! So, Giri
Wird Richter. Und wo ist der Wisch des Alten?

GIRI Er hat ihn noch und sucht ihn rauszuschmuggeln.

BBA 174/81

Fünfmal schon hab ich seinen Sohn ertappt.

ROMA *streckt die Hand aus:*

Gib ihn raus, Giri.

GIRI Was? Ich hab ihn nicht.

ROMA Du hast ihn, Hund.

Sie stehen sich rasend gegenüber.

ROMA Ich weiß, was du da planst.
Die Sach mit Sheet drin geht mich an.

GIRI ’s ist auch
Die Sach mit Bowl drin, die mich angeht!

ROMA Sicher.
Aber ihr seid Schurken, und ich bin ein Mann.
Ich kenn dich, Giri, und dich, Givola, auch!
Dir glaub ich nicht einmal dein kurzes Bein.
Warum treff ich euch immer hier? Was plant ihr?
Was zischeln sie dir über mich ins Ohr, Arturo?
Geht nicht zu weit, ihr! Wenn ich etwas merk
Wisch ich euch alle aus wie blutige Flecken!

GIRI Red du zu mir nicht wie zu Meuchelmördern!

ROMA *zu den Leibwächtern:*
Da meint er euch! So redet man von euch jetzt
Im Hauptquartier! Als von den Meuchelmördern!
Sie sitzen mit den Herrn vom Karfioltrust –
Auf Giri deutend:
Das Seidenhemd kommt von Clarks Schneider –, ihr
Macht ihre schmutzige Arbeit – *zu Ui* –, und du duldest’s.

UI *wie aufwachend:*
Was duld ich?

GIVOLA Daß er Lastwagen von Caruther
Beschießen läßt! Caruther ist im Trust.

UI Habt ihr Lastwagen Caruthers angeschossen?

ROMA Das war nur eine eigenmächtige Handlung
Von ein paar Leuten von mir. Die Jungens können
Nicht immer verstehn, warum stets nur die kleinen
Verreckerläden schwitzen und bluten solln
Und nicht die protzigen Garagen auch!
Verdammt, ich selbst versteh’s nicht immer, Arturo!

GIVOLA Der Trust rast jedenfalls.

GIRI Clark sagte gestern
Sie warten nur, daß es noch einmal vorkommt.
Er war beim Dogsborough deshalb.

UI *mißgelaunt:* Ernesto
So was darf nicht passieren.

GIRI Greif da durch, Chef!
Die Burschen wachsen dir sonst übern Kopf!

GIVOLA Der Trust rast, Chef!

BBA 174/84

ROMA *zieht den Browning, zu den beiden:*
So. Hände hoch! *Zu ihren Leibwächtern:* Ihr auch!
Alle die Hände hoch und keine Späße!
Und an die Wand!

Givola, seine Leute und Giri heben die Hände hoch und treten lässig an die Wand zurück.

UI *teilnahmslos:* Was ist denn los? Ernesto
Mach sie mir nicht nervös! Was streitet ihr?
Ein Schuß auf einen Grünzeugwagen! So was
Kann doch geordnet werden. Alles sonst
Geht wie geschmiert und ist in bester Ordnung.
Der Brand war ein Erfolg. Die Läden zahlen.
Dreißig Prozent für etwas Schutz! In weniger
Als einer Woche wurd ein ganzer Stadtteil
Aufs Knie gezwungen. Keine Hand erhebt sich
Mehr gegen uns. Und ich hab weitere
Und größre Pläne.

GIVOLA *schnell:* Welche, möcht ich wissen!

GIRI Scheiß auf die Pläne! Sorg, daß ich die Arme
Heruntertun kann!

ROMA Sicherer, Arturo
Wir lassen ihre Arme droben!

GIVOLA 's wird nett aussehn
Wenn Clark hereinkommt und wir stehn so da!

UI Ernesto, steck den Browning weg!

ROMA Nicht ich.
Wach auf, Arturo. Siehst du denn nicht, wie sie
Mit dir ihr Spiel treiben? Wie sie dich verschieben
An diese Clarks und Dogsboroughs? »Wenn Clark
Hereinkommt und uns sieht!« Wo sind die Gelder
Der Reederei? Wir sahen nichts davon.
Die Jungens knallen in die Läden, schleppen
Kannen nach Speichern, seufzend: Der Arturo
Kennt uns nicht mehr, die alles für ihn machten.
Er spielt den Reeder und den großen Herrn.
Wach auf, Arturo!

GIRI Ja, und kotz dich aus
Und sag uns, wo du stehst.

UI *springt auf:* Heißt das, ihr setzt
Mir die Pistole auf die Brust? Nein, so
Erreicht man bei mir gar nichts. So nicht. Wird mir
Gedroht, dann hat man alles Weitere sich
Selbst zuzuschreibn. Ich bin ein milder Mann.
Doch Drohungen vertrag ich nicht. Wer nicht

Mir blind vertraut, kann seines Wegs gehn. Und
Hier wird nicht abgerechnet. Bei mir heißt es:
Die Pflicht getan, und bis zum Äußersten!
Und ich sag, was verdient wird; denn Verdienen
Kommt nach dem Dienen! Was ich von euch fordre
Das ist Vertraun und noch einmal Vertraun!
Euch fehlt der Glaube! Und wenn dieser fehlt
Ist alles aus. Warum konnt ich das alles
Schaffen, was meint ihr? Weil ich den Glauben hatte!
Weil ich fanatisch glaubte an die Sache.
Und mit dem Glauben, nichts sonst als dem Glauben
Ging ich heran an diese Stadt und hab
Sie auf die Knie gezwungen. Mit dem Glauben kam ich
Zum Dogsborough, und mit dem Glauben trat ich
Ins Stadthaus ein. In nackten Händen nichts
Als meinen unerschütterlichen Glauben!

ROMA Und
Den Browning!

UI Nein. Den haben andere auch.
Doch was sie nicht haben, ist der feste Glaube
Daß sie zum Führer vorbestimmt sind. Und so müßt ihr
Auch an mich glauben! Glauben müßt ihr, glauben!
Daß ich das Beste will für euch und weiß
Was dieses Beste ist. Und damit auch
Den Weg ausfind, der uns zum Sieg führt. Sollte
Der Dogsborough abgehn, werd ich bestimmen
Wer hier was wird. Ich kann nur eines sagen:
Ihr werdet zufrieden sein.

GIVOLA *legt die Hand auf die Brust:*
Arturo!

ROMA *mürrisch:* Schwingt euch!

Giri, Givola und die Leibwächter des Givola gehen, Hände hoch, langsam hinaus.

GIRI *im Abgehen zu Roma:*
Dein Hut gefällt mir.

GIVOLA *im Abgehen:* Teurer Roma . . .

ROMA Ab!
Vergiß das Lachen nicht, Clown Giri, und
Dieb Givola, nimm deinen Klumpfuß mit
Wenn du auch den bestimmt gestohlen hast!

Wenn sie draußen sind, fällt Ui in sein Brüten zurück.

UI Laß mich allein!

ROMA *bleibt stehen:*

Arturo, wenn ich nicht
Grad diesen Glauben hätt an dich, den du
Beschrieben hast, dann wüßt ich manchmal nicht
Wie meinen Leuten in die Augen blicken.
Wir müssen handeln! Und sofort! Der Giri
Plant Schweinerein!

UI Ernesto! Ich plan neue
Und große Dinge jetzt. Vergiß den Giri!
Ernesto, dich als meinen ältsten Freund
Und treuen Leutnant will ich nunmehr einweihn
In meinen neuen Plan, der weit gediehn ist.

ROMA *strahlend:*
Laß hören! Was ich dir zu sagen hab
Betreffs des Giri, kann auch warten.
Er setzt sich zu ihm. Seine Leute stehen wartend in der Ecke.

UI Wir sind
Durch mit Chicago. Ich will mehr haben.

ROMA Mehr?

UI 's gibt nicht nur hier Gemüsehandel.

ROMA Nein.
Nur, wie woanders reinstiefeln?

UI Durch die Fronttür.
Und durch die Hintertür. Und durch die Fenster.
Verwiesen und geholt, gerufen und verschrien.
Mit Drohn und Betteln, Werben und Beschimpfen.
Mit sanfter Gewalt und stählerner Umarmung.
Kurz, so wie hier.

ROMA Nur: anderswo ist's anders.

UI Ich denk an eine förmliche Generalprob
In einer kleinen Stadt. Dann wird sich zeigen
Ob's anderswo anders ist, was ich nicht glaub.

ROMA Wo willst du die Generalprob steigen lassen?

UI In Cicero.

ROMA Aber dort ist dieser Dullfeet
Mit seiner Zeitung für Gemüsehandel
Und innere Sammlung, der mich jeden Samstag
Sheets Mörder schimpft.

UI Das müßt aufhörn.

ROMA Es könnt.

So'n Zeitungsschreiber hat auch Feinde. Druckerschwärze
Macht manchen rot sehn. Mich zum Beispiel. Ja
Ich denk, das Schimpfen könnt aufhörn, Arturo.

UI 's müßt bald aufhörn. Der Trust verhandelt schon
Mit Cicero. Wir wolln zunächst ganz friedlich
Karfiol verkaufen.

ROMA Wer verhandelt?

UI Clark.

Doch hat er Schwierigkeiten. Wegen uns.

ROMA So. Also Clark ist auch drin. Diesem Clark
Trau ich nicht übern Weg.

UI Man sagt in Cicero:
Wir folgen dem Karfioltrust wie sein Schatten.
Man will Karfiol. Doch will man nicht auch uns.
Den Läden graust vor uns und nicht nur ihnen:
Die Frau des Dullfeet führt in Cicero
Seit vielen Jahren ein Importgeschäft
Für Grünzeug und ging gern in den Karfioltrust.
Wenn wir nicht wären, wär sie wohl schon drin.

ROMA So stammt der Plan, nach Cicero vorzustoßen
Gar nicht von dir? 's ist nur ein Plan des Trusts?
Arturo, jetzt versteh ich alles. Alles!
's ist klar, was da gespielt wird.

UI Wo?

ROMA Im Trust!

In Dogsboroughs Landhaus! Dogsboroughs Testament!
Das ist bestellt vom Trust! Sie wolln den Anschluß
Von Cicero. Du stehst im Weg. Wie aber
Dich abserviern? Du hast sie in der Hand:
Sie brauchten dich für ihre Schweinerein
Und duldeten dafür, was du getan hast.
Was mit dir tun? Nun, Dogsborough gesteht!
Der Alte kriecht mit Sack und Asche in die Kiste.
Drumrum steht der Karfiol und nimmt gerührt
Aus seinen Kluven dies Papier und liest's
Schluchzend der Presse vor: Wie er bereut
Und ihnen dringlich anbefiehlt, die Pest
Ihnen eingeschleppt von ihm – ja, er gesteht's –

Jetzt auszutilgen und zurückzukehren
Zum alten ehrlichen Karfiolgeschäft.
Das ist der Plan, Arturo. Drin sind alle:
Der Giri, der den Dogsborough Testamente
Schmiern läßt und mit dem Clark befreundet ist
Der Schwierigkeiten wegen uns in Cicero hat
Und keinen Schatten haben will beim Geldschaufeln.
Der Givola, der Aas wittert. – Dieser Dogsborough
Der alte, ehrliche Dogsborough, der da
Verräterische Wische schmiert, die dich
Mit Dreck bewerfen, muß zuerst weg, sonst
Ist's Essig, du, mit deinem Ciceroplan!

UI Du meinst, 's ist ein Komplott? 's ist wahr, sie ließen
Mich nicht an Cicero ran. Es fiel mir auf.

ROMA Arturo, ich beschwör dich, laß mich diese
Sach ordnen! Hör mir zu: Ich spritze heut noch
Mit meinen Jungens nach Dogsboroughs Landhaus, hol
Den Alten raus, sag ihm, zur Klinik, und liefer
Ihn ab im Mausoleum. Fertig.

UI Aber
Der Giri ist im Landhaus.

ROMA Und er kann
Dort bleiben.

Sie sehen sich an.

ROMA 's ist ein Aufwaschen.

UI Givola?

ROMA Besuch ich auf dem Rückweg. Und bestell
In seiner Blumenhandlung dicke Kränze
Für Dogsborough. Und für den lustigen Giri.
Ich zahl in bar.

Er zeigt auf seinen Browning.

UI Ernesto, dieser Schandplan
Der Dogsboroughs und Clarks und Dullfeets, mich
Aus dem Geschäft in Cicero zu drängen
Indem man mich kalt zum Verbrecher stempelt
Muß hart vereitelt werden. Ich vertrau
Auf dich.

ROMA Das kannst du. Nur, du mußt dabei sein
Bevor wir losgehn, und die Jungens aufpulvern
Daß sie die Sach im richtigen Licht sehn. Ich

Bin nicht so gut im Reden.

UI *schüttelt ihm die Hand:* Einverstanden.

ROMA Ich hab's gewußt, Arturo! So, nicht anders
Mußt die Entscheidung fallen. Was, wir beiden!
Wie, du und ich! 's ist wie in alten Zeiten!
Zu seinen Leuten:
Arturo ist mit uns! Was hab ich euch gesagt?

UI Ich komm.

ROMA Um elf.

UI Wohin?

ROMA In die Garage.
Ich bin ein andrer Mann: 's wird wieder was gewagt!
Er geht schnell mit seinen Leuten ab.
Ui, auf und ab gehend, legt sich die Rede zurecht, die er Romas Leuten halten will.

UI Freunde! Bedauerlicherweis ist mir
Zu Ohr gekommen, daß hinter meinem Rücken
Abscheulichster Verrat geplant wird. Leute
Aus meiner nächsten Nähe, denen ich
Zutiefst vertraute, haben sich vor kurzem
Zusammengerottet und, von Ehrgeiz toll
Habsüchtig und treulos von Natur, entschlossen
Im Bund mit den Karfiolherrn – nein, das geht nicht –
Im Bund – mit was? Ich hab's: der Polizei
Euch kalt abzuserviern. Ich hör, sogar
Mir will man an das Leben! Meine Langmut
Ist jetzt erschöpft. Ich ordne also an
Daß ihr, unter Ernesto Roma, welcher
Mein volles Vertrauen hat, heut nacht . . .
Auftreten Clark, Giri und Betty Dullfeet.

GIRI *da Ui erschreckt aussieht:* Nur wir, Chef!

CLARK Ui, treffen Sie Frau Dullfeet hier aus Cicero!
Es ist der Wunsch des Trusts, daß Sie Frau Dullfeet
Anhören und sich mit ihr einigen.

UI *finster:* Bitte.

CLARK Bei den Fusionsverhandlungen, die zwischen
Chicagos Grünzeugtrust und Cicero schweben
Erhob, wie Ihnen ja bekannt ist, Cicero
Bedenken gegen Sie als Aktionär.
Dem Trust gelang es schließlich, diesen Einwand

BBA 174/95

Nun zu entkräften, und Frau Dullfeet kommt ...
FRAU DULLFEET Das Mißverständnis aufzuklären. Auch
Für meinen Mann, Herrn Dullfeet, möchte ich
Betonen, daß sein Zeitungsfeldzug kürzlich
Nicht Ihnen galt, Herr Ui.
UI Wem galt er dann?
CLARK Nun schön, Ui, grad heraus: Der »Selbstmord« Sheets
Hat sehr verstimmt in Cicero. Der Mann
Was immer sonst er war, war doch ein Reeder
Ein Mann von Stand und nicht ein Irgendwer

Ein Nichts, das in das Nichts geht, wozu nichts
Zu sagen ist. Und noch was: Die Garage
Caruther klagt, daß einer ihrer Wägen
Beschädigt wurde. In die beiden Fälle
Ist einer Ihrer Leute, Ui, verwickelt.

FRAU DULLFEET Ein Kind in Cicero weiß, der Karfiol
Des Trusts ist blutig.

UI Das ist unverschämt.

FRAU DULLFEET Nein, nein. 's ist nicht gegen Sie. Nachdem Herr Clark
Für Sie gebürgt hat, nicht mehr! 's ist nur dieser
Ernesto Roma.

CLARK *schnell:* Kalten Kopf, Ui!

GIRI Cicero ...

UI Das will ich nicht hören. Wofür hält man mich?
Schluß! Schluß! Ernesto Roma ist mein Mann.
Ich laß mir nicht vorschreiben, was für Männer
Ich um mich haben darf. Das ist ein Schimpf
Den ich nicht dulde.

GIRI Chef!

FRAU DULLFEET Ignatius Dullfeet
Wird gegen Menschen wie den Roma kämpfen
Noch mit dem letzten Atemzug.

CLARK *kalt:* Mit Recht.
Der Trust steht hinter ihm in dieser Sache.
Ui, seien Sie vernünftig. Freundschaft und
Geschäft sind zweierlei. Was ist es also?

UI *ebenfalls kalt:*
Herr Clark, ich hab dem nichts hinzuzufügen.

CLARK Frau Dullfeet, ich bedaure diesen Ausgang
Der Unterredung tief.
Im Hinausgehen zu Ui:
Sehr unklug, Ui.

Ui und Giri, allein zurück, sehen sich nicht an.

GIRI Das, nach dem Anschlag auf Caruthers Garage
Bedeutet Kampf. 's ist klar.

UI Ich fürcht nicht Kampf.

GIRI Schön, fürcht ihn nicht! Du wirst ja nur dem Trust
Der Presse, Dogsborough und seinem Anhang
Gegenüberstehen und der ganzen Stadt!

BBA 174/97

Chef, horch auf die Vernunft und laß dich nicht …
UI Ich brauche keinen Rat. Ich kenne meine Pflicht.
Eine Schrift taucht auf.

11

Garage. Nacht. Man hört es regnen. Ernesto Roma und der junge Inna. Im Hintergrund Gunleute.

INNA 's ist ein Uhr.
ROMA Er muß aufgehalten sein.
INNA Wär's möglich, daß er zögerte?
ROMA 's wär möglich.
Arturo hängt an seinen Leuten so
Daß er sich lieber selbst als sie aufopfert.
Selbst diese Ratten Givola und Giri
Kann er nicht abtun. Und dann trödelt er
Und kämpft mit sich, und es kann zwei Uhr werden
Vielleicht auch drei. Doch kommen tut er. Klar.
Ich kenn ihn, Inna. *Pause.* Wenn ich diesen Giri
Am Boden seh, wird mir so wohl sein, wie
Wenn ich mein Wasser abgeschlagen hab.
Nun, es wird bald sein.
INNA Diese Regennächte
Zerrn an den Nerven.
ROMA Darum mag ich sie.
Von den Nächten die schwärzesten.
Von den Autos die schnellsten.
Und von den Freunden die
Entschlossensten.
INNA Wie viele Jahre
Kennst du ihn schon?
ROMA An achtzehn.
INNA Das ist lang.
EIN GUNMANN *nach vorn:*
Die Jungens wollen was zum Trinken.
ROMA Nichts.
Heut nacht brauch ich sie nüchtern.
Ein kleiner Mann wird von Leibwächtern hereingebracht.
DER KLEINE *atemlos:* Stunk im Anzug!
Zwei Panzerautos halten vorm Revier!
Gespickt mit Polizisten!
ROMA Runter mit
Der Jalousie! 's hat nichts mit uns zu tun, doch

Vorsicht ist besser als Nachsehn.

Langsam schließt eine stählerne Jalousie das Garagentor.

ROMA Ist der Gang frei?

INNA *nickt:*
's ist merkwürdig mit Tabak. Wer raucht, sieht kaltblütig aus.
Doch macht man, was einer macht, der kaltblütig ist
Und raucht man, wird man kaltblütig.

ROMA *lächelnd:* Streck die Hand aus!

INNA *tut es:*
Sie zittert. Das ist schlecht.

ROMA Ich find's nicht schlecht.
Von Bullen halt ich nichts. Sind unempfindlich.
Nichts tut ihnen weh, und sie tun niemand weh.
Nicht ernstlich. Zitter ruhig! Die stählerne Nadel
Im Kompaß zittert auch, bevor sie sich
Fest einstellt. Deine Hand will wissen, wo
Der Pol ist. Das ist alles.

RUF *von seitwärts:* Polizei-
Auto durch Churchstreet!

ROMA *scharf:* Kommt zum Stehn?

DIE STIMME Geht weiter.

EIN GUNMANN *herein:*
Zwei Wagen ums Eck mit abgeblendetem Licht!

ROMA 's ist gegen Arturo! Givola und Giri
Serviern ihn ab! Er läuft blind in die Falle!
Wir müssen ihm entgegen. Kommt!

EIN GUNMANN 's ist Selbstmord.

ROMA Und wär es Selbstmord, dann ist's Zeit zum Selbstmord.
Mensch! Achtzehn Jahre Freundschaft!

INNA *mit heller Stimme:* Panzer hoch!
Habt ihr die Spritze fertig?

EIN GUNMANN Fertig.

INNA Hoch!

Die Panzerjalousie geht langsam hoch, herein kommen schnellen Ganges Ui und Givola, von Leibwächtern gefolgt.

ROMA Arturo!

INNA *leise:* Ja, und Givola!

ROMA Was ist los?
Wir schwitzten Blut um dich, Arturo. *Lacht laut.* Hölle!

's ist alles in Ordnung!

UI *heiser:* Warum nicht in Ordnung?

INNA Wir dachten, 's wär was faul. Du kannst ihm ruhig
Die Hand schütteln, Chef. Er wollte uns soeben
Ins Feuer für dich schleppen. War's nicht so?

Ui geht auf Roma zu und streckt ihm die Hand hin. Roma ergreift sie lachend. In diesem Augenblick, wo er nicht nach seinem Browning greifen kann, schießt ihn Givola blitzschnell von der Hüfte aus nieder.

UI Treibt sie ins Eck!

Die Männer des Roma stehen fassungslos und werden, Inna an der Spitze, in die Ecke getrieben. Givola beugt sich zu Roma herab, der auf dem Boden liegt.

GIVOLA Er schnauft noch.

UI Macht ihn fertig.

Zu denen an der Wand:

Euer schändlicher Anschlag auf mich ist enthüllt.
Auch eure Pläne gegen Dogsborough
Sind aufgedeckt. Ich kam euch da zuvor
In zwölfter Stunde. Widerstand ist zwecklos.
Ich werd euch lehren, gegen mich aufzumucken!
Ein nettes Nest!

GIVOLA Kein einziger unbewaffnet!

Von Roma:

Er kommt noch einmal zu sich: er hat Pech.

UI Ich bin in Dogsboroughs Landhaus heute nacht.

Er geht schnell hinaus.

INNA *an der Wand:*
Ihr schmutzigen Ratten! Ihr Verräter!

GIVOLA *aufgeregt:* Schießt!

Die an der Wand Stehenden werden mit dem Maschinengewehr niedergemäht.

ROMA *kommt zu sich:*
Givola! Hölle.

Dreht sich schwer, sein Gesicht ist kalkweiß.

Was ging h i e r vor?

GIVOLA Nichts.
Ein paar Verräter sind gerichtet.

ROMA Hund!
Was hast du gemacht mit meinen Leuten?

Givola antwortet nicht.
Was mit Arturo? Mord! Ich wußt es! Hunde!
Ihn auf dem Boden suchend.
Wo ist er?
GIVOLA Weggegangen.
ROMA *während er an die Wand geschleppt wird:*
Hunde! Hunde!
GIVOLA *kühl:*
Mein Bein ist kurz, wie? So ist's dein Verstand!
Jetzt geh mit guten Beinen an die Wand!
Eine Schrift taucht auf.

12

Der Blumenladen des Givola. Herein Ignatius Dullfeet, ein Mann, nicht größer als ein Knabe, und Betty Dullfeet.

DULLFEET Ich tu's nicht gern.
BETTY Warum nicht? Dieser Roma
Ist weg.
DULLFEET Durch Mord.
BETTY Wie immer! Er ist weg.
Clark sagt vom Ui, die stürmischen Flegeljahre
Welche die besten durchgehn, sind beendet.
Ui hat gezeigt, daß er den rauhen Ton
Jetzt lassen will. Ein fortgeführter Angriff
Würd nur die schlechteren Instinkte wieder
Aufwecken, und du selbst, Ignatius, kämst
Als erster in Gefahr. Doch schweigst du nun
Verschonen sie dich.
DULLFEET Ob mir Schweigen hilft
Ist nicht gewiß.
BETTY Es hilft. Sie sind nicht Tiere.
Von seitwärts kommt Giri, den Hut Romas auf.
GIRI Hallo, seid ihr schon da? Der Chef ist drin.
Er wird entzückt sein. Leider muß ich weg.
Und schnell. Bevor ich hier gesehen werd:
Ich hab dem Givola einen Hut gestohlen.

Er lacht, daß die Stukkatur vom Plafond fällt, und geht winkend hinaus.

DULLFEET Schlimm, wenn sie grollen, schlimmer, wenn sie lachen.

BETTY Sprich nicht, Ignatius! Nicht hier!

DULLFEET *bitter:* Und auch
Nicht anderswo ...

BETTY Was willst du machen? Schon
Spricht Cicero davon, daß Ui die Stellung
Des toten Dogsborough bekommen wird.
Und, ärger noch, die Grünzeughändler schwanken
Zum Karfioltrust.

DULLFEET Und zwei Druckerei-
Maschinen sind mir schon zertrümmert. Frau
Ich hab ein schlechtes Vorgefühl.

Herein Givola und Ui mit ausgestreckten Händen.

BETTY Hallo, Ui!

UI Willkommen, Dullfeet!

DULLFEET Grad heraus, Herr Ui
Ich zögerte zu kommen, weil ...

UI Wieso?
Ein tapferer Mann ist überall willkommen.

GIVOLA Und so ist's eine schöne Frau!

DULLFEET Herr Ui
Ich fühlte es mitunter meine Pflicht
Mich gegen Sie und ...

UI Mißverständnisse!
Hätten Sie und ich von Anfang uns gekannt
Wär's nicht dazu gekommen. Daß im guten
All das erreicht werden soll, was nun einmal
Erreicht werden muß, war stets mein Wunsch.

DULLFEET Gewalt ...

UI ... verabscheut keiner mehr als ich. Sie wär
Nicht nötig, wenn der Mensch Vernunft besäße.

DULLFEET Mein Ziel ...

UI ... ist ganz das nämliche wie meins.
Wir beide wünschen, daß der Handel blüht.
Der kleine Ladenbesitzer, dessen Los
Nicht grade glänzend ist in diesen Zeiten
Soll sein Gemüse ruhig verkaufen können.

Und Schutz finden, wenn er angegriffen wird.
DULLFEET *fest:*
Und frei entscheiden können, ob er Schutz will.
Herr Ui, das ist mein Hauptpunkt.
UI Und auch meiner.
Er muß frei wählen. Und warum? Weil nur
Wenn er den Schützer frei wählt und damit
Auch die Verantwortung an einen abgibt
Den er selbst wählte, das Vertrauen herrscht
Das für den Grünzeughandel ebenso nötig ist
Wie überall sonst. Ich hab das stets betont.
DULLFEET Ich freu mich, das aus Ihrem Mund zu hören.
Auf die Gefahr, Sie zu verstimmen: Cicero
Ertrüge niemals Zwang.
UI Das ist verständlich.
Niemand verträgt Zwang ohne Not.
DULLFEET Ganz offen:
Wenn die Fusion mit dem Karfioltrust je
Bedeuten würd, daß damit dieser ganze
Blutige Rattenkönig eingeschleppt wird, der
Chicago peinigt, könnt ich ihn nie gutheißen.
Pause.
UI Herr Dullfeet. Offenheit gegen Offenheit.
Es mag in der Vergangenheit da manches
Passiert sein, was nicht grad dem allerstrengsten
Moralischen Maßstab standhielt. So was kommt
Im Kampf mitunter vor. Doch unter Freunden
Kommt so was eben nicht vor. Dullfeet, was ich
Von Ihnen will, ist nur, daß Sie in Zukunft
Zu mir Vertrauen haben, mich als Freund sehn
Der seinen Freund nirgends und nie im Stich läßt.
Und daß Sie, um Genaueres zu erwähnen
In Ihrer Zeitung diese Greuelmärchen
Die nur bös Blut machen, hinfort nicht mehr drucken.
Ich denk, das ist nicht viel.
DULLFEET Herr Ui, es ist
Nicht schwer zu schweigen über das, was nicht
Passiert.
UI Das hoff ich. Und wenn hin und wieder
Ein kleiner Zwischenfall vorkommen sollte

Weil Menschen nur Menschen sind und keine Engel
Dann hoff ich, 's heißt nicht wieder gleich, die Leute
Schießen in der Luft herum und sind Verbrecher.
Ich will auch nicht behaupten, daß es nicht
Vorkommen könnt, daß einer unserer Fahrer
Einmal ein rauhes Wort sagt. Das ist menschlich.
Und wenn der oder jener Grünzeughändler
Dem einen oder andern unserer Leute
Ein Bier bezahlt, damit er treu und pünktlich
Den Kohl anfährt, darf's auch nicht gleich wieder heißen:
Da wird was Unbilliges verlangt.

BETTY Herr Ui
Mein Mann ist menschlich.

GIVOLA Und als so bekannt.
Und da nun alles friedlich durchgesprochen
Und ganz geklärt ist, unter Freunden, möcht ich
Zu gerne Ihnen meine Blumen zeigen ...

UI Nach Ihnen, Herr Dullfeet.

Sie gehen, den Blumenladen Givolas zu besichtigen. Ui führt Betty, Givola Dullfeet. Sie verschwinden im Folgenden immer wieder hinter den Blumenarrangements. Auftauchen Givola und Dullfeet.

GIVOLA Dies, teurer Dullfeet, sind japanische Eichen.
DULLFEET Ich seh, sie blühn an kleinen runden Teichen.
GIVOLA Mit blauen Karpfen, schnappend nach den Krumen.
DULLFEET 's heißt: Böse Menschen lieben keine Blumen.

Sie verschwinden. Auftauchen Ui und Betty.

BETTY Der starke Mann ist stärker ohne Gewalt.
UI Der Mensch versteht einen Grund nur, wenn er knallt.
BETTY Ein gutes Argument wirkt wundervoll.
UI Nur nicht auf den, der etwas hergeben soll.
BETTY Mit Browning und mit Zwang, mit Trug und Trick ...
UI Ich bin ein Mann der Realpolitik.

Sie verschwinden. Auftauchen Givola und Dullfeet.

DULLFEET Die Blumen kennen keine bösen Triebe.
GIVOLA Das ist es ja, warum ich Blumen liebe.
DULLFEET Sie leben still vom Heute in das Morgen.
GIVOLA *schelmisch:*
Kein Ärger. Keine Zeitung – keine Sorgen.

Sie verschwinden. Auftauchen Ui und Betty.

BETTY Man sagt, Herr Ui, Sie leben so spartanisch.
UI Mein Abscheu vor Tabak und Sprit ist panisch.
BETTY Vielleicht sind Sie ein Heiliger am End?
UI Ich bin ein Mann, der keine Lüste kennt.
Sie verschwinden. Auftauchen Givola und Dullfeet.
DULLFEET 's ist schön, so unter Blumen hinzuleben.
GIVOLA 's wär schön. Nur gibt's noch anderes daneben!
Sie verschwinden. Auftauchen Ui und Betty.
BETTY Herr Ui, wie halten Sie's mit der Religion?
UI Ich bin ein Christ. Das muß genügen.
BETTY Schon.
Jedoch die zehn Gebot', woran wir hängen ...?
UI Solln sich nicht in den rauhen Alltag mengen!
BETTY Verzeihen Sie, wenn ich Sie weiter plage:
Wie steht's, Herr Ui, mit der sozialen Frage?
UI Ich bin sozial, was man draus sehen kann:
Ich zieh mitunter auch die Reichen ran.
Sie verschwinden. Auftauchen Givola und Dullfeet.
DULLFEET Auch Blumen haben ja Erlebnisse.
GIVOLA Und ob! Begräbnisse! Begräbnisse!
DULLFEET Oh, ich vergaß, die Blumen sind Ihr Brot.
GIVOLA Ganz recht. Mein bester Kunde ist der Tod.
DULLFEET Ich hoff, Sie sind auf ihn nicht angewiesen.
GIVOLA Nicht bei den Leuten, die sich warnen ließen.
DULLFEET Herr Givola, Gewalt führt nie zum Ruhme.
GIVOLA Jedoch zum Ziel. Wir sprechen durch die Blume.
DULLFEET Gewiß.
GIVOLA Sie sehn so blaß aus.
DULLFEET 's ist die Luft.
GIVOLA Freund, Sie vertragen nicht den Blumenduft.
Sie verschwinden. Auftauchen Ui und Betty.
BETTY Ich bin so froh, daß ihr euch nun versteht.
UI Wenn man erst einmal weiß, worum es geht ...
BETTY Freundschaften, die in Wind und Wetter reifen ...
UI *legt ihr die Hand auf die Schulter:*
Ich liebe Frauen, welche schnell begreifen.
Auftauchen Givola und Dullfeet, der kalkweiß ist. Er sieht die Hand auf der Schulter seiner Frau.
DULLFEET Betty, wir gehn.
UI *auf ihn zu, streckt ihm die Hand hin:*

Herr Dullfeet, Ihr Entschluß
Ehrt Sie. Er wird zum Wohle Ciceros dienen.
Daß solche Männer, wie wir beide, sich
Gefunden haben, kann nur günstig sein.

GIVOLA *gibt Betty Blumen:*
Schönheit der Schönheit!

BETTY Sieh die Pracht, Ignatius!
Ich bin so froh. Auf bald, Herr Ui!
Sie gehen.

GIVOLA Das kann
Jetzt endlich klappen.

UI *finster:* Mir mißfällt der Mann.
Eine Schrift taucht auf.

13

Hinter einem Sarg, der unter Glockengeläute in das Mausoleum von Cicero getragen wird, schreiten Betty Dullfeet in Witwenkleidung, Clark, Ui, Giri und Givola, die letzteren große Kränze in den Händen. Ui, Giri und Givola bleiben, nachdem sie ihre Kränze abgegeben haben, vor dem Mausoleum zurück. Von dort hört man die Stimme des Pastors.

STIMME So komm der sterbliche Rest Ignatius Dullfeets
Zur Ruhe hier. Ein Leben, arm an Gewinst
Doch reich an Müh, ist um. Viel Müh ist um
Mit diesem Leben, Müh, gespendet nicht
Für den, der sie gespendet und der nun
Gegangen ist. Am Rock Ignatius Dullfeets
Wird an der Himmelspfort der Pförtnerengel
Die Hand auf eine abgewetzte Stell
Der Schulter legen und sagen: Dieser Mann
Trug manchen Mannes Last. Im Rat der Stadt
Wird bei den Sitzungen der nächsten Zeit
Oft eine kleine Stille sein, wenn alle
Gesprochen haben. Man wird warten, daß
Ignatius Dullfeet nunmehr spricht. So sehr
Sind seine Mitbürger gewohnt, auf ihn

Feierliches Leichenbegängnis eines erschossenen Bandenführers in Chikago

BBA 174/110

Zu hören. 's ist, als ob der Stadt Gewissen
Gestorben wär. Denn von uns schied ein Mensch
Uns sehr zur Unzeit, der den graden Weg
Blind gehen konnt, das Recht auswendig wußt.
Der körperlich kleine, geistig große Mann
Schuf sich in seiner Zeitung eine Kanzel
Von der aus seine klare Stimme über
Die Stadtgrenz weit hinaus vernehmlich war.
Ignatius Dullfeet, ruh in Frieden! Amen.

GIVOLA Ein Mann mit Takt: nichts von der Todesart!

GIRI *den Hut Dullfeets auf:*
Ein Mann mit Takt? Ein Mann mit sieben Kindern!

Aus dem Mausoleum kommen Clark und Mulberry.

CLARK Verdammt! Steht ihr hier Wache, daß die Wahrheit
Auch nicht am Sarg zu Wort kommt?

GIVOLA Teurer Clark
Warum so barsch? Der Ort, an dem Sie stehen
Sollt Sie besänftigen. Und der Chef ist heute
Nicht bei Humor. Das ist kein Ort für ihn.

MULBERRY Ihr Schlächter! Dieser Dullfeet hielt sein Wort
Und schwieg zu allem!

GIVOLA Schweigen ist nicht genug.
Wir brauchen Leute hier, nicht nur bereit
Für uns zu schweigen, sondern auch für uns
Zu reden, und das laut!

MULBERRY Was konnt er reden
Als daß ihr Schlächter seid!

GIVOLA Er mußte weg.
Denn dieser kleine Dullfeet war die Pore
Durch die dem Grünzeughandel immer mal wieder
Der Angstschweiß ausbrach. 's war nicht zu ertragen
Wie es nach Angstschweiß stank!

GIRI Und euer Karfiol?
Soll er nach Cicero oder soll er nicht hin?

MULBERRY Durch Schlächtereien nicht!

GIRI Und wodurch dann?
Wer frißt am Kalb mit, das wir schlachten, he?
Das hab ich gern: nach Fleisch schrein und den Koch
Beschimpfen, weil er mit dem Messer läuft!
Von euch erwarten wir Schmatzen und nicht Schimpfen!
Und jetzt geht heim!

MULBERRY Das war ein schwarzer Tag
Wo du uns diese brachtest, Clark!

CLARK Wem sagst du's?
Die beiden gehen düster ab.

GIRI Chef, laß dir von dem Pack nicht am Begräbnis
Den Spaß versalzen!

GIVOLA Ruhe! Betty kommt!
Aus dem Mausoleum kommt Betty Dullfeet, gestützt auf eine Frau. Ui tritt ihr entgegen. Aus dem Mausoleum Orgelmusik.

UI Frau Dullfeet, meine Kondolation!
Sie geht wortlos an ihm vorbei.

GIRI *brüllt:* Halt! Sie!

Sie bleibt stehen und wendet sich um. Man sieht, sie ist kalkweiß.

UI Ich sagte: meine Kondolation, Frau Dullfeet!
Dullfeet, Gott hab ihn selig, ist nicht mehr.
Doch Ihr Karfiol ist noch vorhanden. Möglich
Sie sehn ihn nicht, der Blick ist noch von Tränen
Getrübt. Jedoch: der tragische Vorfall sollte
Sie nicht vergessen machen, daß da Schüsse
Meuchlings aus feigem Hinterhalt gefeuert
Auf friedliche Gemüsewägen knallen.
Petroleum, von ruchloser Hand gegossen
Verdirbt Gemüse, das gebraucht wird. Hier
Steh ich und stehen meine Leute und
Versprechen Schutz. Was ist die Antwort?

BETTY *blickt zum Himmel:* Das
Und Dullfeet ist noch Asche nicht!

UI Ich kann
Den Vorfall nur beklagen und beteuern:
Der Mann, gefällt von ruchloser Hand, er war
Mein Freund.

BETTY So ist's. Die Hand, die ihn gefällt, war
Die gleiche Hand, die nach der seinen griff.
Die Ihre!

UI Das ist wieder dies Gerede
Dies üble Hetzen und Gerüchtverbreiten
Das meine besten Vorsätz, mit dem Nachbarn
In Frieden auszukommen, in der Wurzel
Vergiftet! Dies mich nicht verstehen Wollen!
Dies mangelnde Vertraun, wo ich vertraue!
Dies meine Werbung boshaft Drohung Nennen!
Dies eine Hand Wegschlagen, die ich ausstreck!

BETTY Die Sie ausstrecken, um zu fällen!

UI Nein!
Ich werde angespuckt, wo ich fanatisch werbe!

BETTY Sie werben wie die Schlange um den Vogel!

UI Da hört ihr's! So wird mir begegnet! So
Hielt ja auch dieser Dullfeet mein beherztes
Und warmes Freundschaftsangebot nur für Berechnung
Und meine Großmut nur für Schwäche! Leider!
Auf meine freundlichen Worte erntete ich – was?

Ein kaltes Schweigen! Schweigen war die Antwort
Wenn ich auf freudiges Einverständnis hoffte.
Und wie hab ich gehofft, auf meine ständigen
Fast schon erniedrigenden Bitten um Freundschaft
Oder auch nur um billiges Verständnis
Ein Zeichen menschlicher Wärme zu entdecken!
Ich hoffte da umsonst! Nur grimme Verachtung
Schlug mir entgegen! Selbst dies Schweigeversprechen
Das man mir mürrisch gab, weiß Gott nicht gern
Bricht man beim ersten Anlaß! Wo zum Beispiel
Ist jetzt dies inbrünstig versprochene Schweigen?
Hinausposaunt in alle Richtungen werden
Jetzt wieder Greuelmärchen! Doch ich warne.
Treibt's nicht zu weit, vertrauend nur auf meine
Sprichwörtliche Geduld!

BETTY Mit fehlen Worte.

UI Die fehlen immer, wenn das Herz nicht spricht.

BETTY So nennen Sie das Herz, was Sie beredt macht?

UI Ich spreche, wie ich fühle.

BETTY Kann man fühlen
So wie Sie sprechen? Ja, ich glaub's! Ich glaub's!
Ihr Morden kommt von Herzen! Ihr Verbrechen
Ist tiefgefühlt wie andrer Menschen Wohltat!
Sie glauben an Verrat wie wir an Treue!
Unwandelbar sind Sie für Wankelmut!
Durch keine edle Wallung zu bestechen!
Beseelt für Lüge! Ehrlich für Betrug!
Die tierische Tat entflammt Sie! Es begeistert
Sie, Blut zu sehn! Gewalt? Sie atmen auf!
Vor jeder schmutzigen Handlung stehen Sie
Gerührt zu Tränen. Und vor jeder guten
Zutiefst bewegt von Rachsucht und von Haß!

UI Frau Dullfeet, es ist mein Prinzip, den Gegner
Ruhig anzuhören. Selbst, wo er mich schmäht.
Ich weiß, in Ihren Kreisen bringt man mir
Nicht eben Liebe entgegen. Meine Herkunft –
Ich bin ein einfacher Sohn der Bronx – wird gegen mich
Ins Feld geführt! »Der Mann«, sagt man, »kann nicht einmal
Die richtige Gabel wählen zum Dessert.
Wie will er da bestehn im großen Geschäft!

Vielleicht, er greift, wenn von Tarif die Red ist
Oder ähnlichen finanziellen Dingen, welche
Da ausgehandelt werden, fälschlich noch zum Messer!
Nein, das geht nicht. Wir können den Mann nicht brauchen.«
Aus meinem rauhen Ton, meiner männlichen Art
Das Ding beim rechten Namen zu nennen, wird
Mir gleich der Strick gedreht. So hab ich denn
Das Vorurteil gegen mich und seh mich so
Gestellt nur auf die eventuellen nackten
Verdienste, die ich mir erwerb. Frau Dullfeet
Sie sind im Karfiolgeschäft. Ich auch.
Das ist die Brücke zwischen mir und Ihnen.

BETTY Die Brücke! Und der Abgrund zwischen uns
Der überbrückt sein soll, ist nur ein blutiger Mord!

UI Sehr bittere Erfahrung lehrt mich, nicht
Als Mensch zum Menschen hier zu sprechen, sondern
Als Mann von Einfluß zur Besitzerin
Dieses Importgeschäftes. Und ich frage:
Wie steht's ums Karfiolgeschäft? Das Leben
Geht weiter, auch wenn uns ein Unglück zustößt.

BETTY Ja, es geht weiter, und – ich will es nützen
Der Welt zu sagen, welche Pest sie anfiel!
Ich schwör's dem Toten, daß ich meine Stimme
In Zukunft hassen will, wenn sie »Guten Morgen«
Oder »Gebt mir Essen« sagt und nicht nur eines:
»Vertilgt den Ui!«

GIRI *drohend:* Werd nicht zu laut, mein Kind!

UI Wir stehen zwischen Gräbern. Mildere Gefühle
Wärn da verfrüht. So red ich vom Geschäft
Das keine Toten kennt.

BETTY O Dullfeet, Dullfeet!
Nun weiß ich erst, du bist nicht mehr!

UI So ist's.
Bedenken Sie, daß Dullfeet nicht mehr ist.
Und damit fehlt in Cicero die Stimme
Die sich gegen Untat, Terror und Gewalt
Erheben würd. Sie können den Verlust
Nicht tief genug bedauern! Schutzlos stehen Sie
In einer kalten Welt, wo leider Gottes
Der Schwache stets geliefert ist! Der einzige

Und letzte Schutz, der Ihnen bleibt, bin ich.
BETTY Das sagen Sie der Witwe jenes Manns
Den Sie gemordet haben? Ungetüm!
Ich wußte, daß Sie herkämen, weil Sie
Noch immer an der Stätte Ihrer Untat
Erschienen sind, um andre zu beschuldigen.
»Nicht ich, der andre!« und »Ich weiß von nichts!«
»Ich bin geschädigt!« schreit der Schaden, und
»Ein Mord! Den müßt ihr rächen!« schreit der Mord.
UI Mein Plan ist eisern: Schutz für Cicero.
BETTY *schwach:* Er wird nie glücken!
UI Bald! So oder so.
BETTY Gott schütz uns vor dem Schützer!
UI Also wie
Ist Ihre Antwort?
Er streckt ihr die Hand hin.
Freundschaft?
BETTY Nie! Nie! Nie!
Sie läuft schaudernd weg.
Eine Schrift taucht auf.

14

Schlafzimmer des Ui im Mammoth-Hotel. Ui wälzt sich in schweren Träumen auf seinem Bett. Auf Stühlen, die Revolver im Schoß, seine Leibwächter.

UI *im Schlaf:* Weg, blutige Schatten! Habt Erbarmen! Weg!
Die Wand hinter ihm wird durchsichtig. Es erscheint der Geist Ernesto Romas, in der Stirn ein Schußloch.
ROMA Und all dies wird dir doch nichts nützen. All dies
Gemetzel, Meucheln, Drohn und Speichelspritzen
Ist ganz umsonst, Arturo. Denn die Wurzel
Deiner Verbrechen ist faul. Sie werden nicht aufblühn.
Verrat ist schlechter Dünger. Schlachte, lüg!
Betrüg die Clarks und schlacht die Dullfeets hin –
Doch vor den Eigenen mach halt! Verschwör dich
Gen eine Welt, doch schone die Verschworenen!

Stampf alles nieder mit den Füßen, doch
Stampf nicht die Füße nieder, du Unseliger!
Lüg allen ins Gesicht, nur das Gesicht
Im Spiegel hoff nicht auch noch zu belügen!
Du schlugst dich selbst, als du mich schlugst, Arturo.
Ich war dir zugetan, da warst du nicht
Mehr als ein Schatten noch auf einem Bierhausflur.
Nun stehe ich in zugiger Ewigkeit
Und du gehst mit den großen Herrn zu Tisch.
Verrat bracht dich hinauf, so wird Verrat
Dich auch hinunterbringen. Wie du mich verrietst
Den Freund und Leutnant, so verrätst du alle.
Und so, Arturo, werden alle dich
Verraten noch. Die grüne Erde deckt
Ernesto Roma, deine Untreu nicht.
Die schaukelt über Gräbern sich im Wind
Gut sichtbar allen, selbst den Totengräbern.
Der Tag wird kommen, wo sich alle, die
Du niederschlugst, aufrichten, aufstehn alle
Die du noch niederschlagen wirst, Arturo
Und gegen dich antreten, eine Welt
Blutend, doch haßvoll, daß du stehst und dich
Nach Hilf umschaust. Denn wiß: so stand ich auch.
Dann droh und bettel, fluche und versprich!
Es wird dich keiner hören! Keiner hörte mich.

UI *auffahrend:* Schießt! Dort! Verräter! Weiche, Fürcherlicher!
Die Leibwächter schießen nach der Stelle an der Wand, auf die Ui zeigt.

ROMA *verblassend:* Schießt nur! Was von mir blieb, ist kugelsicher.

15

City. Versammlung der Grünzeughändler von Chicago. Sie sind kalkweiß.

ERSTER GRÜNZEUGHÄNDLER Mord! Schlächterei! Erpressung! Willkür! Raub!

BBA 174/119

ZWEITER GRÜNZEUGHÄNDLER Und Schlimmres: Duldung! Unterwerfung! Feigheit!

DRITTER GRÜNZEUGHÄNDLER Was Duldung! Als die ersten zwei im Januar
In meinen Laden traten: Hände hoch!
Sah ich sie kalt von oben bis unten an
Und sagte ruhig: Meine Herrn, ich weiche
Nur der Gewalt! Ich ließ sie deutlich merken
Daß ich mit ihnen nichts zu schaffen hatte
Und ihr Benehmen keineswegs billigte.
Ich war zu ihnen eisig. Schon mein Blick
Sagt' ihnen: Schön, hier ist die Ladenkasse
Doch nur des Brownings wegen!

VIERTER GRÜNZEUGHÄNDLER Richtig! Ich
Wasch meine Händ in Unschuld! Unbedingt.
Sagt ich zu meiner Frau.

ERSTER GRÜNZEUGHÄNDLER *heftig:*
Was heißt da Feigheit?
Es war gesundes Denken. Wenn man stillhielt
Und knirschend zahlte, konnte man erwarten
Daß diese Unmenschen mit den Schießerein
Aufhören würden. Aber nichts davon!
Mord! Schlächterei! Erpressung! Willkür! Raub!
ZWEITER GRÜNZEUGHÄNDLER Möglich ist so was nur mit uns.
Kein Rückgrat!
FÜNFTER GRÜNZEUGHÄNDLER Sag lieber: kein Browning! Ich verkauf Karfiol
Und bin kein Gangster.
DRITTER GRÜNZEUGHÄNDLER
Meine einzige Hoffnung
Ist, daß der Hund einmal auf solche trifft
Die ihm die Zähne zeigen. Laß ihn erst
Einmal woanders dieses Spiel probieren!
VIERTER GRÜNZEUGHÄNDLER Zum Beispiel in Cicero!
Auftreten die Grünzeughändler von Cicero. Sie sind kalkweiß.
DIE CICEROER Hallo, Chicago!
DIE CHICAGOER Hallo, Cicero! Und was wollt ihr hier?
DIE CICEROER Wir
Sind herbestellt.
DIE CHICAGOER Von wem?
DIE CICEROER Von ihm.
ERSTER CHICAGOER Wie kann er
Euch herbestellen? Wie euch etwas vorschreiben?
Wie kommandiern in Cicero?
ERSTER CICEROER Mit dem Browning.
ZWEITER CICEROER Wir weichen der Gewalt.
ERSTER CHICAGOER Verdammte Feigheit!
Seid ihr keine Männer? Gibt's in Cicero
Keine Richter?
ERSTER CICEROER Nein.
DRITTER CICEROER Nicht mehr.
DRITTER CHICAGOER Hört ihr, ihr müßt
Euch wehren, Leute! Diese schwarze Pest
Muß aufgehalten werden! Soll das Land

Von dieser Seuche aufgefressen werden?

ERSTER CHICAGOER Zuerst die eine Stadt und dann die andre!
Ihr seid dem Land den Kampf aufs Messer schuldig!

ZWEITER CICEROER Wieso grad wir? Wir waschen unsre Hände
In Unschuld.

VIERTER CHICAGOER Und wir hoffen, daß der Hund
Gott geb's, doch einmal noch auf solche trifft
Die ihm die Zähne zeigen.

Auftreten unter Fanfarenstößen Arturo Ui und Betty Dullfeet (in Trauer), gefolgt von Clark, Giri, Givola und Leibwächtern. Ui schreitet zwischen ihnen hindurch. Die Leibwächter nehmen im Hintergrund Stellung.

GIRI Hallo, Kinder
Sind alle da aus Cicero?

ERSTER CICEROER Jawohl.

GIRI Und aus Chicago?

ERSTER CHICAGOER Alle.

GIRI *zu Ui*: Alles da.

GIVOLA Willkommen, Grünzeughändler! Der Karfioltrust
Begrüßt euch herzlich. *Zu Clark:* Bitte sehr, Herr Clark.

CLARK Ich tret mit einer Neuigkeit vor Sie.
Nach wochenlangen und nicht immer glatten
Verhandlungen – ich plaudre aus der Schule –
Hat sich die örtliche Großhandlung B. Dullfeet
Dem Karfioltrust angeschlossen. So
Erhalten Sie in Zukunft Ihr Gemüse
Vom Karfioltrust. Der Gewinn für Sie
Liegt auf der Hand: erhöhte Sicherheit
Der Lieferung. Die neuen Preise, leicht
Erhöht, sind schon fixiert. Frau Betty Dullfeet
Ich schüttle Ihnen, als dem neuen Mitglied
Des Trusts, die Hand.

Clark und Betty Dullfeet schütteln sich die Hände.

GIVOLA Es spricht: Arturo Ui.

Ui tritt vor das Mikrophon.

UI Chicagoer und Ciceroer! Freunde!
Mitbürger! Als der alte Dogsborough
Ein ehrlicher Mann, Gott hab ihn selig, mich
Vor einem Jahr ersuchte, Tränen im Aug
Chicagos Grünzeughandel zu beschützen

War ich, obgleich gerührt, doch etwas skeptisch
Ob ich dies freudige Vertraun rechtfertigen könnt.
Nun, Dogsborough ist tot. Sein Testament
Liegt jedermann zur Einsicht vor. Er nennt
In schlichten Worten mich seinen Sohn. Und dankt
Mir tiefbewegt für alles, was ich getan hab
Seit diesem Tag, wo ich seinem Rufe folgte.
Der Handel mit Grünzeug, sei es nun Karfiol
Sei's Schnittlauch, Zwiebeln oder was weiß ich, ist
Heut in Chicago ausgiebig beschützt.
Ich darf wohl sagen: durch entschlossenes Handeln
Von meiner Seite. Als dann unerwartet
Ein andrer Mann, Ignatius Dullfeet, mir
Den gleichen Antrag stellte, nun für Cicero
War ich nicht abgeneigt, auch Cicero
In meinen Schutz zu nehmen. Nur eine Bedingung
Stellt ich sofort: Es muß auf Wunsch der Laden-
Besitzer sein! Durch freiwilligen Entschluß
Muß ich gerufen werden. Meinen Leuten
Schärfte ich ein: Kein Zwang auf Cicero!
Die Stadt hat völlige Freiheit, mich zu wählen!
Ich will kein mürrisches »Schön!«, kein knirschendes »Bitte!«.
Halbherziges Zustimmen ist mir widerlich.
Was ich verlange, ist ein freudiges »Ja!«
Ciceroischer Männer, knapp und ausdrucksvoll.
Und weil ich das will und, was ich will, ganz will
Stell ich die Frage auch an euch noch einmal
Leute aus Chicago, da ihr mich besser kennt
Und, wie ich annehmen darf, auch wirklich schätzt.
Wer ist für mich? Und wie ich nebenbei
Erwähnen will: Wer da nicht für mich ist
Ist gegen mich und wird für diese Haltung
Die Folgen selbst sich zuzuschreiben haben.
Jetzt könnt ihr wählen!

GIVOLA Doch bevor ihr wählt
Hört noch Frau Dullfeet, allen euch bekannt
Und Witwe eines Mannes, euch allen teuer!

BETTY Freunde! Da nunmehr euer aller Freund
Mein lieber Mann Ignatius Dullfeet, nicht mehr
Weilt unter uns . . .

GIVOLA Er ruh in Frieden!

BETTY Und

Euch nicht mehr Stütze sein kann, rat ich euch
Nun euer Vertraun zu setzen in Herrn Ui
Wie ich es selbst tu, seit ich ihn in dieser
Für mich so schweren Zeit näher und besser
Kennengelernt.

GIVOLA Zur Wahl!

GIRI Wer für Arturo Ui ist:

Die Hände hoch!

Einige erheben sofort die Hand.

EIN CICEROER Ist's auch erlaubt zu gehn?

GIVOLA Jedem steht frei, zu machen, was er will.

Der Ciceroer geht zögernd hinaus. Zwei Leibwächter folgen ihm. Dann ertönt ein Schuß.

GIRI Und nun zu euch! Was ist euer freier Entschluß?

Alle heben die Hände hoch, jeder beide Hände.

GIVOLA Die Wahl ist aus, Chef, Ciceros Grünzeughändler
Und die Chicagos danken tiefbewegt
Und freudeschlotternd dir für deinen Schutz.

UI Ich nehme euren Dank mit Stolz entgegen.
Als ich vor nunmehr fünfzehn Jahren als
Einfacher Sohn der Bronx und Arbeitsloser
Dem Ruf der Vorsehung folgend, mit nur sieben
Erprobten Männern auszog, in Chicago
Meinen Weg zu machen, war's mein fester Wille
Dem Grünzeughandel Frieden zu verschaffen.
s' war eine kleine Schar damals, die schlicht
Jedoch fanatisch diesen Frieden wünschte!
Nun sind es viele. Un der Friede in
Chicagos Grünzeughandel ist kein Traum mehr
Sondern rauhe Wirklichkeit. Und um den Frieden
Zu sichern, habe ich heute angeordnet
Daß unverzüglich neue Thompsonkanonen
Und Panzerautos und natürlich was
An Brownings, Gummiknüppeln und so weiter noch
Hinzukommt, angeschafft werden, denn nach Schutz
Schrein nicht nur Cicero und Chicago, sondern
Auch andre Städte: Washington und Milwaukee!
Detroit! Toledo! Pittsburg! Cincinnati!

BBA 174/126

Wo's auch Gemüsehandel gibt. Flint! Boston! Philadelphia! Baltimore! St. Louis! Little Rock! Minneapolis! Columbus! Charleston! Und New York!

Das alles will geschützt sein! Und kein »Pfui!«
Und kein »Das ist nicht fein!« hält auf den Ui!
Unter Trommeln und Fanfarenstößen schließt sich der Vorhang.
Eine Schrift taucht auf.

Epilog

Ihr aber lernet, wie man sieht statt stiert
Und handelt, statt zu reden noch und noch.
So was hätt einmal fast die Welt regiert!
Die Völker wurden seiner Herr, jedoch
Daß keiner uns zu früh da triumphiert –
Der Schoß ist fruchtbar noch, aus dem das kroch!

II

Verstreute Texte aus dem Nachlaß

BBA 363/108-109
123-126

Notizen, handschr., 1940/41

363/108 Die Grünzeughändler von Chikago fordern die
von Cicero auf, dem ui widerstand zu
leisten. Diese verweisen auf die Grünzeughändler
von X.
der ui über
das Testament Dogsboroughs,
freiheit ihn zu wählen
begründung des friedens
fernere ziele
die wahl

363/109 und um zu sichern diesen frieden, hab ich
heut angeordnet, daß thompson kanonen
und panzerautos und natürlich was
an brownings, gummiknüppeln und so weiter
noch
hinzukommt, angeschafft werden
und

363/123 *Roma:* Ach, der trust will
fusion. nicht du,
du bist nur ui
weg?!

1) Ui bietet an, er werde
die K.händler zwingen, ihren
Karfiol zu kaufen.

Das Testament ist vom Trust bestellt.

BBA 363/108-109
123/126

363/124 'nen leichenwagen treffen, das
bringt glück
nur darf er
soll [?]

am 12. mach ich nichts.
das ist mein unglückstag.

---

sie kommt aus Cicero
und geht dorthin zurück

Ui: [?]
wie sich von dort aus
Chikago ausnimmt

363/125 *R.* erst hier in dieser Stadt, bevor
du dich um das gemüse
andrer städte kümmerst.

erst muß der Dog weg, dessen
geständnis dich mit schmutz bewirft. . .

ich muß alle hindernisse dieses plans
aus dem weg räumen

Game?
363/126 *The Gangsterplay we*
know

That wellknown
racket

BBA 174/129-130

174/129 Steht nicht mehr in der Zeitung
so schnell können wir gar nicht morde
begehen wie sie vergessen werden
capones umlegen eines kassierers
in headline

diese [?] von 5
auf der 3. Seite
es kommt nicht auf tüchtigkeit + leistung
an
sondern auf glück. (beziehungen)
einfluß
ich hab es [?] heimgekommen [vorangeg. Wort unl.]
rülpst
kratzt arsch
mit dem gesindel, das
ich habe
das hat
ja keine kinderstube
(kratzt sich den arsch)

174/130 hindenburgs begegnung
ui zieht H. die hose herunter
sohn zieht sie hoch.

der stuhl, der dem ui
gebracht wird zur rede (?)
zerbricht

BBA 175/19-20

[Auszug aus einem Brief vom 21. 1. 54 von Lothar Kusche an Benno Slupianek:]

... Im Grunde genommen gibt es über UI meiner Meinung nach nur einen Diskussionspunkt. Brecht hat geschrieben (über Eislers Faustus): »Wir müssen unbedingt ausgehen von der Wahrheit des Satzes: ›Eine Konzeption, der die deutsche Geschichte nichts als Misere ist und in der das Volk als schöpferische Potenz fehlt, ist nicht wahr‹ (ND).«

Nimmt man den UI lediglich als Parabelstück, wobei auf die kommentierenden Schriften verzichtet werden müßte, so kommt die Konzeption nicht in Konflikt mit dem obigen Satz.

Im gleichen Augenblick aber, wo UI durch die Projektionen auf eine ganz bestimmte Phase der deutschen Geschichte eindeutig bezogen wird (was das Stück ja keineswegs des allgemeinen Parabelcharakters entkleidet), im gleichen Augenblick ist also hier zu fragen: wo ist das Volk. Und damit wären wir wieder bei Dimitroff. Brecht sagt vielleicht: »Ihr seid verrückt, ich kann da nicht Dimitroff einbauen«; das ist richtig. Ich vermisse nicht Dimitroff als Figur, sondern als Potenz. Vermißt wird IRGENDETWAS, das die schöpferische Potenz des Volkes repräsentiert. Sicher ist dies schwierig darzustellen. Aber die Satire, als realistisches Kunstwerk, muß doch den ganzen Vorgang zeigen; wenn auch satirisch synkopiert, soll heißen: unter Verschiebung des dramaturgischen Gewichts auf bislang nicht betonte Taktteile, Situationen. War es nur ein Kampf der Gangster und Händler untereinander? War ›Dimitroff‹ (die Potenz, die wir hier der Einfachheit halber so nennen) ein Händler? Spielte er eine wichtige Rolle, repräsentierte er Wichtiges?

Ich bin mir wohl dessen bewußt, daß dies sehr grobe Kritik ist. Nur bin ich jetzt gar nicht in der Lage und Zeit, es näher zu betrachten und eine Analyse zu versuchen.

Nur noch kleine Anmerkungen. Im Auftritt von Röhms Geist sieht man, wie sich Brecht von der parodistisch benutzten Form verführen ließ, Schritte zu gehen auf eine Glorifizierung des Mannes; was nicht Brechts ernstliche Absicht gewesen sein kann. Auch ist nichts einzuwenden (natürlich nicht) gegen einen Geist des Shakespeare-Theaters, der auch als sichtbarer Geist auftritt. Schade ist nur, daß es sich nicht um einen echten Gegenspieler Uis handelt. So wie der Text jetzt ist, erhält ein fetter, versoffener Nazi Märtyrer-Züge.

Zu den Schriften. Diese sollten noch DEUTLICHER als jetzt sein (so weit sie jetzt schon formuliert sind). Neulich saß neben mir ein Mann im Theater, der sagte: »Ach, der Reichstagsbrand war 1933? Ich dachte, der war 1870.« Es war ein junger Mann und natürlich ein Idiot. Aber es gibt ziemlich viele Idioten, und auch ihre Beseitigung wird ja von Brecht beabsichtigt. Weiß jedermann sogleich, welchen Staatsposten Hindenburg bekleidete? Sollte man es nicht ausdrücklich sagen? Weiß jedermann sogleich, was die »Nach der langen Messer« war? usw. Dies zur Diskussion.

Nun, Benno, entschuldige, zum Schluß etwas ganz Blödes, was ich damals schon schrieb. Es ist ganz privat: Hier in unseren nördlichen Landen weiß kein Mensch, was KARFIOL ist, und ich glaub, die würden es für eine Art Karbolineum oder dergleichen halten. . . .

BBA 351/33

Das Gangsterstück

der reichstagsbrand. der gangster organisiert ein verbrechen, um die widerstrebende polizei in die hand zu bekommen. er leiht dann seine leute als hilfspolizei.
der 30. juni

BBA 455/48-49

es ist alles sehr sorgfältig gemalt, keine schluderarbeit. das ganze sieht heiter aus, wohlgefällig, kurz: es empfiehlt sich.

ich schaue das bild an, so oft ich in das haus komme, das für mich sozusagen nur darum herum gebaut ist, damit der regen nicht zukommt. einige (maler) haben mir gesagt, das bild sei zu dekorativ, keine richtige »kunscht«. in wirklichkeit ist es eben nur keine »studie«, kein ausdruck für irgend eine persönlichkeit, nicht mehr herzblut, sondern mit tusche gemalt, keine aussage über das licht und »allsowas«. der maler hat sozusagen seinen lehrgang beendet, bevor er das bild gemalt hat und das bild weiß, daß es an einer wand hängt, selbstverständlich.

ich dachte gleich, Du solltest so etwas machen. große tafeln, darstellen die zustände im »vaterland«. eine tafel könnte sein DAS DRITTE REICH, eine andere DIE VERBESSERUNG DER DEUTSCHEN RASSE DURCH ADOLF HITLER, wieder eine andere LEBEN UND TATEN DES ANSTREICHERS, eine DER DREISSIGSTE JUNI, eine DIE INBRANDSETZUNG DES REICHSTAGSGEBÄUDES. natürlich könnten titel drin stehen, man muß sich da frei machen von gewissen hemmungen, schrift hat auch kunstcharakter, und man müßte solche darstellungen ganz kühn betreiben, zum beispiel DER DIKTATOR ERSCHIESST EIGENHÄNDIG SEINEN ÄLTESTEN WAFFENGEFÄHRTEN, den dicken röhm im nachthemd, beide arme schauerlich erhoben, den ebenfalls fetten adolf, die fratze abgedreht, mit der nicht schießenden hand einigen zuschauern, den ss-leuten, demonstrierend (»ich habe lange zugesehen, aber jetzt greife ich durch«).

ich stelle mir die bilder möglichst schön gemalt vor, mit ausgesuchten farben, klar und kühl, wie man kostbare blumen malt, köstlich. dem alten mann (von neudeck) wird ein testament entrissen, gut, man muß das entreißen zeigen, als entreißen, aber schön und groß gemalt. und es muß viel derlei auf einer tafel zu sehen sein!

solche tafeln müßten aufsehen erregen, auch drüben. kannst Du nicht so etwas versuchen? in jedem einfachen menschen steckt ein primitiver sinn für historie, da wo sie schauerlich ist, denke an die panoramen auf den jahrmärkten (nero betrachtet den brand roms, das erdbeben von nagasaki, die hinrichtung des 44fachen lustmörders harmann). was meinst du dazu?*

BBA 164/57

Hitler

der erste weltkrieg ist verloren, seine stifter verkriechen sich, jedoch ist der neue staat von solcher art, daß die übel, die zum krieg geführt haben, bestehen bleiben. die bürgerlichen sozialisten metzeln die matrosen und arbeiter nieder. wiederaufbau der reichswehr. ein morphiumsüchtiger hauptmann der flugwaffe, goering, stellt adolf als spitzel der reichswehr an. die engländer halten die bourgeosie politisch (gegen frankreich und USSR), wallstreet finanziert die republik. arbeitslosigkeit breitet sich aus. der reichstag zeigt lähmungserscheinungen. hitler mobilisiert das kleinbürgertum, finanziert von den ruhrkapitänen, beraten von den junkern. der erste ptusch falliert, weil die ruhrkapitäne sich mit der französischen bourgeoisie einigen, hinter hitlers rücken.

BBA 175/16

Arturo ui

der karfioltrust muß zum sprung nach new york ansetzen. dazu ist es nötiger denn je, die arbeiter niederzuhalten, einzuschüchtern. hier hat der ui einzugreifen und alles andere sind kämpfe um

* Vgl. Brief an Hans Tombrock, in: Brecht: *Briefe*. Frankfurt/M. 1981; Brief-Nr. 418.

zum kampf zu kommen, auf den es ankommt. deshalb die »schwäche« der stadtverwaltung in der bekämpfung des ui. der verteidiger im prozess muss alles aufdecken.

BBA 673/23

Die Parallelen

Dogsborough	Hindenburg
Arturo Ui	Hitler
Giri	Göring
Roma	Röhm
Givola	Goebbels
Dullfeet	Dollfuss
karfioltrust	junker und industrielle
gemüsehändler	kleinbürger
gangsters	faschisten
dockshilfeskandal	osthilfeskandal
speicherbrandprozess	reichstagsbrandprozess
Chicago	Deutschland
Cicero	Österreich

BBA 1966/1-3

Ui 21. 2. 59
Textvorschläge Weigel

II/3

DOGSBOROUGH: Jedoch die Kehrseit: Eine Reederei
schenkt man nicht weg für nichts.
FLAKE: Da ist was dran.

s' ist wahr, uns wäre ein Stein vom Herzen . . .

VORSCHLAG: hier noch verwenden:

(FLAKE: 's mag sein, daß wir unsere Aktien
nicht gern grad jetzt am offnen Markt
ausböten . . .)

III/3

UI: Ich muß in den Gemüsetrust

VORSCHLAG: streichen, da es den Plan unterbricht.

III/4

RAGG: So stehts in Capua.

VORSCHLAG: eventuell ins Lied einkomponieren, als historische Parallele. Nach dem Lied kann es leicht mit Capoha verwechselt werden.

III/7

. . .

GIRI: Der unbestechlich wasserdichte Greis.

ROMA: Was meist du Ui?

UI: Wird ers beschwören?

GIRI: Sicher.

UI: Los, Roma, komm, jetzt rieche ich Geschäfte.

V/3

MULBERRY: Laß Alter, deine Polizei . . .

VORSCHLAG WEITER: . . . die reicht dafür
nicht aus. Das ist nicht der Ui.

CLARK: Ich wünscht', er wär's. Das da ist schlimmer.
Das ist die Wut der Docks, der kleinen Leute.
Knecht bleibt nicht länger Knecht. Das schreit:
Los zum Trust! Wir brauchen Schutz.

DOGSBOROUGH: Ich laß
sie alle einsperrn. Das ist Aufruhr gegen
die Obrigkeit, das ist verboten.

CLARK: Nein
Laß sie die Untersuchung ruhig haben.
Dogsborough – das ist mehr als ein Name –
das ist eine Institution. Warum solln sie denn
keine Untersuchung haben.

DOGSBOROUGH: Eine Untersuchung.

CLARK: Die zeigt: wir haben mit der Anleih nichts
zu tun. Die Anleih für die Kai-
anlagen ist – es ist bekannt – an
die Reederei von Sheet gegangen und
ist dort allein veruntreut. Schluß.

V/4

VORSCHLAG:

FLAKE: Nur wird Sheet es niemals machen.

CLARK: Er muß.

FLAKE: Es wär' verrückt.

CLARK: Vielleicht weiß Dogsborough
'nen Mann, der für ihn mit Sheet
verhandelt
und die Untersuchung angemessen
zu führen in der Lage ist. Doch nun ...

V/4

DOGSBOROUGH: Ich schick den Mann.

VARIANTEN: Ich hol den Mann
Ich weiß 'nen Mann.

VI/4

O'CASEY: Ja. Könnt es sein
daß du an Sheets Kontortisch saßest,
als dort
grad ein Kontrakt *für Kaianlagen*, nun,
sagen wir – nicht gemacht
wurd?

O'CASEY: Und schon früher, als du uns im Stadthaus
erzähltest, *daß wir eine Anleih geben müßten,
für Kaianlagen, daß das Gemüse billiger*

in die Stadt kommt, und wie der Karfiol
es schwer hätt –
war's eigene Erfahrung, die da sprach?

BBA 1195/14

[Bruchstück des Prologs]

deshalb fiel unsere Wahl am End
auf eine Geschichte, die man hier ganz wenig kennt,
spielend in einer entfernten Stadt
dergleichen man hier nicht gesehen hat.
Lehnen Sie sich zurück, junge Frau:
wir beginnen die große Gangsterschau!

BBA 605/41

[Bruchstück des Prologs]

Und zwar nicht in ernster, respektvoller Weise
sondern Scheiße nennend Scheiße.
Drum runter vom Galgen, raus aus der Gruft
Lump und Mörder, Schwindler und Schuft!
Zeigt euch im Fleisch hier noch einmal
damit in unsrer Tage Qual
uns deutlich werd, woher sie kam
und sich zum Zorn gesell die Scham.

BBA 174/131

[Prologfassung. Identisch mit Blatt 1475/21+]

Verehrtes Publikum, der Direktion ist bekannt
es ist ein heikler Gegenstand.
Ein gewisser Teil des sehr verehrten
Publikums wünscht nicht, daran erinnert zu werden.
Gerade das spricht aber dafür

hineinzustechen in dieses Geschwür.
Und zwar nicht in ernster, respektvoller Weise,
sondern: Scheiße nennend Scheiße
und damit vielleicht nicht ganz delikat
aber dem Gegenstand adequat.
So runter vom Galgen, raus aus der Gruft
Lump und Mörder, Schwindler und Schuft!
Zeigt euch im Fleisch hier noch einmal,
damit in unsrer Tage Qual
uns deutlich werd, woher die kam
und sich zum Zorn gesell die Scham!

BBA 174/127

(10)

7a

Gegend der Docks. Aus einem zerschossenen Lastkraftwagen klettert ein blutüberströmter Schofför und taumelt nach vorn.

DER SCHOFFÖR: Hilfe! Lauft nicht weg.! Ihr müßts bezeugen!
Mein Kamerad im Wagen ist hin! ... Ich bräucht
'nen Lappen für den Arm ... Sie schlachten uns,
als wischten sie vom Bierglas Fliegen. Mörder!
Von hinten und zu viert! Feiglinge! Aber
ich weiß, wers ist. Ich sah euch! 's ist der Ui!
's ist Ui! 's ist Ui! 's ist ...

In unmittelbarer Nähe knattert ein Maschinengewehr und er bricht zusammen.

Ui und der Rest!
Helft, ich verblut! Stoppt keiner diese Pest?

Eine Schrift taucht auf:
Dem Reichstagsbrandprozeß folgte die berüchtigte »Nacht der langen Messer«. Durch nackten Terror sicherten die Nazis ihre absolute Herrschaft.

III

Materialien zum Stück

Anmerkungen

1 Vorspruch

»Der aufhaltsame Aufstieg der Arturo Ui«, 1941 in Finnland geschrieben, ist ein Versuch, der kapitalistischen Welt den Aufstieg Hitlers dadurch zu erklären, daß er in ein ihr vertrautes Milieu versetzt wurde. Die Verssprache macht das Heldentum der Figuren meßbar.

2 Bemerkungen

Man hört heute ganz allgemein, es sei unstatthaft und aussichtslos, die großen politischen Verbrecher, lebendig oder tot, der Lächerlichkeit preisgeben zu wollen. Selbst das gemeine Volk, hört man, sei da empfindlich, nicht nur, weil es in die Verbrechen verwickelt wurde, sondern weil die Übriggebliebenen in den Ruinen nicht über derlei lachen könnten. Auch solle man nicht offene Türen einrennen, da es deren in Ruinen zu viele gäbe; die Lektion sei gelernt worden, wozu sie jetzt den Unglücklichen noch einreiben? Sei aber die Lektion nicht gelernt, sei es gefährlich, ein Volk zum Gelächter über einen Machthaber aufzufordern, das es ihm gegenüber sozusagen hat an Ernst fehlen lassen und so weiter und so weiter.

Es ist verhältnismäßig leicht, mit der Aufforderung fertig zu werden, die Kunst müsse mit der Brutalität behutsam umgehen, das schwächliche Pflänzchen der Erkenntnis liebevoll begießen, denen, die gezeigt haben, was eine Harke ist, nunmehr zu zeigen, was eine Gießkanne ist und so weiter. Man kann auch gegen einen Begriff »Volk« angehen, der etwas »Höheres« meint als die Bevölkerung, und zeigen, wie da die berüchtigte »Volksgemeinschaft« der Henker und Opfer, der Unternehmer und Unternommenen, in den Köpfen spukt. Aber die Aufforderung an die Satire, sich hier nicht einzumengen, wo es sich um ernste Dinge handelt, ist damit noch nicht als unsittlich abgelehnt. Sie interessiert sich gerade für ernste Dinge.

Die großen politischen Verbrecher müssen durchaus preisgegeben werden, und vorzüglich der Lächerlichkeit. Denn sie sind vor allem keine großen politischen Verbrecher, sondern die Verüber großer politischer Verbrechen, was etwas ganz anderes ist.

Keine Angst vor der platten Wahrheit, wenn sie nur wahr ist! Sowenig das Mißlingen seiner Unternehmungen Hitler zu einem Dummkopf stempelt, so wenig stempelt ihn der Umfang dieser Unternehmungen zu einem großen Mann. Die herrschenden Klassen im modernen Staat bedienen sich bei ihren Unternehmungen meistens recht durchschnittlicher Leute. Nicht einmal auf dem höchst wichtigen Gebiet der ökonomischen Ausbeutung ist besondere Begabung vonnöten. Der Milliardentrust der IG-Farben verwendet überdurchschnittliche Intelligenz nur, indem er sie ausbeutet; die Ausbeuter selber, eine Handvoll Leute, die meistens durch Geburt zu ihrer Macht kamen, bringen kollektiv etwas Schlauheit und Brutalität auf, werden aber durch die Unbildung, und würden selbst durch die etwaige Gutmütigkeit einzelner unter ihnen, nicht geschäftlich geschädigt. Die politischen Geschäfte lassen sie durch Leute besorgen, die oft noch erheblich dümmer als sie selber sind. Hitler konnte da dem Brüning, dieser dem Stresemann wohl das faule Wasser reichen, und auf militärischem Gebiet war wohl der Lakeitel dem Hindenburg ebenbürtig. Einen militärischen Spezialisten wie Ludendorff, der Schlachten wegen seiner politischen Unreife verlor, darf man sich ebensowenig als intellektuellen Giganten vorstellen wie einen Schnellrechner im Variete. Solche Leute erwecken den Anschein von Größe durch den Umfang der Unternehmungen. Dabei müssen sie gerade durch diesen Umfang nicht besonders tüchtig sein, denn er bedeutet doch nur, daß eben ein riesiger Haufe von intelligenten Leuten aufgeboten wurde, so daß die Krisen und Kriege zu Ausstellungen der Intelligenz der Gesamtbevölkerung werden.

Dazu kommt, daß das Verbrechen selbst häufig Bewunderung auslöst. Die Kleinbürger meiner Heimatstadt hörte ich nie anders als mit Andacht und Begeisterung von einem Massenmörder namens Kneisel sprechen, so daß ich seinen Namen bis auf den heutigen Tag behalten habe. Es wurde nicht einmal für nötig gehalten, ihm die bekannten Freundlichkeiten zu armen, alten Mütterchen anzudichten; seine Morde genügten.

Die Geschichtsauffassung der Kleinbürger (und der Proleten, solang sie keine andere haben) ist größtenteils romantisch. Der erste Napoleon beschäftigte die arme Phantasie dieser Deutschen natürlich nicht durch den Code Napoléon, sondern durch die Millionen seiner Opfer. Die Blutflecken stehen diesen Eroberern gut zu Gesicht, wie Schönheitsflecken. Wenn in der mit Recht »Deutsche Rundschau« genannten Zeitschrift ein gewisser Doktor Pechel im Jahre 1946 über den Dschingis-Khan schrieb, »der Preis für die Pax Mongolica waren 20 zerstörte Reiche und der Tod von vielen Dutzenden Millionen Menschen«, so wird der »blutbefleckte Eroberer, der Zerstörer aller Werte, über dem man den Herrscher nicht vergessen darf, der bewies, daß er kein destruktiver Kopf war«, schon dadurch groß, weil er im Umgang mit Menschen eben nicht kleinlich war. Dieser Respekt vor den Tötern muß zerstört werden. Die Alltagslogik darf sich nicht einschüchtern lassen, wenn sie sich in die Jahrhunderte begibt; was uns für die kleinen Verhältnisse gilt, dem müssen wir in den großen Geltung verschaffen. Der Lump im kleinen darf nicht, wenn ihm die Herrschenden gestatten, ein Lump im großen zu werden, eine Sonderstellung nicht nur in der Lumperei, sondern auch in unserer Geschichtsbetrachtung bekommen. Und im allgemeinen gilt wohl der Satz, daß die Tragödie die Leiden der Menschen häufiger auf die leichte Achsel nimmt als die Komödie.

3 Notizen

Kusche: ». . . im gleichen Augenblick aber, wo ›Ui‹ durch die Projektionen auf eine ganz bestimmte Phase der deutschen Geschichte eindeutig bezogen wird . . ., ist hier zu fragen: wo ist das Volk?«

»Brecht hat geschrieben (über Eislers ›Faustus‹): Wir müssen unbedingt ausgehen von der Wahrheit des Satzes: ›Eine Konzeption, der die deutsche Geschichte nichts als Misere ist und in der das Volks als schöpferische Potenz fehlt, ist nicht wahr.‹«

»Vermißt wird irgend etwas‹, das ›die schöpferische Potenz des Volkes‹ repräsentiert . . . War es nur ein Kampf der Gangster und Händler untereinander? War Dimitroff (die Potenz, die wir hier der Einfachheit halber so nennen) ein Händler?«

Der »Ui« ist ein *Parabel*stück, geschrieben mit der Absicht, den üblichen gefahrvollen Respekt vor den großen Tötern zu zerstören. Der Kreis ist absichtlich eng gezogen: er beschränkt sich auf die Ebene von Staat, Industriellen, Junkern und Kleinbürgern. Das reicht aus, die vorgehabte Absicht durchzuführen. Das Stück will keinen allgemeinen, gründlichen Aufriß der historischen Lage der dreißiger Jahre geben. Es fehlt das Proletariat, und es kann nicht in weiterem Maße berücksichtigt werden, denn ein jedes *Mehr* in diesem Gefüge wäre ein *Zuviel* und würde ablenken von der diffizilen Problemstellung. (Wie auf das Proletariat näher eingehen und nicht auf die Arbeitslosigkeit; wie darauf und dann nicht auf die Arbeitsbeschaffung und auf die Parteien sowie deren Versagen? Eines würde das andere mit sich ziehen, heraus käme ein gigantisches Werk, das den gewollten Zweck nicht erfüllt.)

Die projizierten Schriften – nach K. ein Grund, in dem Stück einen allgemeinen Aufriß zu suchen – scheinen mir den Zug des Ausschnitthaften, Panoptikumhaften nur zu verstärken.

Die Industriellen scheinen von der *Krise* alle gleichermaßen betroffen, anstatt daß die Schwächeren erschlagen werden von den Stärkeren. (Aber vielleicht ist das auch ein Punkt, der zu weit ins Detail führen würde und auf den die *Parabel* verzichten kann.) *Der Verteidiger* (neuntes Bild, Speicherbrandprozeß) sollte vielleicht noch einmal untersucht werden. In der jetzigen Form scheint er lediglich eine Art »Berufsehre« zu verteidigen, wenn er protestiert. Ob er nun so gemeint ist oder nicht: das Publikum wird ihn natürlich als *Dimitroff* zu nehmen versuchen.

Was die Erscheinung von *Röhms Geist* betrifft, hat Kusche meiner Meinung nach recht. (»So wie der Text jetzt ist, erhält ein fetter, versoffener Nazi Märtyrerzüge.«) Karfiol ist leider unbekannt. (GW 17/1176-1180)

Der Schluss

Das stück, geschrieben 1941, wurde als aufführung von 1941 gesehen. Zu der zeit war die letzte scene richtig und am platze, während sie mir heute nicht mehr ganz zu passen scheint. Ein heute gemaltes plakat, das gegen den Hitlerkrieg aufruft, mag auch als plakat gegen den krieg allgemein eine wirkung haben, aber es gibt natürlich stärkeres. Vielleicht könnte eine andere scene gefunden werden. (BBA 175/18)

4 Hinweis für die Aufführung

Das Stück muß, damit die Vorgänge jene Bedeutung erhalten, die ihnen leider zukommt, im großen Stil aufgeführt werden; am besten mit deutlichen Reminiszenzen an das elisabethanische Historientheater, also etwa mit Vorhängen und Podesten. Zum Beispiel kann es vor gekalkten Rupfenvorhängen, die ochsenblutfarben bespritzt sind, agiert werden. Auch können gelegentlich panoramamäßig bemalte Prospekte benutzt werden, und Orgel-, Trompeten- und Trommeleffekte sind ebenfalls zulässig. Es sollten Masken, Tonfälle und Gesten der Vorbilder verwendet werden, jedoch ist reine Travestie zu vermeiden, und das Komische darf nicht ohne das Grausige sein. Nötig ist plastische Darstellung in schnellstem Tempo mit übersichtlichen Gruppenbildern im Geschmack der Jahrmarktshistorien. (GW 4/1837 f.)

Zeittafel [1]

1: 1929-1932. Die Weltkrise sucht Deutschland ganz besonders stark heim. Auf dem Höhepunkt der Krise versuchen die preußischen Junker, Staatsanleihen zu ergattern, lange ohne Erfolg.

3: Um den Reichspräsidenten Hindenburg für die Nöte der Gutsbesitzer zu interessieren, machen die Junker ihm einen Gutsbesitz zum Ehrengeschenk.

4: Im Herbst 1932 steht die Partei und Privatarmee Adolf Hitlers vor dem finanziellen Bankrott und ist von rascher Auflösung bedroht. Verzweifelt müht sich Hitler, zur Macht zu kommen. Jedoch gelingt es ihm lange nicht, Hindenburg zu sprechen.

5: Im Januar 1933 verweigert der Reichspräsident Hindenburg mehrmals dem Parteiführer Hitler den Reichskanzlerposten. Jedoch hatte er die drohende Untersuchung des Osthilfeskandals zu fürchten. Er hatte auch für das ihm geschenkte Gut Neudeck Staatsgelder genommen und sie nicht dem angegebenen Zweck zugeführt.

6: Als der Reichskanzler General Schleicher mit der Aufdekkung der Unterschlagungen von Osthilfegeldern und Steuerhinterziehungen drohte, übergab Hindenburg am 30. 1. 1933 Hitler die Macht. Die Untersuchung wurde niedergeschlagen.

7: Dem Verlauten nach erhielt Hitler Unterricht in Deklamation und edlem Auftreten von dem Provinzschauspieler Basil.

8: Im Februar 1933 ging das Reichstagsgebäude in Flammen auf. Hitler beschuldigt seine Feinde der Brandstiftung und gab das Signal zur Nacht der langen Messer.

9: In einem großen Prozeß, dem Reichstagsbrandprozeß, verurteilte das Reichsgericht zu Leipzig einen gedopten Arbeitslosen zum Tod. Die Brandstifter gingen frei aus.

10 und 11: Der bevorstehende Tod des alten Hindenburg löste im Lager der Nazis erbitterte Kämpfe aus. Tonangebende Kreise bestanden auf der Entfernung Ernst Röhms. Vor der Tür stand die Besetzung Österreichs.

12: In der Nacht des 30. Juni 1934 überfiel Hitler seinen Freund Röhm in einem Gasthof, wo er Hitler erwartete, um mit ihm einen Coup gegen Hindenburg und Göring zu starten.

13: Unter Hitlers Zwang willigte der österreichische Kanzler Engelbert Dollfuß im Jahre 1934 ein, die Angriffe der österreichischen Presse gegen Nazideutschland zum Schweigen zu bringen.

14: Der Besetzung Österreichs ging der Mord an Engelbert Dollfuß, dem österreichischen Kanzler, voraus. Unermüdlich setzten die Nazis ihre Werbung um Sympathien in Österreich fort.

16: Am 11. März 1938 marschierte Hitler in Österreich ein. Eine Wahl unter dem Terror der Nazis ergab 98 % Stimmen für Hitler.

[In BBA 174/125 statt Nr. 16:]

Vielleicht gibt es Anderes, was ihn aufhalten kann?

[In BBA 2094 statt Nr. 16:]

Der Weg der Eroberungen war beschritten. Nach Österreich kamen die Tschechoslowakei, Polen, Dänemark, Norwegen, Holland, Belgien, Frankreich, Rumänien, Bulgarien, Griechenland.

Zeittafel [2]

1. 1929-1932. Die Weltkrise sucht Deutschland ganz besonders stark heim. Auf dem Höhepunkt der Krise versuchen preußische Junker, Staatsanleihen zu ergattern, lange ohne Erfolg. Rheinische Schwerindustrielle träumen von Expansion.

2. Um den Reichspräsidenten Hindenburg für die Nöte der Gutsbesitzer zu interessieren, machen die Junker ihm einen Gutshof zum Ehrengeschenk.

3. Im Herbst 1932 steht die Partei und Privatarmee Adolf Hitlers vor dem Bankrott und ist so von Auflösung bedroht. Verzweifelt müht sich Hitler, zur Macht zu kommen, jedoch gelingt es ihm lange nicht, Hindenburg zu sprechen.

4. Im Januar 1933 macht Hindenburg Hitler zum Reichskanzler gegen das Versprechen, die drohende Aufdeckung des Osthilfeskandals zu verhindern, in den der Reichspräsident selbst verwikkelt ist.

5. Hitler, auf legalem Wege zur Macht gekommen, überrascht seine hohen Gönner durch höchst gewaltsame Maßnahmen, hält

aber seine Versprechungen.

6. Schnell verwandelt der Bandenführer sich in einen Staatsmann. Dem Verlauten nach erhält er Unterricht in Deklamation und edlem Auftreten von dem Provinzschauspieler Basil.

7. Im Februar 1933 geht das Reichstagsgebäude in Flammen auf. Hitler beschuldigt seine Feinde der Brandstiftung und gibt das Signal zur Nacht der langen Messer.

8. In einem großen Prozeß verurteilt das Reichsgericht zu Leipzig einen Arbeitslosen zum Tod wegen Brandstiftung. Die Brandstifter gehen frei aus. Von nun an arbeitet die deutsche Justiz für Hitler.

9. und 10. Der bevorstehende Tod des alten Hindenburg löst im Lager der Nazis erbitterte Kämpfe aus. Junker und Industrielle bestehen auf der Entfernung Ernst Röhms. Vor der Tür steht die Besetzung Österreichs.

11. In der Nacht des 30. Juni 1934 überfällt Hitler seinen Freund Röhm in einem Gasthof, wo dieser ihn erwartet, um zusammen mit ihm gegen Hindenburg und Göring loszuschlagen.

12. Unter Zwang willigt der österreichische Kanzler Engelbert Dollfuß ein, die Angriffe der österreichischen Presse gegen Hitler zum Schweigen zu bringen.

13. Hitler läßt Dollfuß ermorden, setzt aber seine Verhandlungen mit österreichischen Rechtskreisen fort.

15. Die Eroberung Österreichs leitet weitere Eroberungen in Europa ein. Es folgen die Überfälle auf die Tschechoslowakei, Polen, Dänemark, Norwegen, Holland, Belgien, Frankreich, Rumänien, usw.

Prolog [2]

Verehrtes Publikum, wir bringen heute –
Bitte, etwas mehr Unruhe dort hinten, Leute!
Und nehmen Sie den Hut ab, junge Frau! –
Die große historische Gangsterschau.
Enthaltend zum allerersten Mal
DIE WAHRHEIT ÜBER DEN DOCKSHILFESKANDAL!
Ferner bringen wir Ihnen zur Kenntnis
DES ALTEN DOGSBOROUGH TESTAMENT UND GESTÄNDNIS!
DEN AUFHALTSAMEN AUFSTIEG DES ARTURO UI WÄHREND DER BAISSE!
SENSATIONEN IM BERÜCHTIGTEN SPEICHERBRANDPROZESS!
DEN DULLFEETMORD! DIE JUSTIZ IM KOMA!
GANGSTER UNTER SICH: ABSCHLACHTUNG DES ERNESTO ROMA!
Zum Schluß das illuminierte Schlußtableau:
GANGSTER EROBERN DIE VORSTADT CICERO!
Sie sehen hier, von unsern Künstlern dargestellt
Die berühmtesten Heroen unsrer Gangsterwelt
Alle die verflossenen
Gehängten, erschossenen
Vorbilder unsrer Jugendlichen
Ramponiert, aber noch nicht verblichen.
Geehrtes Publikum, der Direktion ist bekannt
Es gibt den oder jenen heiklen Gegenstand
An den ein gewisser zahlender Teil des geehrten
Publikums nicht wünscht erinnert zu werden.
Deshalb fiel unsre Wahl am End
Auf eine Geschichte, die man hier kaum kennt
Spielend in einer weit entfernten Stadt
Wie es sie dergleichen hier nie gegeben hat.
So sind Sie sicher, daß kein Vater
Oder Schwager im Theater
Hier bei uns in Fleisch und Blut
Etwas nicht ganz Feines tut.
Legen Sie sich ruhig zurück, junge Frau
Und genießen Sie unsre Gangsterschau!

Aus der Spielfassung des Berliner Ensembles

[Ted Raggs Spottlied, Sz. 3]

Es war einmal ein Mann
Der hatte einen Plan.
Da sagte man ihm: Warte!
Da wartete der Mann.
Das Warten war sehr harte.
  Heil Ui! Aber
  Nur
  Was man hat, hat man!
So stand's in Capua.

[Die Heimschnulze, Sz. 7]

Am Waldessaum stand die Hütte.
Der Vater ging dort ein und aus.
Jetzt seh'n Menschen aus dem Fenster
Es war einmal mein Heimathaus.
Heim möcht ich, heim
Heim in mein Heimathaus
Heim in mein Heimathaus.

10. 3. 41
an das amerikanische theater denkend, kam mir jene idee wieder in den kopf die ich einmal in new york hatte, nämlich ein gangsterstück zu schreiben, das gewisse vorgänge, die wir alle kennen, in die erinnerung ruft. (the gangster play we know.) ich entwerfe schnell einen plan für 11-12 szenen. natürlich muß es in großem stil geschrieben werden.

28. 3. 41
inmitten all des trubels um die visas und die reisemöglichkeit arbeite ich hartnäckig an der neuen *gangsterhistorie*. nur noch die letzte sezene fehlt. die wirkung der doppelverfremdung – gangstermilieu und großer stil – kann schwer vorausgesagt werden, noch die der ausstellung klassischer formen wie der szene in marthe schwertleins garten und der werbungsszene aus dem dritten richard.

steffs kenntnisse über die verwebungen der gangsterwelt mit der verwaltung kommen mir zustatten.

1. 4. 41
im UI kam es darauf an, einerseits immerfort die historischen vorgänge durchscheinen zu lassen, andrerseits die ›verhüllung‹ (die eine enthüllung ist) mit eigenleben auszustatten, dh, sie muß – theoretisch genommen – auch ohne ihre anzüglichkeit wirken. unter anderem wäre eine zu enge verknüpfung der beiden handlungen (*gangster-* und *nazihandlung*), also eine form, bei der die gangsterhandlung nur eine symbolisierung der andern handlung wäre, schon dadurch unerträglich, weil man dann unaufhörlich nach der ›bedeutung‹ dieses oder jenes zuges suchen würde, bei jeder figur nach dem urbild forschen würde, das war besonders schwer.

2. 4. 41
nachträglich habe ich viel damit zu tun, die jamben des AUFHALTSAMEN AUFSTIEG DES ARTURO UI zu glätten. ich hatte den jambus

sehr schlampig behandelt, teils mit der begründung, daß das stück ja doch nur in englisch aufgeführt werden würde, teils mit der, daß ein verlotterter vers diesen persönlichkeiten anstehe, grete rechnete aus, daß von 100 versen 45 hinkten, und sie hielt die beiden begründungen für ausreden. schlechte jamben würden den übersetzer anstecken, und verlumpung ließe sich anders als durch schlechte jamben ausdrücken. der verjazzte, synkopische jambus, den ich sonst oft anwende fünf füße, aber steppend), ist ja auch was anderes und hat nichts mit schlamperei zu tun – er ist schwer zu bauen und natürlich sehr kunstvoll. vor allem meinte sie aber, daß der v-effekt geschädigt wird, wenn der jambus nicht glatt ist.

ich bin gespannt, ob es mir gelungen ist, dem epischen geschwindigkeit zu verleihen – man muß ja nicht glauben, daß es grundsätzlich gemächlich sein muß. prinzipiell kann man im epischen sowohl zeitraffer als zeitlupe benutzen. auch das bewegte, der offene konflikt, das aufeinanderprallen der antagonisten ist natürlich im epischen ebenso wie im ›dramatischen‹ möglich. ich hoffe, auch das zeigt das stück.

7. 4. 41
grete züchtigt mich mit skorpionen, der jamben des UI wegen. seit einer vollen woche sitze ich jetzt darüber, und sie will mir immer noch keine beruhigenden versicherungen abgeben. wedekind, erzählt sie nebenbei, bringe den sinn immer auf *eine* zeile, natürlich ist der glatte (!) jambus ein rückschritt nach dem synkopierten, den ich sonst benutze, aber hier ist er richtig, denke ich.

es sind gute exerzitien. gestern hat der deutsch-serbische und deutsch-griechische krieg begonnen.

12. 4. 41
abgesehn davon, daß der blankvers mit der deutschen sprache eine sehr unglückliche ehe führt – siehe die scheußlichkeiten des TASSO! –, hat er für mich immer dieses anachronistische an sich, das fatale feudale. nimmt man ihm das verkastelte, gewundene und förmlich des höfisch offiziellen ausdrucks, wird er gleich leer und ›gewöhnlich‹, ein emporkömmling. dennoch, obwohl also hauptsächlich travestiewirkung erzielt wird, wenn ich die gangster und

karfiolhändler jambisch agieren lasse, da so nur das unadäquate ihres herrischen auftretens ans licht der rampe kommt, bildet sich da, wo dann der blankvers mißhandelt, verstümmelt, gestreckt, verhunzt wird, neues formales material für einen modernen vers mit unregelmäßigen rhythmen, aus dem noch allerhand werden kann.

12. 4. 41
merkwürdig, wie das manuskript während der arbeit zum fetisch wird! ich bin ganz abhängig vom aussehen meines manuskripts, in das ich immerfort einklebe und das ich ästhetisch auf der höhe halte. immer wieder ertappe ich mich [dabei], daß ich, nur damit die seite ausgeht, versuche, mit einer ganz bestimmten anzahl von versen auszukommen für eine änderung!

12. 4. 41
ich habe den UI ständig die aufführungsmöglichkeiten vor augen geschrieben; das machte einen großteil des vergnügens aus. aber jetzt verspüre ich die lust, etwas ganz und gar und überall unaufführbares hinterherzuschicken: UI, ZWEITER TEIL. spanien/münchen/polen/frankreich.

27. 2. 42
feuchtwanger und andere können mit den phänomen HITLER nicht fertig werden, weil sie das phänomen ›herrschendes kleinbürgertum‹ nicht sehen. das kleinbürgertum ist ökonomisch nicht eine selbständige klasse. es bleibt immer objekt der politik, jetzt ist es objekt der großbürgerlichen politik. (die exilierten sozialdemokraten klammern sich zb jetzt an die großbürgerlichen klassen englands und amerikas an.) das ist das ›hampelmännertum‹ hitlers. er ist ein ›bloßer schauspieler‹, der den großen mann ›nur spielt‹, der ›niemand‹ (›jeder andere wäre grad so gut‹), der ›mann ohne kern‹, weil er eben das kleinbürgertum vertritt, das in der politik immer nur spielt (spielen ist hier acting *und* gambling). für die dramatik würde das bedeuten, daß HITLER nur als charge (gallionsfigur) gestaltet werden könnte. das wäre aber unzulänglich. er ist ›phony‹ nämlich ›nur‹ als vertreter des machtanspruchs der

kleinbürgerlichen klasse, nicht persönlich. innerhalb des kleinbürgertums ist er nicht phony. sein schicksal ist ein echtes, wenn man ihn an die grenzen der kleinbürgerlichen möglichkeiten prallen läßt, dabei wird er plötzlich eine ›figur‹ und hauptrolle.

28. 2. 42
feuchtwanger zum abendessen hier. thema wieder *ist hitler ein hampelmann?* F[EUCHTWANGER] und der meisten hitlergegner konzeption, nach der H[ITLER] ein völlig unbedeutender mime ist, den die reichswehr engagiert hat, ihre geschäfte zu besorgen. hauptargument: der stil ist der mann. kein plan, keine originelle idee, feindschaft gegen denken usw. nun ganz abgesehen davon, daß hitler mir als großer mann durchaus willkommen ist, dh daß mir eine revision der bürgerlichen vorstellung von *großem mann* (also von bürgerlicher größe, von dem, was ein großer bürgerlicher politiker ist oder sein kann) akut zu sein scheint, weshalb ich ohne weiteres bereit bin, H[ITLER] als großen bürgerlichen politiker zu behandeln – scheint mir die feuchtwangersche konzeption, die eben die bürgerliche ist, weder vom propagandistischen noch vom historischen standpunkt aus sinnvoll. man bekämpft hitler nicht, wenn man ihn als besonders unfähig, als auswuchs, perversität, humbug, speziell pathologischen fall hinstellt und ihm die andern bürgerlichen politiker als muster, unerreichte muster, vorhält; wie man ja auch den faschismus nicht bekämpfen kann, wenn man ihn vom ›gesunden‹ bürgertum (reichswehr und industrie) isolieren und ›allein‹ beseitigen will. würde man ihn goutieren, wenn er ›groß‹ wäre? – aber auch eine tiefgreifende dramatische darstellung zb scheint mir nicht möglich, wenn übersehen wird, daß er eine wirklich nationale erscheinung, ein ›volksführer‹, ist, ein schlauer, vitaler, unkonventioneller und origineller politiker, und seine äußerste korruptheit, unzulänglichkeit, brutalität usw kommen erst dann wirkungsvoll ins spiel. die auswegloseste aller klassen, das kleinbürgertum, etabliert sich diktatorisch in der ausweglosesten situation des kapitalismus. die diktatur ist nur insofern scheinbar, als sie sich zwischen den weiterbestehenden klassen durchsetzt, so das ›natürliche‹ (ökonomische) gewicht des großbürgertums (junkertums) zur verschärften geltung bringt und nicht ›im sinn‹ des kleinbürgertums regiert; es ist handlangertum, faustlangertum, aber die faust hat eine gewisse selbständig-

keit; die industrie bekommt ihren imperialismus, aber sie muß ihn nehmen, wie sie ihn bekommt, den hitlerschen. das pathologische ist etwas durchaus klassenmäßiges. hitlers neurasthenie ist die neurasthenie des postsekretärs. alles zielhafte ist notgedrungen pure ideologie, schlechter mythos, unreal. die bestie, sehr krank, sehr gefährlich, sehr stark, denkt scharf im detail, drückt sich am schlauesten aus, wenn sie sich verworren ausdrückt (der stil ist die situation), handelt sprunghaft, krankhaft, ›intuitiv‹, produziert dauernd tugenden, die aus not gemacht sind, die berühmten ›stöße‹ sind lauter gegenstöße zu anti[zi]pierten stößen der feinde. ›das schwert zu ziehen‹ mag lächerlich sein, gegen die tories ist es nicht lächerlich, sondern adäquat. der antisemitismus ist ebenfalls nichts ›sinnloses‹, wenn er auch etwas abscheuliches ist. die nation operierte da am phantom. das bürgertum, das die politische herrschaft nie bekommen hatte, schuf so ein nationalgefühl (›gegen die juden‹ war ›für die sudetenbrüder‹).

[Die Geschichte des Giacomo Ui]

I

Wenige wissen heute, fünfzig Jahre nach seinem Tode, noch Näheres über die Person und das Schicksal Giacomo Uis, eines Mannes, der eine Zeitlang die Welt in Atem gehalten hat. Padua, auf das, als er es beherrschte, ganz Italien mit Entsetzen, aber auch mit Furcht blickte, vergaß ihn am schnellsten. Er hatte versucht, aus elenden Kartoffelessern Helden zu machen, das verziehen sie ihm nicht. Jeder, der die Weltgeschichte studiert, kennt die Gefühle des Ekels und der Beschämung darüber, wie das Volk gemeinhin seine großen Männer behandelt. Unfähig, sich zu der Höhe ihres Gedankenflugs zu erheben, nicht gewillt, länger als die kurzen Jahre, wo der Rausch anhält, den der Anblick und die Reden seiner Führer in ihm erzeugen, dem Ideal zu opfern, haben diese kleinen Leute aller Nationen sozusagen schon von Anfang an, schon wenn sie noch die Arme zum Gruß ausstrecken, die Steine in der Tasche parat, mit denen sie den Mann steinigen werden, der von ihnen verlangt, daß sie mehr sein sollen als elende Kartoffelesser. Sie wollen immer nur ihre materielle Lage verbessern; dieses niedrige Geschäft sollen ihnen die Helden besorgen. Dazu soll die Größe herhalten: nicht mehr verlangt man von den Heroen, als daß sie Kartoffeln beschaffen. Elend, wie sie sind, dulden die kleinen Leute lieber unbedeutende Menschen an ihrer Spitze, die sich nur damit abmühen, ihnen die ach so unwichtige Verbesserung ihrer natürlich immer bedrängten Lage zu verschaffen. Hofft doch dieses Kroppzeug immer wieder, der Vernichtung zu entgehen, für die es in der einen oder anderen Form vorbestimmt ist. Eine große Zeit ist für sie nur eine Zeit besonderer Mühseligkeiten; deshalb scheuen sie vor jeder wahren Größe zurück und lassen sich nur ungern auf Unternehmungen von historischem Ausmaß ein. Kriege jagen ihnen Schrecken ein, Entbehrungen machen sie mürrisch. Schon große Pläne erfüllen sie mit Mißtrauen. Ihr kostbares Leben gilt ihnen über alles, so elend es auch ist und so sehr sie auch darüber schimpfen. Gleichsam als ahnten sie, daß es für den Führer noch Höheres gibt, als sie rund und fett zu machen, widersetzen sie sich seinen weitzielenden Absichten. Nicht ein Bild von historischer Größe wollen sie bieten, sondern Kartoffeln wollen sie. Der große Mann, der sich mit ihnen einläßt, ist so schon von vornherein verraten und verkauft. Früher oder später wird er verlassen dastehen, beschimpft von allen, die sich ein besseres Leben versprachen und nur ein historisches bekommen haben. Wird sich das niemals ändern? Wird sich denn wirklich niemals ein Volk finden, das bereit ist, einem großen Mann ohne die niederste Selbstsucht entgegenzutreten? Ein Volk, das entschlossen wäre, alles zu opfern, würde zweifellos den großen Mann finden, der bereit wäre, jedes Opfer von ihm zu fordern. Nur die unaufhörliche Beschäftigung mit der Geschichte seiner großen Männer kann ein Volk instandsetzen, in jenen Zustand zu geraten, wo es alle kleinlichen Interessen vergißt und also einem großen Mann gewachsen ist.

Freilich, auch die Geschichte der großen Männer ist nur allzu leichtfertig geschrieben und, was noch schlimmer ist, die Bücher über sie sind ohne wirkliche Fürsorge bewahrt worden. Über den Ui sind wir angewiesen auf eine Chronik, die größtenteils vernichtet ist. Wenige Kapitel, noch dazu nicht in der Aufeinanderfolge, sind übrig geblieben, kümmerliche Zeugen seiner Größe!

Der große Krieg, den er so bewunderungswürdig vorbereitete, hat in seinem unglücklichen Verlauf die Halbinsel so sehr verwüstet, daß auch die Urkunden zum großen Teile verloren gingen, die seine Größe bezeugten. Denn was war die Verbrennung von ein paar Büchern durch die Uisten gegen die Vernichtung aller Literatur, welche der Krieg veranstaltete? Die Menschen, vollauf damit beschäftigt, sich Höhlen gegen die Winter zu bauen und das nötigste Essen zu ergattern, waren Jahrzehnte lang viel zu verkommen, um die Urkunden zu sammeln, die die Größe ihrer großen Männer bezeugten – und was sonst, außer diesen Urkunden (Gesetzestexte, Reden, Bücher usw.) sollte diese Größe bezeugen können?

Die Verbindung mit der Umwelt ist oft abgebrochen nach ihrem Auftreten. Handel und Verkehr liegen darnieder. Die Beziehungen zwischen den Völkern sind vergiftet. Die faktischen Zeugnisse ihres großen Wirkens, die Zerstörungen dauern ebenfalls nicht. Der Bienenfleiß der kleinen Leute baut alles wieder auf. Der Bauer kennt keine Pietät. Er zieht grinsend den Pflug über das Schlachtfeld. Auf der halbzerstörten Stadtmauer nistet sich eine Seilerei ein. Das tiefe Loch, von einer Kartätsche gerissen, dient

zum Aufbewahren des Hanfes! So ist die Nachwelt auf Bücher angewiesen, und sie sind von den Ratten angefressen!
Nur mit Zorn übergeben wir hier dem Publikum die schmählichen Reste der Chronik, welche das Leben des Giacomo Ui von Padua berichtet.

2

Über die Herkunft des Giacomo Ui ist nicht viel bekannt. Ein ihm feindlicher Geschichtsschreiber hat es für witzig gehalten, zu behaupten, sieben Städte hätten sich um die Ehre gestritten, ihn nicht hervorgebracht zu haben, ein anderer hat behauptet, er habe zur Zeit seiner Macht genügend Forscher gefunden, die bereit waren, über seine Herkunft Unklarheit zu verbreiten. In Wirklichkeit gereicht ihm seine Herkunft, auch wenn sie dunkel ist und von ihm selber nicht als Vorteil oder Empfehlung betrachtet werden konnte, nur zum Ruhme. Denn er verdankte ihr nichts, ja sie legte ihm sogar Knüppel zwischen die Beine. Seine Nationalität wurde ihm nicht wie Anderen, Glücklicheren, in die Wiege gelegt; er mußte sie sich selber erarbeiten. Er scheint mütterlicherseits von einem kroatischen Scherenschleifer, dessen Ursprung seinerseits wieder ins Böhmische führt, väterlicherseits von einem Spaniolen abzustammen, der wohl auch maurisches Blut in seinen Adern hatte.* Er selber trat früh als reinblütiger Paduaner auf. Er tat dies hauptsächlich deshalb, weil nach seiner »Lehre« Padua nur von Paduanern beherrscht werden durfte.

Alle, die einen Erfolg mit einer Lehre haben wollen, werden von Ui darüber belehrt, daß man keineswegs sich mit dem Nächstliegenden begnügen darf, mit dem, was einem die Natur ohne eigenes Verdienst in den Schoß geworfen hat. Sein Satz »Padua den Paduanern«, der eigentlich meint: »Die Welt den Paduanern«, wurde von ihm aufgestellt unter völliger Verachtung der immerhin bestehenden Tatsache, daß er selber kein Paduaner war. Manchen andern hätte dies abgehalten; er wäre sich als vergleichsweise ungeeignet für die Aufstellung eines solchen Satzes vorgekommen, Ui hingegen war Manns genug, diesen Kampf, zu dem ihn

* Griechisches Blut scheint der Ui nicht gehabt zu haben, da die Griechen selber, weder Mühe noch Kosten scheuend, die allersorgfältigsten Nachforschungen darüber angestellt und seine Nichtzugehörigkeit zu ihrer Rasse nachgewiesen haben.

die Natur herausforderte, aufzunehmen. In Wirklichkeit, so mag sich Ui gesagt haben, bin ich ein Paduaner wie kaum einer. So, wie nicht der Bettler den größten Erfolg haben muß, der am meisten leidet, sondern derjenige, dem man die meisten Leiden ansieht oder anzusehen glaubt, weswegen auch unsere Berufsbettler, denen oft die zur Ausübung ihres Berufes notwendigen Leiden fehlen, beim Publikum den Vogel abschießen und mit ihren künstlichen Wunden und Gebrechen das natürliche Elend in den Schatten stellen, so muß auch ein Politiker, der seine ganze Tatkraft und Phantasie darauf einstellt, ein vorbildlicher Paduaner zu sein, einen gewöhnlichen, gleichsam zufälligen Paduaner aus dem Feld schlagen.

3

Der Ui war von Beruf Dachdecker, jedoch bezeichnete er sich, von Anfang an nach Höherem strebend, immer als Baumeister, und die Gebäude, die er später in Padua aufführen ließ, sollen gezeigt haben, daß er die paduanischen Baumeister mit strengen Richtlinien versah. Die Gesellschaft seiner Arbeitsgenossen scheint ihm niemals zugesagt zu haben, da diese Leute ohne jeden Sinn für Höheres waren und ihn, der in seiner Kleidung und seinem Auftreten immer von seiner Umgebung abzustechen versuchte, durch allerlei Schabernack herabsetzten. Ui lernte hier die große Menge verachten als einen Haufen von Leuten, die nicht voneinander abstechen wollten und nicht den Trieb in sich fühlten, höher zu steigen als jeder andere. Er ging mit Freuden in den Krieg. Im Felde benahm er sich als besonders eifriger Soldat. Er war deshalb bei der Mannschaft nicht beliebt. Jedoch genoß er die Achtung seines Feldweibels, eines schlichten, ungebildeten Mannes, der später einen Verlag gründete und das erste Buch des Ui herausbrachte. Der Kriegsdienst hatte ihn vollends der eintönigen und schlecht bezahlten Arbeit entfremdet. So verdingte er sich einigen Hauptleuten der Truppen als geheimer Polizist. Er mischte sich ins Volk und verfaßte Berichte über aufrührerische Reden und gewisse Anschläge, die gegen die Staatsmacht geplant wurden. Bei dieser Beschäftigung zeigte er frühzeitig seine Schlauheit, indem er in den Wirtshäusern selber aufrührerische Reden hielt und alle, die ihm zustimmten, sich merkte und seinen Auftraggebern anzeigte. Er gewann schnell eine ausgebreitete Kenntnis des niedrigen Volkes, die ihm später sehr zustatten kam. Seine Volksverbundenheit stammt aus dieser Zeit. Dabei schulte er seine Rednergabe und gewöhnte sich an, auch für solche Meinungen Gründe zu sammeln, die nicht die seinigen waren. Auch bildete er die wertvolle Fähigkeit in sich aus, ohne besonderen Anlaß in Zorn geraten zu können, auch gegen diejenigen, die ihm gleichgültig waren. Geschickte Verstellung und unablässige Beobachtung waren nötig, die kleinen Leute dazu zu bringen, hochverräterische Äußerungen von sich zu geben, oft taten sie es nur in der Trunkenheit, so daß Ui, der Getränke nicht vertrug, sich sogar ein Magenleiden zuzog, das es ihm später unmöglich machte, alkoholische Getränke zu genießen. In dieser frühen Zeit nützte ihm das Trinken ebenso, wie ihm später die Enthaltsamkeit nützte. Sein Blick schärfte sich durch seine Tätigkeit ganz ungemein. Er lernte es, jene Leute herauszufinden, die durch ihre kümmerliche Lage dazu neigten, sich gegen die Obrigkeit aufzulehnen; seine Beredsamkeit löste ihnen dann die Zunge. Er wurde schnell eine Führerpersönlichkeit, und als er bei seinen Streifzügen eine kleine Gruppe von Verschwörern entdeckte, die den Kampf gegen die Griechen auf ihre Fahne geschrieben hatten, gelang es ihm rasch, sich zu ihrem Führer aufzuschwingen.

4

Die Art, wie der Ui seine ersten Anhänger gewann, indem er gleichsam zum Grundstein einer großen Bewegung, die ihn zur Macht tragen sollte, einen ganz zufälligen und ganz gemeinen Kieselstein wählte, der nur eben dalag, beweist seine tiefe Einsicht. So soll der große Ignatius von Loyola seine ersten Anhänger beim Billardspiel gewonnen haben, wo sie an ihn Geld verspielten, das sie nicht hatten, so daß sie, um aus der Schuld gelassen zu werden, dem Orden beitreten mußten. Die Tischrunde, mit der Ui anfing, selber nicht viel mehr als ein Gestrandeter, bestand aus einfachen Leuten, die nach den Geschäften des Tages zusammenkamen und bei einem Glas billigen Weins ihre Meinungen austauschten. Sie haßten vor allen die griechischen Kaufleute in Padua, die geschäftlich sehr tüchtig waren und ihnen, wo sie konnten, das Wasser abgruben.

Ui erkannte sogleich, daß Meinungen nicht genügten, einer Vereinigung irgendwelchen öffentlichen Einfluß zu verschaffen. Sein erstes war es also, eine Kasse anzuschaffen und Mitgliedsbeiträge einzuführen. Die Beschaffenheit der Mitglieder störte ihn nicht, wenn sie nur regelmäßig erschienen und die Statuten ordentlich befolgten. Solche Statuten waren das zweite, was er aufstellte. Sie richteten sich hauptsächlich gegen die Griechen und waren so allgemein wie möglich gehalten. Von allem Anfang an haßte Ui übertrieben genaue Formulierungen, da sie nur Leute abschreckten, dem Verein beizutreten. Je weniger in den Statuten stand, desto mehr schien den Mitgliedern darin zu stehen. Ui hatte nichts dagegen, den Leuten zu versprechen, was sie wünschten, aber wie sollte er alle ihre Wünsche kennen? Die Partei des Ui, lediglich auf Forderungen aufgebaut, die je nach den Anhängern ergänzt werden konnten, wuchs rasch in einer Stadt, wo es allen schlecht ging.

5

Der Krieg war eben zu Ende. In ihm hatte Padua allein gegen ganz Italien gestanden. Es war unterlegen und hatte einen harten Friedensvertrag unterschreiben müssen. Da der Krieg für die Interessen der Tüchtigen und Besitzenden geführt worden war, und die Niederlage den Besitzlosen und Untüchtigen teuer zu stehen kam, gab es in beiden Schichten viele, die seine Wiederholung wünschten, die einen wollten den entgangenen Gewinn doch noch erlangen, die andern die drohenden Verluste vermeiden. Der Sieg *eines* Staates gegen alle übrigen in Italien wäre eine große Ruhmestat gewesen; so schien vielen die Niederlage eine Schande. Und die Gründe, die zum Krieg geführt hatten, bestanden weiter fort auch nach der Niederlage. Padua war ein mit allerhand Schätzen ausgestattetes Land, jedoch bestand die Besonderheit dieses Landes darin, daß sich die Bodenschätze nicht gegenseitig ergänzten, so daß es zum Aufbau einer guten Industrie einige Rohstoffe besaß, andere entbehrte. Padua war so auf den Austausch mit umliegenden Ländern mehr angewiesen als seine Nachbarn. Jedermann sieht, daß es in solcher Lage ebenso nötig ist, einen Krieg zu führen, wie es schwierig ist. Den Krieg braucht man, um die fehlenden Rohstoffe zu bekommen, und die Rohstoffe, um den Krieg zu führen. Ein zweiter Krieg war auch deshalb ungemein schwer zu führen, weil schon der erste gezeigt hatte, daß das Volk von Padua nicht einig genug war, um in Zeiten der Bedrängnis durchzuhalten. Besonders jener Teil des Volkes, der am meisten gelitten hatte, hatte sich als weniger eisern im Durchhalten gezeigt. Ein großer Teil der Regierten hatte die Niederlage ihrer Regierung dann nicht für die eigene Niederlage gehalten, sondern dazu benützt, sich ihrer zu entledigen. Auch die Schuld daran schob Ui schon sehr frühzeitig den griechischen Händlern zu. Diese Griechen waren es nach Ui, die den Heldenmut der Paduaner untergraben hatten. Es kam alles darauf an, den Paduanern ihr nationales Selbstbewußtsein wiederzugeben.

6

Ui, seines großen Zieles eingedenk, verschmähte keines der kleinen Mittel, durch die man die kleinen Leute organisiert. Er wußte, daß man die Mitglieder zu Ausgaben veranlassen und bestimmten Läden Einnahmen verschaffen mußte. Deshalb bezeichnete er einen bestimmten Schneider, bei dem die Anhänger der neuen Partei ihre Hemden einkaufen mußten. Diese Hemden waren von schreiend grüner Farbe, so daß die Uisten sich bei Raufhändeln schon von weitem erkannten und schon an der Farbe der Hemden bei einer Schlägerei erkennen konnten, auf welcher Seite das Recht war. Der Schneider wiederum führte einen Teil seiner Einnahmen an die Partei des Ui ab. Die kleinen Leute, die der Ui warb, waren größtenteils Bettler, aber gerade deshalb sollten sie noch etwas zahlen müssen; gerade dies spornte ihre Hoffnungen an und verhinderte sie, die Reihen der Kämpfer zu verlassen und einer Partei aufzusagen, für die sie schon Geldopfer gebracht hatten. Den Hemden gesellten sich bald Stiefel, den Stiefeln Jacken zu, und dann wurden ganze Monturen verlangt, so daß die Uisten wie eine Armee durch Padua marschierten, von allem Volk unterschieden und so die Herren allen Volkes.

7

Der Ui hatte erkannt, daß man von Leuten alles verlangen kann, wenn man ihnen die Gelegenheit verschafft, sich von den andern zu unterscheiden. Die einzige Lehre des Ui war, wie wir schon schrieben, die von dem ungeheuren Unterschied zwischen den eingeborenen Paduanern und den Griechen. Waren nach der Lehre Uis die Paduaner heldische, gradsinnige und opferbereite Menschen, so stellten die Griechen krämerhafte, feige und spitzfindige Eindringlinge dar, die nichts als ihren eigenen Vorteil gelten ließen und diesen noch dazu in den niedrigsten, rein materiellen Gütern sahen. Erfüllt von einer grenzenlosen Sinnlichkeit stellten sie den Paduanerinnen und Paduanern nach, raubten ihnen den Ertrag ihrer Arbeit und bliesen ihnen allerlei ein, was geeignet war, sie zu verderben. Von ihnen konnte nur Schlechtes kommen, und was irgend schlecht war in Padua, stammte von ihnen. Auf diese Weise gewöhnte sich der kleine Mann, alle seine Leiden auf die Griechen zurückzuführen; ahnend, daß über seinem Kopfe ständig irgendwelche Entscheidungen gefällt wurden, die ihm Schaden brachten, war er erfreut, nun die wahren Urheber seines Mißgeschicks zu kennen. Es erbitterte ihn sehr, von fremden Leuten ausgeplündert und mißbraucht zu werden. Ui wußte natürlich, daß die Welt von den Stärkeren beherrscht wurde und daß die natürliche Ordnung darin bestand, daß die Großen über den Kleinen standen. In diesem Sinne waren die Leiden der Unteren natürliche Leiden und sie abzuschaffen wäre nur der verbrecherische Versuch gewesen, die ganze Weltordnung umzustoßen.

8

So baute Ui, unterstützt durch die allgemeine schlechte Geschäftslage und die Entwertung des Geldes, eine große Partei auf. Er benötigte dazu weder besonders wertvolle Menschen noch eine große Idee. Das Herausfinden neuer Ideen überließ er jenen Leuten, die nur darauf aus sind, Bestehendes umzuwälzen und die, statt in schwierigen Lagen sich als Männer zu bewähren, irgendwelche Lösungen für die Probleme ausdenken. So verschwindet allerdings die Schwierigkeit, aber mit ihr auch jedes Heldentum! Der Ui begnügte sich damit, das, was er vorfand, zu pflegen: den Haß gegen das Griechentum, den Wunsch gewisser Kreise nach einer starken Führung und die Überzeugung vieler, daß Padua ohne Eroberungen nicht bestehen könne. Er wurde, was er wurde, nicht durch Ideen, sondern nur durch seine Persönlichkeit. Seinem Aussehen verdankte er wenig, seinem Auftreten alles. Er war nur mittelgroß, mit einer Anlage zum Bauch. Seine fliehende Stirn und damit seine unbedeutend wirkende Seitenansicht hätte dem Maler Giacone beinahe zum Verderben gereicht: er kam wegen eines Porträts, das den Ui im Profil zeigte, einige Wochen in Schutzhaft. Auch wenn er eine Kopfbedeckung trug, sah er unsäglich unintelligent aus. Er ging daher Sommer wie Winter mit bloßem Kopf und war daher ständig verschnupft. Außerdem konnte Ui nicht lachen, noch weniger lächeln; sein Gesicht bekam dann sogleich einen stechenden Ausdruck.

Auch sonst hatte er mit mancherlei in seiner natürlichen Veranlagung zu kämpfen. Er war schwer hysterisch und jähzornig und verfiel leicht in Weinkrämpfe. Eine merkwürdige Hemmung, Entschlüsse zu fassen, machte ihm und seiner Umgebung oft sehr zu schaffen.

Er konnte, was ihn selber betrifft, mit Recht sagen, er habe es verstanden, aus nichts etwas zu machen.

Reden und Schreiten lernte er bei einem alten Schauspieler, der ihm auch, da er einmal in seiner Glanzzeit den großen Colleone auf der Bühne darstellen hatte dürfen, dessen berühmte Haltung mit den vor der Brust verschränkten Armen beibrachte. Am meisten konnte er noch auf sein Auge bauen, das, allerdings erst nach geraumer Zeit öffentlichen Auftretens, sehr gut blitzte.

Allen diesen Äußerlichkeiten maß er großes Gewicht zu und dies mit Recht. Er verfügte weder über den Adel der Geburt, noch über viel ererbtes Geld und war daher ganz auf sich angewiesen.

Fragment

IV

Texte Brechts zu Nationalsozialismus und Faschismus

[Faschismus und Kapitalismus]

Die Geschäfte des Kapitalismus sind nun in verschiedenen Ländern (ihre Zahl wächst) ohne Roheit nicht mehr zu machen. Manche glauben noch, es ginge doch; aber ein Blick in ihre Kontobücher wird sie früher oder später vom Gegenteil überzeugen. Das ist nur eine Zeitfrage.

Es kann in einem Aufruf gegen den Faschismus keine Aufrichtigkeit liegen, wenn die gesellschaftlichen Zustände, die ihn mit Naturnotwendigkeit erzeugen, in ihm nicht angetastet werden. Wer den Privatbesitz an Produktionsmitteln nicht preisgeben will, der wird den Faschismus nicht loswerden, sondern ihn brauchen.

Ich weiß natürlich, daß solche Wörter wie Privatbesitz an Produktionsmitteln unschöne, wenig romantische, gar nicht poetische Wörter sind. Aber niemand von uns denkt daran, diese Wörter ihrer Schönheit wegen zu verwenden. Sie sind nur nötig. Das heißt: das zu sagen, was sie sagen, ist nötig. Und vor die Wahl gestellt, so unschöne und trockene und doktrinäre Wörter zu gebrauchen und von so niedrigen Dingen, wie dem Erwerb des Unterhalts und der Möglichkeit, sich satt zu essen, zu reden oder den Faschismus siegen zu lassen, sollte man sich für sie entscheiden.

Aber um in seinen Entscheidungskampf mit seinem Proletariat einzutreten, muß der Kapitalismus sich aller, auch der letzten Hemmungen entledigen und alle seine eigenen Begriffe, wie Freiheit, Gerechtigkeit, Persönlichkeit, selbst Konkurrenz, einen nach dem andern über Bord werfen. So tritt eine einstmals große und revolutionäre Ideologie in der niedrigsten Form gemeinen Schwindels, frechster Bestechlichkeit, brutalster Feigheit, eben in faschistischer Form, zu ihrem Endkampf an, und der Bürger verläßt den Kampfplatz nicht, bevor er seine allerdreckigste Erscheinungsform angenommen hat.

Warum ist es erschreckend, daß es dem geistigen Arbeiter erst gesagt werden muß, daß das Verbot von 14 kommunistischen Zeitungen ihn zu einem Wutschrei veranlassen müßte? Es ist erschreckend, weil es hier, wo die Stätte der Wahrheit und der Entwicklung geschlossen wurde, niemals gesehen worden war, und daß, als die Wahrheit verboten wurde, nichts verboten wurde, was er je gesagt hätte oder je sagen würde. Ihn betrifft das Verbot der Wahrheit nicht. Er hat nichts mit Wahrheit zu tun. Er schreibt, was keinen Wert hat, also wird es nicht verboten, was er schreibt. Was soll der geistige Arbeiter tun? Die Polizei verbietet die Wahrheit, und die Zeitungen bezahlen die Lüge! (GW 20/188 f.)

[Die Weimarer Republik]

Die Weimarer Republik ging zugrunde an dem Widerspruch zwischen dem Aufbau einer großen, rationalisierten Industrie, welche unter den die Welt beherrschenden Bedingungen des Kapitalismus nur durch kriegerische Veranstaltungen ausgenutzt und am Leben gehalten werden konnte, und dem Abbau der Kriegsmittel. Sie rüstete den Krieg, indem sie die Industrie aufbaute. Die Friedenspolitik, erzwungen durch den militärischen Sieg der andern kapitalistischen Staaten, war genau betrachtet nur *keine* Politik. (GW 20/181)

Unübersehbarkeit geschichtlicher Ereignisse

Der Anstreicher kam zur Macht nicht nur durch einen Staatsstreich, sondern auch auf gesetzmäßige Weise. Seine Partei war plötzlich die größte aller Parteien, so daß ihm die Bildung der Regierung nach dem Gesetz zustand. Im Volk herrschte die größte Verwirrung. Viele stimmten für den Bekämpfer der Demokratie, weil sie Demokraten waren. Dann gab es die vielen Unzufriedenen, die mit bestimmten Parteien unzufrieden waren, nämlich den vorhandenen, und auf die Partei des Anstreichers blickten als auf eine, die noch nicht regiert, also noch nicht versagt hatte. Die Kälber, unzufrieden mit ihren Scherern und Futtermeistern und Hütern, entschieden, nun einmal den Metzger ausprobieren zu wollen. (GW 20/181)

[Argument gegen Hitler]

Im Sommer 1933 sprach ich mit einigen Bekannten über Hitler. Dieser hatte Zehntausende von deutschen Arbeitern in die Gefängnisse und Konzentrationslager geworfen oder ermorden lassen und uns alle vertrieben, so daß das Gespräch in Paris stattfand. Jemand erzählte, daß er den Anstreicher früher in München oftmals in einem Lokal getroffen hatte und daß der Anstreicher sich für eine Mark ins Gesicht spucken ließ. Der dies erzählte, fügte hinzu, daß er diese wahre Geschichte niemals in einem größeren Kreise als dem unsern erzählen würde, denn, meinte er, das sei kein Argument gegen einen solchen Mann.

Da sagte einer meiner Freunde, der ein Kommunist war: »Gegen einen solchen Mann ist auch das ein Argument. Gegen einen solchen Mann ist für mich alles ein Argument.«

Das war auch meine Meinung. (GW 20/205)

[Quelle aller Barbarei]

Solche Tagungen wie die der antifaschistischen Schriftsteller beweisen, daß es im Bürgertum Menschen gibt, welche nicht bereit sind, den Privatbesitz an Produktionsmitteln mit allen, selbst den schmutzigsten Mitteln aufrechtzuerhalten. Während viele Schriftsteller (ihre Zahl wächst) schon bereit sind, nichts mehr für den Privatbesitz an Produktionsmitteln zu tun, der solche barbarischen Maßnahmen zu seiner Verteidigung hervorruft und benötigt, andere schon bereit, alles gegen ihn zu tun, gibt es auch noch viele, die sich der Hoffnung hingeben, die Verteidigung des Privatbesitzes an Produktionsmitteln benötige überhaupt nicht solche Maßnahmen wie die des Faschismus, die sie verabscheuen. Die so denken, sind dem Kampf gegen den Faschismus noch nicht völlig gewonnen. Sie können noch an den Faschismus verlorengehen, bereit werden, nichts gegen ihn, ja sogar bereit werden, alles für ihn zu tun. Sie können schwankend werden in dem Maß, in dem ihre Hoffnung, der Privatbesitz an Produktionsmitteln könne ohne Barbarei gerettet werden, dahinschwindet. Sie erkennen zunächst nur nicht, daß die Quelle aller Barbarei dieser Privatbesitz an Produktionsmitteln ist, aber dieses Nichterkennen führt sie mit Sicherheit dazu, selbst barbarische Maßnahmen gutzuheißen. Man kann darüber streiten, bis die Bärte durch hundert Tagungstische gewachsen sind, ob der Faschismus als Quelle den Privatbesitz an Produktionsmitteln hat, aber eines scheint mir sicher: Ohne die Hoffnung, daß die Quelle der Barbarei verstopft ist und versiegt, wenn der Privatbesitz an Produktionsmitteln beseitigt wird, kann heute keiner ein zuverlässiger Kämpfer gegen den Faschismus sein. (GW 18/246 f.)

Rede über die Frage, warum so große Teile des deutschen Volkes Hitlers Politik unterstützen

Intelligente Ausländer sagen oft: Es ist undenkbar, daß so große Teile des deutschen Volkes Hitlers Politik unterstützen würden, wenn für sie nicht doch etwas Vernünftiges in ihr wäre. Ganz offenkundig sagen diese Leute das nur, weil sie eine hohe Meinung von der Vernunft des deutschen Volkes haben, denn sie selber finden diese Politik keineswegs vernünftig.

Die Frage, was an Vernünftigem in der Politik Hitlers steckt, kann beantwortet werden, wenn man eine Trennung vollzieht zwischen dem Akt der Einsicht in eine unhaltbare Lage, die dringender Maßnahmen bedarf, und dem Akt der Findung solcher Maßnahmen, und wenn man beide Akte als Beweise von Vernunft betrachtet. Diese Trennung kann vollzogen werden und wird häufig vollzogen. Sie ist an sich nichts Sophistisches. Es gibt wissenschaftliche Arbeiten von hohem Wert, in denen Einsichten in bestimmte Materien geöffnet werden, ohne daß Maßnahmen, diese Materie betreffend, oder sogar indem falsche Maßnahmen vorgeschlagen werden. Die Medizin kennt beispielsweise nicht wenige Arbeiten, deren Wert in der Beschreibung bestimmter Krankheiten liegt, die so richtig ist, wie die vorgeschlagenen Heilmethoden falsch sind. Es kann als ein Akt der Intelligenz betrachtet werden, wenn jemand überhaupt ein echtes Problem aufstellt und seine Lösung fordert; es ist ihm Intelligenz zuzubilligen, auch wenn seine eigene Lösung unintelligent sein mag.

Der Nationalsozialismus hat auf den beiden Gebieten, die dieses Wort bezeichnet, zweifellos in Deutschland echte Probleme mit großer Kraft behandelt. Die deutsche Industrie, vor dem Krieg der ganzen wirtschaftlichen Struktur dieses Landes nach auf imperialistische Vorstöße angewiesen, wurde, nachdem der Krieg verloren war, mit Hilfe des Auslandes so hemmungslos weiter ausgebaut, daß ihr Drang nach einer imperialistischen Politik nur noch verstärkt wurde. Der unglückliche Vertrag von Versailles beseitigte die deutsche Armee, aber indem er die deutsche Industrie bestehen ließ, ja indem dieselbe durch mancherlei andere Verträge anscheinend profitabler Natur noch gestärkt wurde, blieb die Notwendigkeit einer Armee bestehen, ja wurde noch verstärkt. Es ist offenkundig, daß Deutschland heute mit seinen Gewaltakten den Frieden Europas bedroht, aber es ist ebenso offenkundig, daß nicht nur der reißende Strom, sondern auch das Strombett, das ihn einzwängt, Gewalt ausübt.

Immerhin steckt genug an Logik in jenen Ausführungen, die Hitler der nationalen Notlage Deutschlands widmet, mögen diese Ausführungen auch von grammatikalischen und anderen Fehlern wimmeln und mögen seine Maßnahmen auch noch so verhängnisvoll sein; genug an Logik, daß man begreifen kann, wieso seine Politik in diesem Punkt große Teile des deutschen Volkes zu interessieren vermochte.

Der Versuch, Logisches, das heißt einigermaßen Überzeugendes, echten Bedürfnissen Deutschlands Entsprechendes in Hitlers Politik aufzuspüren, wird kühner, wenn man sich seinen sozialen Anschauungen zuwendet. Spätestens drei Jahre nach seiner Machtübernahme wurde es für die meisten deutlich, daß die Arbeitsbeschaffung eine Kriegsmaßnahme war; die zahlreichen Versuche von Wirtschaftsplanung dienten offen der Kriegsvorbereitung. Man hat die Nachteile, die Hitler aus dieser Erkenntnis erwachsen konnten, vielfach überschätzt. Freilich sahen jetzt viele, daß durch eine Arbeitsbeschaffung solcher Art die Fütterung von Menschen unheimlich in die Fütterung von Kanonen umschlagen mußte. Dennoch erhielt die ganze soziale Problemstellung von hier aus etwas Logisches; der Grundfehler aller Maßnahmen, die da zur Abstellung echter Notlagen angewendet wurden, verbarg sie noch tiefer. Die Behandlung der sozialen Probleme wurde gerechtfertigt durch die Notwendigkeit des Krieges, und so wurde die große Wahrheit noch unsichtbarer, nämlich die, daß die Kriege nur notwendig sind, wenn nicht Maßnahmen sozialer Art angewendet werden. Und wenn man jenen großen Teilen des deutschen Volkes, die den Nationalsozialismus freudig oder wenigstens duldend aufnahmen, zubilligen kann, daß sie irgend etwas Logisches, Vernünftiges in ihm entdeckten, so muß hier die Kritik einsetzen.

Nur bei einer bestimmten sozialen Struktur einer Nation ist der Krieg notwendig. Das russische Beispiel beweist, daß der Besitz und Ausbau einer großen Industrie keineswegs Kriege mit anderen Nationen zur notwendigen Folge haben muß. Nur wenn die Interessen bestimmter besitzender Schichten vor die Interessen der überwiegenden Mehrheit des Volkes gestellt werden sollen, ist eine imperialistische Kriegspolitik nötig. An der deutschen Arbeitsbeschaffung haben die Geschäftsleute nachweisbar mehr verdient als die Arbeiter. Der Krieg ist selber ein Geschäft, auch derjenige, der verloren wird.

Heute gibt die außerordentliche Quantität der Unternehmungen dem Nationalsozialismus einen Anschein von Logik, den man ernst betrachten muß. Außerordentlich viel Vernunft steckt da, einfach weil sie unter Gewaltanwendung hineingesteckt wird, in diesen Planungen und Organisationen von Riesenmaßstab. Der Außenstehende verfällt diesem Anschein weniger leicht, aber auch er hat, wie viele Beispiele ausländischer Beobachter zeigen, es nicht immer leicht, den Irrsinn und das im Endeffekt zutiefst Unzweckmäßige aller dieser Maßnahmen voll zu erkennen. Und dieses Phänomen kommt daher, weil hier Probleme so ungeheuerlich falsch angefaßt werden, welche echte Probleme sind, logisches Denken herausfordern und gelöst werden müssen, wenn nicht der ganze Kontinent in Elend und Barbarei verfallen soll.

(GW 20/219-222)

Über die Frage des Krieges

Viele sagten auch, daß der Arbeiter keinen Krieg braucht. Das sagten sie ganz allgemein, an jedem Ort und zu jeder Zeit. Sie bezweifelten nicht, daß die Grundbestizer oder die Fabrikanten oder die Bankiers mitunter einen Krieg brauchten; aber sie wußten, daß der Arbeiter ihn niemals braucht. Kriege sind Greuel, und die Arbeiter wollen nichts von ihnen wissen: Sie wollen keine Greuel.

Als die Herrschaft der Kleinbürger einsetzte, die nicht gleich und überall als die der Grundbesitzer und Fabrikanten zu erkennen war, fingen plötzlich auch viele Arbeiter an zu glauben, daß ganze Völker Kriege brauchen oder sich ihnen wenigstens nicht entziehen können und daß der Arbeiter zu seinem Volk gehört, ob er will oder nicht, und daß er also auch Kriege brauchen kann oder sich ihnen wenigstens nicht entziehen kann.

Viele Arbeiter ließen sich mit einemmal davon überzeugen, daß die Erfüllung ihrer Arbeiterforderungen in gewisser Weise von der Möglichkeit abhing, daß das Volk, dem sie angehörten, einen Krieg führen konnte oder wenigstens sich ihm nicht entziehen mußte. Diese Arbeiter wollten nicht den Krieg, aber sie waren bereit, ihn in Kauf zu nehmen, wenn anders ihre so nötigen Forderungen nicht erfüllt werden konnten. Glaubten diese Arbeiter etwas Falsches?

In einer gewissen Hinsicht glaubten sie nichts Falsches. Völker, die innerlich so aufgebaut sind wie die unsern, nämlich kapitalistisch, brauchen tatsächlich Kriege, um existieren zu können.

(GW 20/270 f.)

Briefe um Deutschland

Auf das Frühjahr der Feste folgte ein Sommer der Feste, und als beim Herannahen des Herbstes immer noch nichts am elenden Zustand des Landes sich gebessert hatte, beschloß man, den Triumph des Regimes in einem alle bisherigen Feste in Schatten stellenden Fest, einem gewaltigen Parteitag, zu feiern. Da genügend Feuerwerk vorhanden war, fehlte nichts zu einer solchen Veranstaltung.

Die Veranstaltung fand im Beisein von etwa . . . Menschen statt und bestand aus einem heitern und einem ernsten Teil.

Um sofort auf das Feuerwerk zu kommen: Die tiefe Liebe des Kleinbürgertums zu pyrotechnischen Veranstaltungen wird von vielen nicht genug ernst genommen. Diese künstlichen Feuergebilde mit ihren übernatürlichen Farben, ihrem mächtigen und doch harmosen Geprassel und ihrer kindlichen Symbolik scheinen ihnen keine soliden Leistungen einer Regierung zu sein. Sie weisen darauf hin, daß die Phantome schnell vergehen, keinen Nutzen haben und das Publikum von ernsten, das heißt sorgenvollen Betrachtungen materieller Art ablenken. Solche Bedenken hört man leider besonders häufig von Schriftstellern und Künstlern, deren sonstige Auffassung von Kunst diesen Bedenken eigentlich widerspricht: Sie halten es sonst für banausenhaft, von Kunstwerken Nutzen zu verlangen, und nennen es das eigentliche Verdienst der Kunst, die Menschen zu Höherem abzulenken. Nur auf das Moment der Vergänglichkeit verzichten sie; sie wollen unvergängliches Feuerwerk.

Sie vergessen auch, daß auch durch solche Feuerwerke Geld unter die Leute kommt, nämlich das Geld der Leute. Diese ökonomische Überlegung der Nazis, in vielen Zeitungen zu lesen, entspricht einem Stand der ökonomischen Kenntnisse, in den sich unsere Künstler und Schriftsteller mit den Nazis teilen.

Einen (kleinen) Teil des Geldes, das für dieses Feuerwerk verwandt wurde, steuerten überdies gerade unsere Liberalen bei, indem sie ihre Vermögen für die Beschlagnahmung durch die Nazis bereitstellten, hauptsächlich deswegen, weil sie beim Studium der Reden des Führers seinerzeit festgestellt hatten, daß diese von logischen Schnitzern wimmelten und auch sprachlich nicht auf der Höhe standen: Sie hielten es für ausgeschlossen, daß ein solcher Mensch jemals die Intelligenz aufbringen könnte, ihre Vermögen zu beschlagnahmen. Ein furchtbarer Irrtum! Ich fand immerhin einige, die zugaben, daß wenigstens dies ein Irrtum ihrerseits gewesen sei.

Wir verlassen damit das Phänomen Feuerwerk, obwohl es tief in das Wesen dieser neuen Art von Demokratie führt, die man eine Pyrokratie nennen könnte, wenn man an den berühmten Reichstagsbrand denkt, und wenden uns der Rede des Führers auf dem Parteitag zu.

Das Thema dieser Rede war *die Kultur.*

Dies ist natürlich kein Zufall, es war bestimmt nicht etwa zu vermeiden und entsprach wieder einer alten Tradition.

Es ist durchaus üblich und keineswegs von den Nazis eingeführt, daß man, wenn man sonst nichts zu sagen hat, von Kultur redet. Kultur, wenigstens das, was uns unter diesem Titel vorgestellt wird, ist etwas, was ein Volk auch dann noch sein eigen nennt, wenn es sonst nichts mehr besitzt. Kultur ist das einzige, was es noch gibt, wenn der Hunger über die Hälfte eines Volkes zum Siechtum verurteilt und die Ausbeutung ins Ungeheuerliche gestiegen ist. Auch ziehen Völker selten in aussichtslose und unendliche Kriege aus anderen Gründen, als um diese Kultur zu verteidigen. (GW 20/234 f.)

[Der Reichstagsbrandprozeß]

Vor nunmehr 10 Jahren lenkte das Naziregime durch einen unvorsichtigen Prozeß das Auge der Welt auf das erste der von ihm unterworfenen Völker, das deutsche Volk.

Das neue Naziregime, eines der viehischsten, das die Geschichte kennt, hatte von Anfang an begeisterte Freunde in Ländern, benachbart Deutschland oder sogar weit entfernt gelegen, über Ozeanen, und diese Freunde und Bewunderer hatten schon angefangen, zu verkünden, daß dieses Regime vom ganzen deutschen Volk geliebt und enthusiastisch unterstützt werde.

Da passierte dieser denkwürdige Prozeß, der sogenannte Reichstagsbrandprozeß.

Unter den Bajonetten und Stahlruten der Nazis, vor den gekauften oder eingeschüchterten höchsten Richtern der gestürzten Republik, mit halbtot geprügelten Zeugen, enthüllte sich plötzlich zum Entsetzen der Welt das wahre Bild: Ein großes und zivilisiertes Volk war unter Ausnützung demokratischer Freiheiten von bewaffneten Banden, gedungen von intrigierenden Industrialisten und Militärs, aller seiner Freiheiten beraubt und zu Boden geschlagen worden. Die Angeklagten des Prozesses verwandelten sich in Ankläger, und der große Kämpfer Dimitroff wurde zum Sprecher des deutschen Volkes, das seiner Sprache beraubt worden war.

Heute steht dieses Regime, nachdem es Elend über Deutschland und die halbe Welt gebracht hat, vor seinem Sturz. Um ihre eigene Freiheit zu verteidigen, ist die zivilisierte Welt gezwungen, die Hitlerbanden zu besiegen und das deutsche Volk zu befreien. Wieder erheben sich nun aber die Stimmen von Leuten, die daran interessiert sind, daß das Hitlerregime und Deutschland völlig gleichgesetzt werden.

Diese Leute lieben es nicht, von einem möglichen Unterschied zwischen Völkern und ihren Regierungen zu hören. Der Gedanke, dem deutschen Volk zu helfen, sich seiner Bedrücker zu entledigen, scheint jenen nicht glücklich, die es nicht gern hören, daß von der Befreiung von Völkern geredet wird.

Laßt aber uns davon reden.

Laßt uns der Welt laut sagen, daß in diesem Deutschland in keinem Augenblick der Kampf des Volkes gegen sein Regime aufgehört hat. Wir wissen, daß das Naziregime gezwungen war, mehr als zwei Millionen Männer und Frauen in Konzentrationslager und Zuchthäuser zu werfen, weil sie gegen das Regime kämpften. Über 200 000 Menschen, also eine ganze Armee, hielt Hitler zu Beginn seines Krieges in seinen Lagern gefangen. Diese 200 000 Deutschen waren seine ersten Kriegsgefangenen. Und heute noch zwingen ihn seine Feinde in Deutschland, mehr als 30 mechanisierte Divisionen von Elitetruppen, die SS, aus dem Krieg zu halten zu Polizeidiensten gegen das deutsche Volk.

Jeder Mensch, der sehen will, kann sehen, daß die deutschen Hitlergegner, besonders die deutschen Arbeiter, natürliche Verbündete der alliierten Völker im Kampf gegen Hitler und seine Auftraggeber sind.

Ich schlage vor, daß diese Versammlung in Erinnerung des Reichstagsbrandprozesses den Kämpfern gegen das Hitlerregime in Deutschland ihren freundschaftlichen Gruß sendet, sie auffordert, ihren Kampf fortzusetzen und zu verstärken und ihnen versichert, daß die Armeen der Vereinigten Staaten und ihrer Verbündeten auf dem Weg sind, ihnen bei ihrem heroischen Kampf um die Befreiung Deutschlands zu helfen.

1943 (GW 20/292 f.)

Der größte aller Künstler

Stammtischlein, deck dich!

Der kleine alte Kontinent wird wieder einmal vom Marschtritt der Millionenarmeen und vom Schall der Drohreden erschüttert. Die Völker lauschen, was ihnen der Führer der zweiten deutschen, der Bayreuther Republik zu sagen hat. Er hat die alljährlichen Festspiele nach Nürnberg verlegt, und dort redet er. Seine erste Rede handelt von der – Kultur.

Wie von ihm schon mehrmals erwähnt, baut er ein tausendjähriges Reich auf, mit allem Zubehör, also auch mit Kultur. Er hat natürlich seine eigene Auffassung von dieser Sache. Es handelt sich da hauptsächlich um Kunst, und er ist selbst Künstler, sein Propagandaminister sagt ihm: der größte. Mit der Arbeitsfront redet er erst morgen, da wird er eigentlich Arbeiter sein, heute ist Kultur und Kunst dran, da war er eigentlich Maler. Er wurde nicht anerkannt, die Juden ließen ihn nicht ran, da er nicht genug dekadent war, so mußte er einen Umweg beschreiten, die Juden und noch einige andere Leute bekämpfen. Aber er ist der Künstler geblieben, er redet gern von Kunst, jetzt, wo ihn niemand mehr hindern kann, nicht einmal die Generäle. Er behauptet: Alle »anständigen Zeitalter« haben Kunst hervorgebracht.

Die Wissenschaft streift er nur. Das sind diese Leute, die Ersatz herstellen. Sie machen aus Holz nicht nur einen Tisch, sondern auch einen Nachtisch. Die großen Kunstpreise bekommen die Techniker für den Bau von Militärstraßen und Bombenflugzeugen. Das streift er aber nur. Und auch von dem zweitgrößten Künstler nach ihm, dem Schacht, spricht er nicht (er hat keinen Preis bekommen, in der letzten Zeit versagt er mitunter, er hat eine schwächere Schaffensperiode jetzt).

Von den Künsten ist er der Dichtung am wenigsten grün. Er spricht gar nicht von ihr. Der Musik, ohne die er nicht leben kann, befiehlt er, den Text wegzulassen. Sie braucht keinen Text. Der Hörer kann sich selbst einen Text drauf machen. Sie muß es mit Tönen allein schaffen. Er, als Redner, schafft es schließlich auch beinahe nur mit dem Ton. Jedenfalls, bei der Musik, wenn sich da erst Wörter einschleichen, ist gleich der Teufel los. Unvorsichtig gesetzt, ergeben Wörter einen Sinn, und dann muß man einschreiten. Aber Musik ist eine Kunst gegen die man nicht soll einschreiten, sondern sich *einfühlen* müssen. Erfreut stellt er fest: Gehör und Verstand sind oft nicht in *einem* Körper vereinigt. Nette Leute, die Musiker, können so bleiben. Über die Malerei verliert er diesmal nicht viel Worte. Da hat er schon letztes Jahr gesagt, was zu sagen war. Die Kunstkritik ist abgeschafft (auch seine Festspiele haben übrigens von ihr nichts mehr zu fürchten, kein Mensch kann an dem, was er zum Beispiel jetzt redet, Kritik üben!), und an die Stelle der Kritiker sind die Ärzte getreten. Es wird nicht mehr verrissen, sondern gleich sterilisiert. Sie werden es sich überlegen, ob sie noch weiter falsch malen wollen!

Sogar am Krieg haben sie sich seinerzeit vergriffen! Den Burschen ist ja nichts heilig. Aber kommen wir zur Baukunst.

Die Baukunst ist ihm die liebste aller Künste. Kein Text.

Kein Text, und es sieht nach was aus. So ein Stein überdauert die Jahrtausende. Und er redet nicht. Sein Straßenbaumeister, der Künstler, der den Preis bekommen hat, erzählt, daß der Staub, den er beim Buddeln aufgewirbelt hat, mehr ausmacht, als drei (oder sind es vier?) Cheopspyramiden. Diese Pyramiden entstammen ja auch einem anständigen Zeitalter. Das war Arbeitsbeschaffung im größten Ausmaß! Seine ist drei- (oder ist es vier-)mal größer, allein auf diesem Gebiet. Und dann baut er diese Kasernen, gigantische Bauwerke. Spätere Generationen werden da staunend davorstehen, so wie wir vor den mittelalterlichen Domen stehen. *Was* gebaut wird, das richtet sich nach der Zeit, es sind jetzt Kasernen (und Ministerien). Kirchen werden jetzt nicht mehr gebaut, die Leute haben es sich verscherzt. Sie würden nur Texte darin verlesen.

Ja, über seine Bauten wird die Zukunft was zu reden haben. Da ist gesorgt. Sein Ton ist zuversichtlich. Für jenen Satz, der alles abschließen wird, für den Satz »Welch ein Künstler versinkt mit mir!« hat er anscheinend mit den Proben noch nicht begonnen.

22. September 1938 (GW 18/254-256)

[Gefährlichkeit der Intelligenzbestien]

> Wäre zum Beispiel der Krieg der Vater aller Dinge, so müßte man zum Vatermord aufrufen.

Die Faschisten malen gewohnheitsmäßig den Teufel an die Wand, der für sie schlimm werden könnte, alte Anstreicher, die sie sind. Da es nun aber gut ist, für sie schlimm zu sein, sollte man eben dieser Teufel sein, denke ich. Wenn man ihnen schaden will (und man muß ihnen schaden wollen, wenn man der Menschheit nützen will), muß man nach der Wand sehen und betrachten, was sie darauf gemalt haben. Sie haben zum Beispiel die Intelligenzbestie darauf gemalt. Viele von uns sehen nun nach dieser Wand und erblicken dieses Bild der Intelligenzbestie und sagen: Ja, die Intelligenz ist es, die sie nicht haben wollen, die sie mit Recht nicht haben wollen; die Intelligenz ist es, die man gegen sie mobilisieren muß. Aber sie haben das Bild nicht ganz verstanden, wenn sie glauben, der Faschismus meine ebenso wie sie, daß die Güte durch ihre bloße Existenz die Gemeinheit »auf die Dauer« besiegen werde und die Vernunft die Dummheit. Sie haben geradezu die Hauptsache übersehen: das Wort »Bestie«. Tatsächlich ist nämlich gerade das die Hauptfrage: Wie können wir zu Intelligenzbestien werden, zu Bestien in dem Sinn, wie die Faschisten sie für ihre Herrschaft fürchten. Eine Bestie ist etwas Starkes,

Furchtbares, Zerreißendes. Das klingt barbarisch. Aber glaubt man, die Barbarei dadurch bekämpfen zu können, daß man sich harmlos gibt? Das hieße, den Säbelstreich mit der Pulsader parieren zu wollen. Wir müssen es begreifen lernen: Güte verletzt auch. Sie verletzt die Roheit. Der Abschaum mordet, aber er ist nur durch Mord zu bewegen, aus der Welt zu gehen. Sie verstehen: Ich sage nicht, daß wir hingehen sollen und Hitler töten. Das wäre bestienmäßig, aber nicht intelligent. Aber etwas Tödliches muß angewendet werden, sonst lebt der Abschaum weiter bis ans Ende der Tage, zumindest unserer Tage. Wie können wir Schriftsteller tödlich schreiben?

Wir wissen, daß sich um die faschistischen Staaten eine enorme, dichte Mauer von Geschwätz, Geschmier, abgestandener Philosophie erhebt, hinter der die Geschäfte getätigt werden. Diese Gasmauer ist ein Wunderwerk der Vernebelungstechnik. Viele von uns sind nun damit beschäftigt, den Gascharakter, die Unsolidität und so weiter dieser Mauer nachzuweisen. Ich fürchte, das ist nicht tödlich. Tödlich dagegen ist es, die Geschäfte dahinter nachzuweisen. Das erfordert etwas mehr Arbeit, auch Studium, das liegt außerhalb unseres eigentlichen Bereiches, davon verstehen wir nicht so sehr viel, das ist etwas Praktisches, aber das ist tödlich. (GW 19/252 f.)

Über die Theatralik des Faschismus

THOMAS Wir haben neulich davon gesprochen, wie man zu einem Theaterspielen kommen könnte, dessen Darstellungen des gesellschaftlichen Zusammenlebens der Menschen den Zuschauern den Schlüssel für die Bewältigung ihrer gesellschaftlichen Probleme aushändigen würden. Wir haben einen gewöhnlichen, tausendfachen Vorgang aus dem Leben gesucht, den man im allgemeinen nicht als theatralisch bezeichnet, weil er nicht unter Künstlern sich abspielt und keine künstlerischen Zwecke verfolgt, der aber doch künstlerische, theatralische Mittel in Verwendung zeigt und zugleich eine Demonstration darstellt, die Zuschauern den Schlüssel zur Meisterung einer unklaren Situation aushändigen soll. Wir haben eine kleine Szene an einer Straßenecke gefunden, in der der Augenzeuge eines Verkehrsunfalls den Passanten das Verhalten der Betroffenen vorführte. Aus seiner, des Straßendemonstranten, Art zu spielen, haben wir einige Züge hervorgehoben, die für unser Theaterspielen Wert haben können. Wir wollen jetzt eine andere Art theatralischer Darbietung betrachten, die ebenfalls nicht von Künstlern und nicht zu künstlerischen Zwecken, aber in tausendfacher Weise und in Straßen und Versammlungshäusern veranstaltet wird. Wir wollen die Theatralik im Auftreten der Faschisten betrachten.

KARL Ich denke mir, daß auch diese Betrachtung eigentlich dem Theater dienen soll, und muß gestehen, daß mir das einiges Unbehagen verursacht. Wie soll ich an das Theater denken, wenn das Leben so schrecklich ist? Zu leben, das heißt am Leben zu bleiben, ist heute zu einer Kunst geworden; wer will da noch darüber nachdenken, wie man die Kunst am Leben erhalten könnte? Selbst solche Sätze wie der eben ausgesprochene scheinen mir schon zynisch in diesen Tagen.

THOMAS Ich verstehe diese Empfindung. Aber wir waren uns doch darüber einig, daß das Theaterspielen, das wir im Auge haben, doch gerade diese Kunst zu leben verbreiten soll. Wenn wir von der Theatralik der Unterdrücker sprechen, so sprechen wir zwar als Sachverständige für das Theatralische, aber doch auch als Unterdrückte. Angesichts des Elends der Menschheit, welches durch Menschen erzeugt wird, sprechen wir von den Diensten, welche unsere Kunst der Vergewaltigung leisten kann. Wir haben vor, in unserer Kunst den Kampf gegen die Ausbeutung des Menschen durch den Menschen zu führen. Da müssen wir genau untersuchen, mit welchen Mitteln wir arbeiten, und am besten betrachten wir diese Mittel, wo sie nicht von professionellen Künstlern zu künstlerischen Zwecken angewendet werden. Denn auch wir wollen ja unsere professionelle Kunst nicht zu künstlerischen Zwecken anwenden.

KARL Meinst du denn, das Theater ahmt nicht nur Vorgänge aus dem menschlichen Zusammenleben nach, sondern auch die Art, wie solche Vorgänge »im Leben« nachgeahmt werden?

THOMAS Ja, das meine ich. Und jetzt schlage ich vor, zu untersuchen, wie die Unterdrücker unserer Zeit Theater spielen, nicht in ihren Theatern, sondern auf der Straße und in den Versammlungshäusern sowie in ihren Privatwohnungen und ihren diplomatischen Kanzleien und Sitzungssälen. Und unter Theaterspielen verstehen wir dabei, daß sie sich nicht nur benehmen, wie es ihre direkten Verrichtungen verlangen, sondern daß sie bewußt vor den Augen der Welt agieren und ihre direkten Verrichtungen und Geschäfte einem Publikum als einleuchtende und vorbildliche aufzudrängen versuchen.

KARL Wir wollen die kleinen Dramatisierungen vorausnehmen, die für den Nationalsozialismus so charakteristisch sind. Es handelt sich dabei [darum], gewissen Zuständen, die keine besonders auffallende Form aufweisen, einen theatralischen Ausdruck zu verleihen. Der Reichstagsbrand ist ein klassisches Beispiel dafür. Die kommunistische Gefahr ist hier dramatisiert, zu einem Effekt herausgearbeitet. Ein anderes Beispiel bietet der 30. Juni, wo der Führer einige Homosexuelle in eigener Person in flagranti ertappt und eine wohl nur tendenzielle politische Gegenströmung zu einer faktischen, plastischen und akuten Verschwörung ausgestaltet wurde. Wir können dann aber auf das direkte Schauspielerische übergehen. Es ist da kein Zweifel möglich, daß die Faschisten sich ganz besonders theatralisch benehmen. Sie haben besonderen Sinn dafür. Sie sprechen selber von *Regie*, und sie haben einen ganzen Haufen von Effekten direkt aus dem Theater geholt: die Scheinwerfer und die Begleitmusik, die Chöre und die Überraschungen. Ein Schauspieler hat mir vor Jahren erzählt, daß Hitler sogar bei dem Hofschauspieler Basil in München Stunden genommen hat, nicht nur in der Sprechtechnik, sondern auch im Benehmen. Er lernte zum Beispiel den Bühnenschritt, das Schreiten der Helden, bei dem man das Knie durchdrückt und die Sohle ganz aufsetzt, um den Gang majestätisch zu machen. Auch die eindruckvollste Art, die Arme zu kreuzen, lernte er, und auch die lässige Haltung wurde ihm einstudiert. Das hat etwas Lächerliches an sich, nicht?

THOMAS Das will ich nicht sagen. Es ist richtig, daß da ein Versuch vorliegt, das Volk zu täuschen, da es etwas mühsam Einstudiertes und Fremdes für ein dem großen Mann natürliches Benehmen halten soll, einen angeborenen Ausdruck seiner Größe und seines ungewöhnlichen Wesens. Auch ahmte er da einen Schauspieler nach, der, wenn er selber auf der Bühne auftrat, bei den jüngeren Leuten durch sein unnatürliches Benehmen, seine Gespreiztheit und Aufgeblasenheit Heiterkeit hervorrief. Das mag lächerlich sein, aber die Absicht dieses Menschen an sich, sich nach fremden Mustern zu verbessern, ist nicht lächerlich – wenn auch sein Muster lächerlich war. Denk an die ungezählten ganz vernünftigen und keineswegs zur Unnatürlichkeit oder zum Betrug neigenden jungen Leute, die zur selben Zeit das Benehmen von Filmhelden nachzuahmen versuchten. Auch hier gab es falsch gewählte Muster, aber es gab auch gute Muster. Ich schlage vor, nicht allzulang bei dem Versuch des Hitler zu verbleiben, ein imponierendes, starhaftes Auftreten einzustudieren, und zur Betrachtung derjenigen theatralischen Elemente überzugehen, die er und die übrigen Helden seines Schlags nicht direkt vom Theater ausborgten, wenn auch das Theater unserer Zeit sie verwendet. Ich möchte auf das *Repräsentative* seines Benehmens eingehen.

KARL Ja, tun wir das. Betrachten wir ihn, wo er als der große Beispielhafte auftritt! Als das Urbild des Deutschen, das Muster der Jugend!

THOMAS Ich meinte nicht nur das. Diese Seite ist offenbar. Das gehört noch zum Imponieren. Da ist das Siegfriedmuster, ein wenig abgewandelt, so daß auch ein gewisses weltmännisches Air dabei ist, das man besonders auf den Photographien, die seine Verbeugungen (vor Hindenburg oder Mussolini oder hochgestellten Damen) studieren kann. Die Rolle, die er aufbaut (der Musikfreund, Genießer echter deutscher Musik; der unbekannte Soldat des Weltkrieges; der fröhliche Geber und Volksgenosse; der würdig Trauernde, gefaßt), ist individuell angelegt. Im Gegensatz zum römischen Diktator legt er eine deutliche Verachtung körperlicher Arbeit zutage. (Jener zeigt sich gern beim Mauern, Pflügen, Chauffieren, Fechten.) Er liebt die Haltung des Inspizierens. Sehr bemerkenswert ist eine Photographie seiner Ankunft in Italien (Venedig). Mussolini zeigt ihm anscheinend die Stadt. Der Anstreicher stellt den beschäftigten und geschäftigen Geschäftsreisenden dar, der zugleich der *feine Kenner der Architektur* ist, übrigens auch des Umstands, daß er vermeiden muß, einen weichen Hut aufzusetzen, Sonne hin, Sonne her. Bei einem Besuch in Neudeck bei dem alten und kranken Hindenburg stellt er, vor dem Apparat, den *scherzenden Gast des Hauses* dar. Der Hausherr und sein Enkel scheinen den Apparat nicht so zu vergessen wie er und fallen so aus der Szene. Er hat natürlich vielen Funktionen zu genügen, es gelingt ihm nicht immer, die Rolle wirklich einheitlich zu gestalten. Die Darstellung einer Szene, in der der Führer sein Scherflein zur Winterhilfe beisteuert, ist besser geglückt. Er hat ein paar Scheine erhalten, und einer ist so gefaltet, daß er in den Schlitz der Sammelbüchse gesteckt werden kann. Jedoch gelingt es dem Darsteller, eine Gestik zu zeigen, die vollkommen kleinbürgerlich ist: Er scheint aus einem Portemonnaie eine Münze zu fischen. Bei einer Tannenbergfeier ist er der einzige, der halbwegs echtes Gedenken an die Gefallenen von 1914 zum Ausdruck zu bringen vermag und das, obwohl er einen Zylinder auf dem Schoß zu halten hat! Das ist exemplarisch im besten Sinn. Aber gehen wir weiter. Betrachten wir vor allem die Art, wie er bei den großen Reden, die seine Schlächtereien vorbereiten oder begründen, agiert. Du verstehst, wir müssen ihn da betrachten, wo er das Publikum dazu bringen will, sich in ihn einzufühlen und zu sagen: Ja, so hätten wir auch gehandelt. Kurz, wo er als *Mensch* auftritt und das Publikum davon überzeugen möchte, seine Handlungen als einfach menschliche, selbstverständliche aufzufassen und ihm so gefühlsmäßig seinen Beifall zu schenken. Das ist sehr interessantes Theater.

KARL Das ist es, und es ist sehr verschieden von dem Theater, das der Augenzeuge des Unfalls an unserer Straßenecke macht.

THOMAS Sehr verschieden. Man könnte geradezu sagen, daß es schon dadurch verschieden ist, daß es viel mehr mit dem Theater, das wir auf der Bühne sehen, zu tun hat. Es entsteht da die *Einfühlung* des Publikums in den Agierenden, die man für gewöhnlich als das wesentlichste Produkt der Kunst ansieht. Da ist dieses Mitreißen, dieses Alle-Zuschauer-in-eine-einheitliche-Masse-Verwandeln, das man von der Kunst fordert.

KARL Ich muß dir sagen, daß mich diese Wendung ein wenig erschreckt. Es scheint mir, daß du jetzt das Erzeugen von Einfühlung mit aller Gewalt an die Darbietungen dieses zweifelhaften Menschen knüpfen willst, um sie in Verruf zu bringen. Es ist natürlich richtig, daß er auf solche Einfühlung ausgeht, aber darauf sind doch auch höchst treffliche Leute ausgegangen.

THOMAS Sicher, aber wenn sie in Verruf kommen sollte, so müßte wohl eher er als ich dafür verantwortlich gemacht werden. Nur kommen wir nicht weiter, wenn wir unsere Beobachtung der Furcht unterwerfen, was dabei herauskommen könnte. Studieren wir unerschrocken, oder auch erschreckend, wie der, von dem wir sprechen, das Kunstmittel der Einfühlung verwendet! Sehen wir, welche Kunstgriffe er gebraucht! Nehmen wir als Beispiel seine Art, Reden zu halten! Um die Einfühlung zu erleichtern, bringt er sich selber in höchst persönliche Stimmungen bei Reden, welche staatliche Aktionen einleiten oder begründen sollen, in solche Stimmungen, die dem Privatmann zugänglich sind. An und für sich sind Reden von Staatsmännern keine impulsiven, spontanen Ausbrüche. Sie werden mehrmals und von verschiedenen Seiten überarbeitet und auf ein bestimmtes Datum angesetzt. Der Redner fühlt sich weder besonders mutig noch besonders zornig oder besonders triumphierend und so weiter, wenn er ans Mikrophon tritt. Im allgemeinen begnügt sich also der Redner, seine Rede mit einem gewissen Ernst abzulesen, seinen Argumenten eine gewisse Eindringlichkeit zu verleihen und so weiter. Der Anstreicher und seinesgleichen machen das anders. Durch allerlei Tricks wird zuerst die Erwartung des Publikums – denn das Volk muß zum Publikum werden – erregt und gesteigert. Es wird verbreitet, man könne nicht voraussehen, was der Redner sagen würde. Denn er spricht nicht im Namen des Volkes und sagt nicht nur laut, was das Volk zu sagen hat. Er ist eine Einzelperson, ein Held im Drama, und versucht, das Volk, besser gesagt das Publikum, sagen zu machen, was er sagt. Genauer gesagt, fühlen zu lassen, was er fühlt. Es kommt also alles darauf an, daß es selber stark fühlt. Um stark fühlen zu können, spricht der Anstreicher als Privatmann und zu Privatmännern. Er streitet mit Einzelpersonen, fremden Ministern oder Politikern. Es entsteht der Eindruck, als habe er sich in einen persönlichen Kampf mit diesen Leuten verwickelt, der bestimmten Eigenschaften dieser Leute wegen. Er ergeht sich in zornigen Beschimpfungen von der Art der homerischen Helden, beteuert seine Entrüstung, deutet an, daß er sich mühsam im Zaum hält, seinem Gegner nicht einfach an den Hals zu fahren, ruft ihm, unter Nennung seines Namens, Herausforderungen zu, macht sich über ihn lustig und so weiter. In all dem kann der Zuhörer ihm gefühlsmäßig folgen, der Zuhörer nimmt teil an den Triumphen des Redners, er adoptiert seine Haltungen. Ohne Zweifel hat der Anstreicher (wie ihn einige nennen, weil er nur etwas Tünche über die Risse eines baufälligen Gebäudes streicht) ein theatralisches Mittel in der Hand, durch das er sein

Publikum dazu bringen kann, ihm ziemlich blindlings zu folgen. Er veranlaßt damit jeden, seinen Standpunkt aufzugeben, um seinen, des Agierenden, Standpunkt einzunehmen, seine Interessen zu vergessen, um seine, des Agierenden Interessen zu verfolgen. Er vertieft seine Zuschauer in sich, verwickelt sie in seine Bewegungen, läßt sie »teilnehmen« an seinen Sorgen und Triumphen und verleidet ihnen jede Kritik, ja jeden Blick auf die Umwelt von ihrem eigenen Standpunkt aus.

KARL Du meinst, er arbeitet nicht mit Argumenten.

THOMAS Das meine ich nicht. Er arbeitet beständig mit Argumenten. Er agiert als ein Argumentierender. Er liebt es, an irgendeinen Satz, der eigentlich fertig ist und mit größter Stimmkraft als unumstößliche und unbestreitliche Wahrheit hervorgebracht wurde, mit geistesabwesender Stimme ein »denn« anzuhängen und eine Pause zu machen, worauf dann Gründe kommen. Er erscheint dann wie einer, der nunmehr eine Handvoll Gründe seinen Behauptungen nachwirft, und zwar solche, wie er sie im Augenblick gerade bei der Hand hat. Manches, was er mit einem solchen »denn« da anhängt, hat übrigens gar nicht den Charakter eines Grundes, es bleibt nur die bekräftigende Gestik, die das Gesagte zu einem Grund stempelt, und manchmal verspricht er (sozusagen sich selber) im Eifer plötzlich drei Gründe, oder fünf, oder sechs, ganz augenscheinlich, ohne vorher gerade diese Anzahl bei der Überprüfung seiner »Gründe« festgestellt zu haben. Er »bringt« dann eben diese Anzahl oder auch nicht, denn manchmal werden es einer weniger oder einer mehr. Worauf es ihm ankommt, ist, den Zuschauer, der sich in ihn einfühlt, zur Haltung eines Argumentierenden zu verführen, eines Argumente Benutzenden, das heißt eigentlich eines Argumente Suchenden.

KARL Und was erreicht er damit?

THOMAS Damit erreicht er, daß sein Verhalten als ein sozusagen naturgesetzliches Verhalten erscheint. Er ist so, wie er ist – und alle (sich in ihn einfühlend) sind so wie er. Er kann nicht anders, als er muß – und alle können nicht anders und müssen so. Seine Anhänger sagen denn auch von ihm, er gehe seinen Weg wie ein Schlafwandler oder als sei er ihn schon einmal gegangen. So scheint er eine Naturerscheinung. Ihm zu widerstehen ist dann einfach unnatürlich, auf die Dauer unmöglich. Er hat Schwächen, aber nur, weil der Mensch, dessen hervorragendster Repräsentant er ist, eben Schwächen hat, und es sind die Schwächen aller, unvermeidliche Schwächen. »Ich bin nur eure Stimme«, pflegt er gerne zu sagen, »das Kommando, das ich euch zurufe, ist nur das Kommando, das ihr euch selber zuruft.«

KARL Ich sehe natürlich, welche Gefahr es ist, sich in ihn einzufühlen, da er das Volk auf einen gefährlichen Weg bringt. Aber ich denke mir, daß du im Grunde nicht nur darauf hinauswillst, daß es gefährlich sein kann, sich in einen Agierenden einzufühlen (wie es gefährlich ist, sich in diesen einzufühlen), sondern daß es gefährlich ist, ganz gleichgültig, ob er wie jener einen auf einen gefährlichen Weg bringt oder nicht. So ist es doch?

THOMAS Ja. Und zwar schon deshalb, weil die Herstellung der Einfühlung es dem, der ihr verfällt, unmöglich macht, noch zu erkennen, ob der Weg gefährlich ist oder nicht.

KARL Wann mißlingt denn die Herstellung der Einfühlung? Wir wissen ja, daß es gewaltige Massen von Menschen gibt, die den Anstreicher kalt und fremd betrachten und [sich] keinen Augenblick auf seinen Standpunkt stellen.

THOMAS Die Herstellung der Einfühlung mißlingt ihm bei denjenigen, deren Interessen durch ihn fortgesetzt verletzt werden, und zwar dann, wenn sie sich immerfort die Wirklichkeit in ihrer ganzen Breite vor Augen halten und ihn nur als einen kleinen Bestandteil davon sehen.

KARL Und nur diese vermögen die Gesetzlichkeiten, nach denen sein Auftreten sich abspielt, wirklich zu erkennen?

THOMAS Ja.

KARL Nun, sie fühlen sich also in diesen nicht ein, weil sie ihre Interessen als von den seinen verschiedene erkennen. Da könnten sie sich aber doch wohl ganz gut in einen solchen einfühlen, der ihre Interessen vertritt?

THOMAS Sicherlich könnten sie das. Aber sie würden dann ebenfalls die Gesetzlichkeiten, nach denen dieses Menschen Auftreten sich abspielt, nicht erkennen können. Du könntest sagen: Aber er führt sie ja dann den richtigen Weg, wie kann es da gefährlich sein, ihm blind zu folgen? Aber das wäre eine vollständig falsche Auffassung von einem »richtigen Weg«. Er kann niemals an einem Gängelband gegangen werden. Des Menschen Leben besteht nicht daraus, daß er »wohin« geht, sondern daraus, daß er geht. Der Begriff des richtigen Wegs ist weniger gut als der des richtigen Gehens. Die großartigste

Eigenschaft des Menschen ist die Kritik, sie hat die meisten Glücksgüter geschaffen, das Leben am besten verbessert. Wer sich in einen Menschen einfühlt, und zwar restlos, der gibt ihm gegenüber die Kritik auf und auch sich gegenüber. Anstatt zu wachen, schlafwandelt er. Anstatt etwas zu tun, läßt er etwas mit sich tun. Er ist jemand, mit dem andere leben und von dem andere leben, nicht einer, der wirklich lebt. Er hat nur die Illusion, daß er lebt, in Wirklichkeit vegetiert er. Er wird sozusagen gelebt. Darum ist die theatralische Darbietung, wie sie durch den Faschismus gegeben wird, kein gutes Beispiel eines Theaters, wenn man von ihm Darstellungen haben will, die den Zuschauern den Schlüssel für die Bewältigung der Probleme des gesellschaftlichen Zusammenlebens aushändigen.

KARL Es ist schwierig, zu diesem Schluß ja zu sagen. Er verwirft eine Praxis der Theater, die durch Jahrtausende geübt wurde.

THOMAS Meinst du, die Praxis des Anstreichers ist neu?

(GW 16/558-568)

Plattform für die linken Intellektuellen

1

Alle Bemühungen um die Kultur, seien sie literarischer oder anderer Art, bewußt oder unbewußt zivilisatorisch, haben zur Voraussetzung ihrer Wirksamkeit, daß sie *alle* betreffen, das heißt alle Menschen, die in dem Bezirk ihrer Wirksamkeit da sind, also Einfluß ausüben.

2

Einen der Gründe für die erschreckende Folgenlosigkeit unserer kulturellen Bemühungen erblicken wir darin, daß wir uns gemeinhin mit unseren Arbeiten, die für »alle« bestimmt waren, zum Wohle »aller« dienen sollten, allzu unbestimmt wiederum an *alle* wandten. Die Entwicklung in Deutschland lehrt uns, daß keineswegs alle für alle sind und daß nur eine ganz bestimmte, sich eben dadurch von allen anderen Schichten unterscheidende Schicht von Menschen bereit ist, die Interessen *aller* zu vertreten. Es ist dies die Schicht, die bei Strafe des Untergangs, oder besser weil sie durch die Gesellschaftsordnung dazu verurteilt ist, ständig unterzugehen, weil eben ihr Untergang den Wohlstand der *anderen* erzeugt, die Interessen aller vertreten *muß*. Auch diese Schicht muß aber, um dies zu können, erst organisiert und dazu instand gesetzt werden. Es ist die Schicht des Proletariats.

3

Einer solchen Auswahl der Schicht, die für die Interessen *aller* mobilisiert werden kann, könnte widersprochen werden, da sie nach wirtschaftlichen Gesichtspunkten erfolgt. Man könnte die Auswahl nach andern Gesichtspunkten vornehmen wollen, so, daß diese Kampfgruppe sich aus allen sozialen Schichten rekrutierte. Vorgeschlagen wurde zum Beispiel das Unterscheidungsmerkmal barbarisch und human. Wir lehnen dieses Unterscheidungsmerkmal ab, weil es keine organisierende Kraft hat. Wir ziehen vor, anzunehmen, daß sowohl das Barbarische als auch das Humane etwas von Menschen Erzeugbares, Organisierbares ist. Wäre dies nicht der Fall, dann könnte ja nur die Ausrottung (körperliche Vernichtung) ganzer Volksteile die Barbarei aufheben – und es ist klar, daß nur die Aufhebung der Barbarei die Humanität ermöglicht: Das Ideal einer inmitten von Barbarei bestehenbleibenden Insel von Humanität ist unendlich gefährlich. Jedermann konnte immerfort, aber neuerdings besonders deutlich, erkennen, daß das Barbarische keineswegs solche Inseln duldet und sehr wohl die Macht hat, sie zu vernichten. Die Auswahl der Schicht, welcher die Rettung der gesamten Zivilisation allein anvertraut werden kann, muß nach wirtschaftlichen Gesichtspunkten erfolgen, weil nur einer solcherart konstituierten Schicht von Menschen die Kraft innewohnt und die organisatorische Form gegeben werden kann, die nötig ist, Zustände zu schaffen, an denen *alle* ein Interesse haben, welche die Grundlage für eine wirkliche Kultur abgeben können.

4

Auch der Nationalsozialismus ist ein Versuch, eine Universalität herzustellen. Er versucht, *alle* zusammenzufassen, und zwar auf der Basis und in der Form der Nation. Wir sind nicht dafür, in ihm schlechthin ein metaphysisches Phänomen zu sehen, sein Auftreten als eine Naturkatastrophe zu betrachten, mit der Ängstlichkeit und Ehrerbietung, die man Vulkanausbrüchen zollt, Vorgängen, die man nicht beeinflussen kann. Und die ihrerseits kein Ziel haben. So viel daran elementar sein mag: Um handeln zu können, und wir müssen handeln, ist es nötig, diese Erscheinung als ein Unternehmen von Menschen zu betrachten, und dies ist leichter, wenn man die gesellschaftlichen Kriterien beizieht. Dies tuend, sehen wir eine kleinbürgerliche Schicht, welche die Macht im Staate an sich gerissen hat und gewaltsam eine Einigung *aller* in der Form einer Nation anstrebt. Eine geeinte Nation scheint ihr bei der jetzigen historischen Struktur der Weltwirtschaft imstande zu sein, die Interessen der unter ihrer Flagge zusammengefaßten Menschengruppe vertreten zu können, vorausgesetzt, daß sie imstande ist, sie kriegerisch zu vertreten. Die Wahrnehmung, daß es möglich ist, durch Gewalt andere Menschen und Menschengruppen zu enteignen, auszubeuten, niederzukonkurrieren und so weiter, ist aus dem privaten Wahrnehmungskreis des kleinen und großen Bürgertums gewonnen. Gerade auf einem solchen Verhalten beruht ja unsere Wirtschaft.

5

Der nationalsozialistische Versuch der Einigung schließt in sich die Vernichtung, Ausschaltung oder Unterwerfung jener Menschengruppen, welche die nationale Geschlossenheit beeinträchtigen, der Juden und der Arbeiter. Ein nationalsozialistisches Deutschland ist effektiv stärker als ein Deutschland, das keine Kriege führen zu müssen glaubt, aber an einer Wirtschafts- und Gesellschaftsform festhält, die Kriege erzeugt. Es ist auch nach innen stärker und konsequenter als ein Deutschland, das an der kapitalistischen Wirtschaftsform festhält, aber aus politischen Gründen seine Arbeiterschaft protektioniert, wofür die Ökonomie nicht eingerichtet ist. Vom Standpunkt der bestehenden (kapitalistischen) Gesellschaftsordnung aus, ist der nationalsozialistische Staat stärker als der liberalistische, und es macht dabei nichts aus, ob die Besitzer der Produktionsmittel und des Bodens auf direktem Wege, also politisch oder indirekt, ohne sichtbare politische Macht, ja sogar politisch vergewaltigt, ihre ökonomische Macht wie eine Naturgewalt wirken lassend, regieren.

6

Ob man annimmt, daß der Kapitalismus seine ökonomische Macht durch Hinzuziehung des mobilisierten Mittelstandes halten will, oder ob man annimmt, daß sich im Nationalsozialismus der Mittelstand als *Staat* auf kapitalistischer Basis etabliert, also sich eine Schicht sozusagen zwischen die ökonomisch einander bekämpfenden Klassen geschoben hat, etwa auf Grund der Unlösbarkeit der Bauernfrage innerhalb dieses Systems (beide Annahmen widersprechen einander nicht) – bekämpft werden kann der Nationalsozialismus nur durch die Bekämpfung des kapitalistischen Wirtschaftssystems. Bundesgenosse im Kampf gegen den Nationalsozialismus kann nur die Arbeiterklasse sein. Den Faschismus bekämpfen und den Kapitalismus beibehalten wollen ist unmöglich: Es hieße, den Kapitalismus auf eine wegen ihrer Unhaltbarkeit schon aufgegebene schwächere Position zurückrufen. Nicht in seiner ängstlichen, den »Erpressungen« seines Proletariats nachgiebigen liberalistischen, sondern nur mehr in seiner allernacktesten und brutalsten staatlichen Form kann der Kapitalismus versuchen, sich gegen seine nunmehr stabilisierte Krise zu halten. In kürzester Zeit wird das gesamte Bürgertum eingesehen haben, daß der Faschismus die beste kapitalistische Staatsform dieser Epoche ist, wie der Liberalismus die beste der nunmehr vergangenen war. Den Faschismus kann nur bekämpfen, wer das Privateigentum an Produktionsmitteln und was immer dazugehört aufgibt und wer also zusammen mit jener Klasse kämpfen will, die das Privateigentum am heftigsten bekämpft.

7

Mit vollem Recht bezeichnet Hitler als den Feind des nationalsozialistischen Versuchs der Einigung den Marxismus, jenen anderen tiefergreifenden Versuch einer Einigung *aller.* Aber selbstverständlich ist nicht diese Lehre der Grund der Uneinigkeit, sondern die Ursache dieser Lehre: ein ökonomisch-politisches System, das den Mangel der vielen zum Vorteil der wenigen macht; denn der Kapitalismus hält sich nicht etwa trotz des Mangels der vielen, sondern durch diesen Mangel; er würde durch eine *allgemeine* Wohlfahrt nicht etwa verbessert, sondern vernichtet.

8

Der gefährlichste, der einzige wirkliche Feind des Faschismus ist, wie der Faschismus selber weiß, der Kommunismus. Es ist nicht richtig, abzuschätzen, ob der Kommunismus nun wirklich stark genug ist: es gilt, ihn zu stärken. Nach dem Faschismus, auch darin hat der Nationalsozialismus recht, kann nur der Kommunismus kommen, nichts anderes. Die Kultur wird gefallen sein oder mit ihm stehen. (GW 20/235-240)

V

Zur Rezeption

Kritiken der Erstaufführungen in Stuttgart und Berlin

Stuttgart

Ernst Schumacher

Die Idee, die Machtergreifung der Nazis als Gangsterschau auf der Bühne zu zeigen, kam Brecht 1935, als er die USA besuchte. Sie kam ihm, sechs Jahre in der Emigration, »wieder in den Kopf«. Unter dem 10. 3. 1941 notierte Brecht in sein Tagebuch: »Ich entwerfe schnell einen Plan für 11 bis 12 Szenen«. Das Stück war die dialektische Antwort des Bedrängten auf seine Lage. Die Nazis befanden sich auf dem Höhepunkt ihrer Macht. Sie hatten Polen und Frankreich niedergeworfen und schickten sich an, Nord- und Südosteuropa »aufzurollen«. In dieser Situation stach der Emigrant in den Popanz des Nazismus, dessen Schatten die halbe Welt einschüchterte, und ließ ihn auf das Format des Ganoventums, also auf die natürliche Größe, zusammenschrumpfen.

Brecht benutzte als Waffe den literarischen Hohlspiegel, die Parabel. Er transponierte die Machtergreifung der Nazis in das Milieu der Geschäftsleute und Gangster von Chicago, um, wie er später kommentierte, »der kapitalistischen Welt den Aufstieg Hitlers dadurch zu erklären, daß er in ein ihr vertrautes Milieu versetzt wurde«. Die preußischen Krautjunker und Schlotbarone verwandeln sich sinnigerweise in Mitglieder eines von Absatzschwierigkeiten bedrängten Karfioltrusts. Die Nazis treten als Gangster auf, die, geführt von Arturo Ui, den Karfiolhändlern ihre schlechten Dienste zur Terrorisierung des Grünzeughandels anbieten. Reichspräsident Hindenburg erscheint als der biedere Schankwirt Dogsborough. In Parabelform werden der Sturz Schleichers durch Hindenburg, die Brandlegung des Reichstages, der blutige Terror, der Leipziger Reichstagsbrandprozeß, die Rivalitäten der Naziführer, die Ermordung Röhms und Dollfuß' und der »Anschluß« Österreichs abgewandelt. Das Stück endet mit der Ankündigung des Gangsterchefs, auch dem Grünzeughandel anderer Städte den »nötigen Schutz« angedeihen zu lassen. Brecht beabsichtigte, einen »Ui, Zweiter Teil, Spanien/München/Polen/Frankreich« zu schreiben.

Brecht wollte mit seiner Parabel den »Respekt vor den großen Tötern« zerstören. Er wünschte jene »romantische Geschichtsauffassung« revidieren zu helfen, in der ein Lump ganz einfach wegen der Größe seiner Verbrechen »eine Sonderstellung« einnimmt. Darum postulierte er: »Die großen politischen Verbrechen müssen durchaus preisgegeben werden, und vorzüglich der Lächerlichkeit«.

Aus der Farce der Geschichte mußte so notwendig eine Historienfarce werden, wie Brecht selbst das Genre des Stückes (neben der Parabel) bezeichnet hat. Es zeigt sich jedoch, daß dieses Genre dem Gegenstand nur bedingt angemessen ist. Brecht mochte recht haben, daß die Nazis »keine großen politischen Verbrecher, sondern die Verüber großer politischer Verbrechen« gewesen sind. Sie der Lächerlichkeit preiszugeben, mochte 1941 angesichts des nazistischen Superlativismus und der Gigantomanie angebracht sein. Nach der vollen Enthüllung aller Verbrechen will es heute gleichgültig erscheinen, daß die Verbrecher persönlich lächerliche Wichte und »keine großen politischen Verbrecher« waren.

Brecht hat sich in Diskussionen während der Emigrationsjahre in den USA wiederholt gegen die Auffassung ausgesprochen, Hitler sei nur ein »Hampelmann« und keine »Persönlichkeit«. Er bewertete Hitler als nationale Erscheinung, als »Volksführer«, als vitalen, schlauen, unkonventionellen, äußert korrupten, brutalen Politiker, der, aus dem Kleinbürgertum hervorgegangen, sich zum Hand- und Faustlanger des bankrotten Bürgertums machte und damit eine gewisse Selbständigkeit erlangen konnte. In der Historienfarce kommt diese »Originalität« wenig zur Geltung. Hitler erscheint notwendig in erster Linie als »Hampelmann«, »Schießbudenfigur«, als pathologischer und neurasthenischer Wurf, ohne glaubhafte Zielstrebigkeit des »bürgerlichen Politikers«, als den ihn Brecht betrachtete.

Brecht hat andererseits den Faschismus immer als »die natürliche andere Phase der Bourgeoisie, nicht als Entartung« bewertet. Im »Ui« erscheint diese naturwüchsige Entwicklung mehr als Mache der Nazigangster denn als organischer Prozeß. Die Farce zwang Brecht, das Licht vor allem auf die miserablen, extraordinären Subjekte zu richten, die da emporstiegen, statt den gesellschaftlichen Hintergrund auszuleuchten.

Die Parabel zwang Brecht außerdem, den Kreis der Darstellung »auf die Ebene von Staat, Industriellen, Junkern und Kleinbürgern« zu beschränken, wie Brecht selbst feststellte. Es fehlte in der Darstellung also der eigentliche historische Gegenspieler, die organisierte Arbeiterschaft. Dadurch bekommt der Aufstieg Ui-Hitlers in der Tat etwas Unaufhaltsames.

Damit zeigt sich, daß die Parabel zwar eine starke Vereinfachung ermöglicht, die aber leicht zur Simplifizierung werden kann. Die adäquate dramatische Form für die Darstellung historischer Vorgänge ist einzig das historische Drama. Die Parabel zeigt außerdem das historische Objekt, auf das sie sich bezieht, mit der Zeit so entfremdet, daß es nicht mehr wahrgenommen wird. Die »Verhüllung« hebt die beabsichtigte Enthüllung auf. Brecht hat, um eine solche Verflüchtigung zu verhindern, jeder Parabelszene Titel beigefügt, auf denen an die historischen Vorgänge erinnert wird. Die Titel, die im Epischen Theater für gewöhnlich zur Distanzierung des Zuschauers dienen, müssen also gerade diese Distanzierung aufheben helfen.

Brecht notierte sich zum Entwurf der ersten Szenen: »Natürlich muß es in großem Stil geschrieben werden«, um eine »Doppelverfremdung« zu erreichen. Der große Stil ergab sich zwingend aus dem Verhalten der Nazi-Größen, ihrem Hang zum Pompösen. Brecht sammelte zahlreiche Fotos als »Beweismaterial«. Er ließ die Gangster und Händler also in Jamben reden. »Die Verssprache macht das Heldentum der Figuren meßbar.« Zur formalen Verfremdung gehörte auch die Parodierung klassischer Szenen. Diese »Ausstellung klassischer Formen« machte das Ordinäre der Vorgänge deutlich. Das ging nicht ohne Stilbrüche ab. Wenn die Gartenszene aus *Faust* für die Befragung Hitlers durch Dollfuß, alias Uis durch Dullfeet herhalten muß, so wird gerade wegen des Witzes jene »Atmosphäre des Schauerlichen« verharmlost, die Brecht gewahrt sehen wollte. Röhm erhält in der Geisterszene im *Macbeth*-Stil beinahe den Rang eines ehrenwerten Mannes. Dagegen erfüllt die Parodie der Werbungsszene aus *Richard III.* ihre Funktion, um die verlogen-brutale Umwerbung Österreichs durch Hitler nach der Ermordung Dollfuß' zu veranschaulichen.

Brecht konnte sich eine Darstellung nur im großen Stil des elisabethanischen Historientheaters vorstellen, »also mit Vorhängen und Podesten«, Prospekten und effektreicher Musik. »Nötig ist die plastische Darstellung in schnellem Tempo mit übersichtlichen Gruppenbildern.« Die Uraufführung erfolgte »in der Einrichtung des ›Berliner Ensembles‹«. Regie führte Peter Palitzsch, ein Schüler Brechts. Die Musik schrieb Hans Dieter Hosalla, das Bühnenbild und die Kostüme schuf Gerd Richter. Palitzsch versuchte, wie es in der Ankündigung hieß, »die großen historischen Bezüge schärfer und deutlicher herauszuarbeiten«. Dazu hielt er die Schauspieler an, Mimik, Gestik, Tonfall der Gangster und Händler den »Urbildern« anzupassen. Diese Anpassung, die etwas anderes ist als Imitation, gelang ausgezeichnet Hans Mahnke als alter Dogsborough-Hindenburg, Hans-Helmut Dickow als Blumenhändler Givola-Goebbels und Herbert Steinmetz als Emanuele Giri-Göring. Sie brachten die verlogene Biederkeit, die lächerliche Eitelkeit und Verschlagenheit, die pathetische Verlogenheit der »Urbilder« in Erinnerung. Gerhard Just war als Leutnant Ernesto Roma äußerlich am weitesten vom historischen Vorbild, dem SA-Führer Röhm, entfernt, brachte aber sprachlich wie gestisch die bornierte Schlauheit dieses Rabauken zum Ausdruck. Wolfgang Kieling, der als Gast den Ui spielte, war hervorragend in der Gestaltung der pathologischen, »intuitiven«, spontanen Züge Hitlers, nicht so dagegen in der Gestaltung der unkonventionellen, berechnenden Zielstrebigkeit, eben dessen, was die »Persönlichkeit« ausmachte. Sein Ui war mehr Getriebener als Treibender, was freilich auch aus der Rolle hervorgeht, gegenüber der Profilierung der Nazigangster blieb die Charakterisierung der Karfiolhändler relativ blaß. Am stärksten wirkten Kurt Haars als Butcher und Charles Wirths als Flake.

Palitzsch löste das schwierige Problem, den Aufstieg des Ui doch als aufhaltsam zu zeigen, auf folgende Weise: Er ließ die Frau, die im Stück am Schluß auftritt, bereits in der Mitte ihre warnende Anklage und ihre Hilferufe ausstoßen. Die Entscheidung der Karfiolhändler für Ui machte er dadurch begreiflich, daß er in die Beratung ein anklägerisches Lied demonstrierender »Unterer« hineintönen ließ. Außerdem faßte er den »die fischige Anleih« untersuchenden O'Casey und den Verteidiger im Speicherbrandprozeß zu einer gleichsam Dimitroffschen Figur zusammen. Gerd Seid spielte sie mit etwas zuviel blauäugiger Emphase. Den

Geistermonolog Roma-Röhms teilte Palitzsch auf, vermochte jedoch die leidige Tatsache nicht zu beseitigen, daß Mitschuldige an Hitler prophetische Worte richteten, die besser von Unschuldigen vorgebracht würden. Palitzsch drängte insgesamt zu wenig auf Tempo. Der Realismus blieb statisch. Die formalen Mittel der Farce, Parodie und Travestie wurden zu wenig eingesetzt. Der Hintergrund blieb unplastisch. Die »übersichtliche Gruppenbildung« war im Speicherbrand falsch arrangiert, da sie den notwendigen Schein der Unabhängigkeit des Gerichts zerstörte. Aber daneben gab es große Szenen, so die Rührung der verstockten Kleinhändler durch ein von Givola-Goebbels arrangiertes teutsch-trautes Lied, die Unterrichtung Uis im großen Auftreten und Sprechen durch einen ausgedienten Shakespeare-Darsteller, die Werbung des arrivierten, durch und durch verlogenen Ui um die Hand von Frau Dullfeet am Sarg ihres ermordeten Mannes. Auch wenn man von den Schwächen der Inszenierung nicht absieht, bleibt sie eine starke Leistung sowohl von seiten des Regisseurs als auch der Schauspieler. Sie erfüllte den Zweck, aus der »Verhüllung« die Enthüllung hervorgehen zu lassen, auch wenn in Rücksicht auf den Geist der Zeit in den Titeln die Namen Schleicher, Hindenburg, Dollfuß, Basil nicht erwähnt werden durften. Jedermann begriff die Aktualität des Epilogs: »Der Schoß ist fruchtbar noch, aus dem das kroch.« Nicht alle Premierengäste klatschten. Das beweist, daß die Inszenierung im Prinzip richtig war, die Aufführung aber zur rechten Zeit kam, um dem Aufstieg neuer Uis entgegenzuwirken. Es ist ein Verdienst des Württembergischen Staatsschauspiels, das Stück jetzt auf die Bühne gebracht zu haben.

(Deutsche Woche, München, 3. 12. 1958)

Ein Bert Brecht aus dem Nachlaß
Das Lachen friert auf den Lippen

In Finnland geschrieben, als »nur dem nördlichen Eismeer zu noch eine kleine Tür« zu sehen war, an der letzten Station vor Amerika – da entstand Bertolt Brechts Gangsterspektakel *Der aufhaltsame Aufstieg des Arturo Ui.* Hingeworfen in großer Eile, ein Kampfstück auf der Flucht. Erst nach Brechts Tod ist es gedruckt worden. Jetzt, im Herbst 1958 wurde es uraufgeführt in Stuttgart von einem Schüler Brechts, dem jungen Regisseur Peter Palitzsch. (In der Einrichtung des Berliner Ensembles, von Manfred Wekwerth und Palitzsch.)

Für Stuttgart zweifellos das Ereignis der Saison, ein bedeutender Abend für das ganze deutsche Theater und doch – welch ein beklemmender Abend, wenn er auch mit stürmischem Beifall endete! Beklemmung doppelter Art, fast entsprechend der »Doppelverfremdung«, von der Brecht im Arbeitsbuch spricht: Verdeutlichung eines hochpolitischen zeitgenössischen Vorgangs durch eine Gangsterstory, im elisabethanischen Stil dargeboten.

Das Datum 1941 ist wichtig, man darf es keinen Augenblick außer acht lassen, nur von hier aus ist alles zu verstehen. Wäre 1945, als Hitlers und seiner Werkzeuge Werk in seinem ganzen Umfang zutage trat, als die Leichenberge von Auschwitz und Theresienstadt sichtbar wurden – wäre es da noch möglich gewesen, Hitlers Aufstieg und Taten satirisch in einem Gangsterstück zu fassen, hätte es Brecht da noch fertiggebracht, solchen Stoff als Gaunerei zwischen Gangstern und Gemüsehändlern zu verkleiden?

Vor dem reinen Phänomen des Grauens und der Vernichtung hört der Witz, auch der satirisch schmerzende, bitter brennende und belehrende Witz auf. Wir alle kennen die Geschichte, die Brecht simplifiziert auf dem Podium seiner Historienbühne zeigt. Die Geschichte von dem korrupten Gemüsetrust (die Finanzkreise um von Papen), der sich der Gangster (Hitlers NSDAP) bedient und schließlich unter seine Gewalt gerät; die Geschichte vom ehrlichen, aber schwachen Volkshelden und Gastwirt Dogsborough (Hindenburg), der zu spät und schaudernd erkennt, wem er die Macht Stück für Stück in die Hände spielt; wir kennen die quälende Phase des Speicherbrandprozesses (Reichstagsbrand), den Mord am Spießgesellen Roma (Röhm); wir kennen all dies besser, als Brecht es 1941 kennen konnte, und vor allem, wir kennen das Ende der Geschichte. Was soll uns die Kostümierung des Grauens als Gaunerstück, da wir ein Stück Apokalypse erlebten?

Daß Brecht den so qualvoll komplexen Stoff vereinfachen mußte, ist klar, daß er – als gläubiger Marxist – das Phänomen Hitler, die Möglichkeit seines Aufstiegs, gelegentlich als kapitalistisches Exempel statuiert und das Böse auf Spekulationen am Grünkohlmarkt reduziert – das verursacht die Beklemmung, von der ich anfangs sprach.

Zwischen die einzelnen Bilder sind – vermutlich nicht von Brecht – Zeittafeltexte eingeblendet. Sie hätte Peter Palitzsch besser weggelassen, denn ihre nüchterne Mitteilung erdrückt im Grunde die Gemüseallegorie auf der Bühne. Das Stück mündet in der Dollfußaffäre. Der Gangster dehnt seinen Terror auf die nächste Stadt aus. Auch hier müssen sich die Grünzeughändler in seinen »Schutz begeben«. Das ist der Anschluß Österreichs.

Und hier setzt die andere beklemmende Frage ein: Ist das nicht auch der Anschluß Ungarns, der Tschechei, ist dies nicht auch der Prozeß, der auf der anderen Seite anlief, als Hitler gerade am Boden lag: Die Umwandlung der eben von ihm aufatmenden Staaten zu »Volksdemokratien« des Ostblocks? Und die Hand, die dieses Stück 1941 schrieb, hat sie nicht 1953, als der Berliner Aufstand zusammenbrach, das Glückwunschtelegramm an Ulbricht geschrieben? Wir wollen hier nicht aufs neue unsere ewige Gewissensfrage an Brecht stellen.

Es geht hier schließlich um Arturo Ui, um einen Ausschnitt. Aber – das ist das Versagen des Stückes – es ist nicht ein Ausschnitt des Ganzen, des ewigen Dramas von Macht und Gewalt und Rechtlosigkeit, das sich ewig abspielt in der Landschaft des Menschen.

Freilich, Brecht wollte die politischen Verbrecher der Lächerlichkeit preisgeben. Lächerlichkeit, Goebbels als Blumenhändler, Hitler als Ganove – aber das Lachen friert auf den Lippen.

Kann man das Böse lächerlich machen? Sicher, die Geschichte ist voller politischer Aktionen, die man als Gaunerstücke dekuvrieren und damit lächerlich machen kann. Aber ist damit das grausige Phänomen erklärt, wie ein Millionenvolk dem Bösen verfällt? Die Parabel ist zu eng gezogen. Was wir hinter uns haben und was anderswo noch im Gange ist, das ist unheimlich viel mehr als Schiebertrick und kapitalistische Fehlentwicklung.

Ein genialischer Wurf ins Leere. Hat Brecht es gewußt? Warum hat er den *Arturo Ui* nie aufgeführt? Er hätte es vermutlich damals in Amerika getan. In Berlin ließ er das Stück nicht einmal drukken. War da, in den letzten Jahren, eine Ahnung, daß seine Erklärung nicht genügte?

Die Aufführung unter Palitzsch war über lange Strecken, vor allem vor der Pause, bis zum Speicherbrand, hinreißend: Präzision, wundervolle Einfälle, plastische Darstellung und Gruppierung. Ein wie verwandelt wirkendes, eindringliches Ensemble um Wolfgang Kieling, der in der Rolle des Ui Erstaunliches leistete. Wechselnd zwischen sinnlos bellenden Ausbrüchen und erschlaffter Verglastheit, tückisch, erbärmlich und auch in der fast komischen Erbärmlichkeit noch fürchterlich, das irre Blinken in den Augen, der personifizierte Verfall, der alles anfrißt. Eine große Leistung.

(DIE WELT, 21. November 1958)

Berlin

Lothar Kusche
Arturo Ui und wer dahintersteckt

Ui: . . . Und der Friede in
Chicagos Grünzeughandel ist kein Traum mehr,
Sondern rauhe Wirklichkeit. Und um den Frieden
Zu sichern, habe ich heute angeordnet,
Daß unverzüglich neue Thompsonkanonen
Und Panzerautos und natürlich was
An Brownings, Gummiknüppeln und so weiter noch
Hinzukommt, angeschafft werden, denn nach Schutz
Schrein nicht nur Cicero und Chicago, sondern
Auch andre Städte: Washington und Milwaukee!
Detroit! Toledo! Pittsburg! Cincinnati!
Wo's auch Gemüsehandel gibt. Flint! Boston!
Philadelphia! Baltimore! St. Louis! Little Rock!
Minneapolis! Columbus! Charleston! Und New York!
Das alles will geschützt sein! . . . *Brecht, Arturo Ui*

Wir denken gar nicht daran, das Programm der beschleunigten atomaren Aufrüstung zu stoppen oder einzuschränken.
Strauß, westdeutscher Minister

Es ist verhältnismäßig leicht, mit der Aufforderung fertigzuwerden, die Kunst müsse mit der Brutalität behutsam umgehen, das schwächliche Pflänzchen der Erkenntnis liebevoll begießen, denen, die gezeigt haben, was eine Harke ist, nunmehr zeigen, was eine Gießkanne ist usw. . . . Sie (die Satire, L. K.) interessiert sich gerade für ernste Dinge. *Brecht*

Wir fordern die Ablösung der kommunistischen Herrschaft in den östlichen Ländern.

Strauß, westdeutscher Minister

Die herrschenden Klassen im modernen Staat bedienen sich bei ihren Unternehmungen meistens recht durchschnittlicher Leute.

Brecht

Zitate! Zitate! Wer liest sie schon gern, da sie doch meistens klein gedruckt sind; außerdem hat der Leser den Verdacht, der Autor wolle sich bloß dicketun mit den Büchern, die er gelesen und aus denen er nun ein paar Kernsätze abgeschrieben hat. Von diesem Verdacht bin ich hier frei. Brechts Worte kann jedermann im neunten Band seiner Stücke leicht finden und nachlesen; was aber der zitierte westdeutsche Minister gesagt hat, stand in den Zeitungen. Ich teile Ihnen nichts Neues mit. Der Mann spricht nachgerade dermaßen laut, daß man ihn nicht überhören kann.

Das hat er übrigens mit Brechts Arturo Ui gemein, und nicht nur das. Mit anderen Worten: Brechts hier schon ausführlich besprochenes* parabelhaftes Gangster-Spektakel *Der aufhaltsame Aufstieg des Arturo Ui* erweist sich nicht nur als eine historische, sondern auch als eine aktuelle, quasi prophetische Parabel. Das schafft allerdings eine »Atmosphäre des Schauerlichen« (in der Brecht den *Ui* gespielt wissen wollte), nämlich eine Atmosphäre des Schauerlichen, die über das Theater hinausreicht. Wenn dies kein Zeit-Theater ist, dann möchte ich mal welches sehen.

Natürlich hat das Stück seine unmittelbar anklägerische Wirkung nur da, wo Faschismus dräut, weswegen man auch die Bedeutung der Stuttgarter Aufführung gar nicht hoch genug einschätzen kann. Aber das kann doch nicht heißen, daß uns *Der aufhaltsame Aufstieg des Arturo Ui* nichts angeht, daß die Klärung der Umstände, unter denen der Faschismus an die Macht kommen kann, für uns überflüssig wäre – noch dazu für uns Einwohner der Stadt Berlin im Jahre 1959.

Brecht schrieb die »Wahrheit über schlimme Zustände« so, daß »ihre vermeidbaren Ursachen erkannt werden können«, denn nur »wenn die vermeidbaren Ursachen erkannt werden, können die schlimmen Zustände bekämpft werden«. Das bedeutet nichts anderes, als daß man nicht gegen den Faschismus sein kann, wenn

* Helly M. Reifferscheidt: *Brecht-Uraufführung in Stuttgart,* Weltbühne XIV/1, S. 17-22.

man für den Kapitalismus ist, der den Faschismus doch zwangsläufig (entsprechend den nationalen Bedingungen) hervorbringt.

Diese Lehre des Stücks gewinnt in der Inszenierung des Berliner Ensembles, für die Peter Palitzsch und Manfred Wekwerth verantwortlich zeichnen, die Leuchtkraft der Überzeugung.

Ganz vorzüglich ist schon die Musik von Hans-Dieter Hosalla. Sie kommentiert das schauerliche, satirisch gesehene Geschehen mit einer grellen Schaubuden-Melodik, die von der gellenden Klarinette wie von einer Sirene warnend beherrscht wird. Später bedient sich der musikalische Kommentar des Tonfalls einer Zirkus-Kapelle oder eines Orchestrions. Dabei wird jedesmal ins Schwarze der Satire getroffen. Hans-Dieter Hosalla ist wahrhaftig gut bekannt, seit er die kluge und vitale Musik zur Aufführung von Wischnewskis *Optimistischer Tragödie* durch das Berliner Ensemble gemacht hat, und wenn an dem satirischen DEFA-Film *Der junge Engländer* irgend etwas gut war, so war es ganz gewiß die Musik von Hans-Dieter Hosalla. Zu seiner *Ui*-Musik möchte man dem Manne gratulieren.

Völlig im Sinn des Stückes und diesen bekräftigend hat Karl von Appen die Ausstattung entworfen. Der Rahmen schafft das Milieu von Jahrmarktsbude oder Zirkuszelt, darin ist Platz für große Arrangements, die mit wenigen Podesten oder Möbeln auskommen. Die Kostüme der legalen Gangster sind schwarze, sogenannte seriöse Anzüge, wie sie Herren zu tragen pflegen, die mit Aktien und mit Menschenleben handeln. Die Kostüme der zunächst illegalen Gangster des Ui sind unauffällig und schäbig, je mehr Macht Ui und Givola gewinnen, je mehr staatliche Autorität, desto nobler wird auch ihr Habitus.

Ekkehard Schalls Schauspieler-Leistung als Arturo Ui übertrifft alles, was Schall bisher gezeigt hat, und das war gewiß nicht wenig. Schall hat eine gewisse Neigung, das Psychopathische einer Figur hervorzukehren; dieser Neigung gab er hier glücklicherweise nicht nach, sonst wäre womöglich ein Spießer-Bild herausgekommen: Ui, der große Verrückte. Schall zeichnete die ganze Feigheit und Schäbigkeit des Ui, ohne daraus etwa eine Charge zu machen. Wir sehen keinen Besessenen, sondern einen Besitzenwollenden im Dienste der Besitzer. Die Inszenierung ist so, daß nicht etwa Ui ständig im Vordergrund spielt, etwa als der Mann, bei dem die Fäden zusammenlaufen – vielmehr stellt sie Ui als den Mann dar, der an den Fäden des Kapitals hängt.

Bei dessen Vertretern laufen die Fäden allerdings sichtbar zusammen, und wie deutlich werden sie geknüpft von den Darstellern. Wieviel wird klargemacht mit wenigen Worten und Gesten von Martin Flörchinger, Norbert Christian, Peter Kalisch, Ernst-Otto Fuhrmann, Gerd Biewer.

In Uis Bande entlarven Hans Hamacher (Roma-Röhm), Hilmar Thate (Givola-Goebbels), Barbara Berg (als Prostituierte Docksdaisy) und viele andere das alte und neue braune Herrenmenschentum. Wenn da der Gangster Greenwool (Fritz Hollenbeck) eine so süßlich-besinnlich-schmalzige Weise anstimmt, derweilen seine Kumpane das Petroleum für den Speicherbrand heranschleppen, so überläuft es den Zuschauer kalt.

Allerdings gibt es auch Augenblicke, in denen die vom Dichter geforderte »Atmosphäre des Schauerlichen« zugunsten einer naheliegenden Komik versagt. Beispielsweise im Auftritt des verkommenen Schauspielers (Georg-August Koch), der dem Ui die Haltung und das Reden beibringen soll. Doch in den entscheidenden Szenen gibt es kein Lachen. Die ganze schauerliche Farce faschistisch-bourgeoiser Rechtsstaatlichkeit enthüllt die Vorführung des Speicherbrand-Prozesses. Beneckendorff als Richter offenbart, wie weit es mit der Objektivität dieser Justiz her ist; der Schauspieler sitzt mit dem Rücken zum Publikum, die Regie kann sich das leisten, er ist einer der wenigen Herren in diesem Hause, von denen man auch in solcher Haltung jede Silbe versteht. (Brecht war immer gegen das eingelernte Theater-Sprechen und all seine Unnatur. Er hat dabei übersehen, worin der Trick besteht, im ganzen Theater verstanden zu werden und dennoch menschlich zu sprechen, nämlich darin, die Technik des Sprechens zu erlernen und quasi wieder zu vergessen. Wie man das macht, demonstrierte unter anderen ein Schauspieler, den die Berliner auch aus Brecht-Aufführungen noch in Erinnerung haben: Werner Hinz.)

Die »Atmosphäre des Schauerlichen« herrscht auch in der Hitler-Dollfuß-Szene, die zugleich eine Travestie der Szene in Marthe Schwerdtleins Garten (*Faust*) darstellt. Hervorragend Ruth Drexel und Heinz Schubert als Ehepaar Dullfeet.

Endlich muß erwähnt werden Agnes Kraus, welche mittenhinein in all das Schauerliche und Groteske als eine angeschossene Frau die Stimme des Menschlichen hören läßt, die verzweifelte Stimme der Vernunft und des Lebens, die uns Überlebenden mahnend in den Ohren klingt. Die Szene steht im Manuskript am Schluß des Stückes, ist aber in der Aufführung in die Mitte verlegt worden, wo sie gleichsam den humanistischen Angelpunkt des Ganzen bildet.

Die Szene, in welcher dem Ui der Geist seines von ihm ermordeten Spießgesellen Roma-Röhm erscheint, und die öfter kritisiert worden ist (unter anderem auch in der Weltbühnen-Rezension der Stuttgarter Aufführung), weil sie den Ui zum Menschen und den Roma zum Märtyrer machen könnte, ist von Palitzsch und Wekwerth diesmal zum Vorteil des Ganzen gestrichen worden.

Helly M. Reifferscheidt wies seinerzeit darauf hin, daß die westdeutsche Presse immer wieder betonte: man dürfe nicht vergessen, daß es sich beim *Arturo Ui* um ein rasch niedergeschriebenes Kampfstück handele, das selbstverständlich nicht in Vergleich gestellt werden dürfe zu den großen späteren Werken des Dichters usw. Freilich: die bürgerliche Presse hat allen Grund, so zu schreiben – den *Ui* will sie nicht gern wahrhaben. 1941 ist das Stück geschrieben, heute erweist es aufs neue seinen Verfasser als den größten deutschen Dramatiker dieser Zeit. Es ist kein historisches Schauspiel, sondern eine historische Parabel, es erhebt nicht den Anspruch, ein Universalgemälde mit sämtlichen Details zu sein, sondern es will einen Ausschnitt geben. In diesem aber stimmt alles, und so zeigt uns *Ui* eben nicht nur Ui, sondern auch die, welche dahintersteckten und sich schon wieder hinter neue Uis stecken. Mit anderen Worten: wir haben in dieser Aufführung gesehen, wie das Großkapital eine Menschheits-Tragödie heraufbeschworen hat, nicht mehr und nicht weniger. Heute gibt es einen sehr gewichtigen Gegenspieler: das sozialistische Lager, diesem müssen wir unsere ganze Kraft geben – im ureigenen Interesse.

(Die Weltbühne, Neue Folge, 14/1959)

André Müller

Berlin hat eine neue Theatersensation. Wieder ist es die Brechtbühne, das Theater am Schiffbauerdamm, die mit der Inszenierung des nachgelassenen Stückes *Der aufhaltsame Aufstieg des*

Arturo Ui von Bertolt Brecht bewies, zu welchen grandiosen Leistungen das Theater auch heute noch fähig ist. Jede Vorstellung ist restlos ausverkauft, das Publikum bemüht sich schon Wochen im voraus um Eintrittskarten. Friedrich Luft bezeichnete die Aufführung als ein Ereignis »von europäischer Bedeutung« und selbst in Chikago berichtete eine Zeitung vierspaltig von dieser Inszenierung. Lediglich die Presse der Bundesrepublik schweigt bisher ... das Theater am Schiffbauerdamm liegt eben im Osten Berlins.

Der aufhaltsame Aufstieg des Arturo Ui – über die Uraufführung in Stuttgart berichteten wir in Nr. 2/1959 der DVZ ausführlich – ist eine Travestie auf den Aufstieg Hitlers zur Macht. Brecht verlegte die Handlung – ein typischer Verfremdungseffekt – ins Chikagoer Gangstermilieu, machte aus den deutschen Junkern und Schlotbaronen Blumenkohlhändler, die sich der Gangster bedienen, um den stockenden Absatz ihres Blumenkohls durch offenen Terror wieder in Gang zu bringen. Durch diese Verhüllung, von der Brecht selbst schrieb, daß sie eine »Enthüllung« ist, werden jedoch die ökonomischen Hintergründe sichtbar, die 1933 zum Faschismus führten. Darauf kam es Brecht an. Man hat ihm vorgeworfen, er lasse andere Ursachen außer acht, gehe zuwenig oder gar nicht auf die geistige Verfassung des deutschen Volkes von damals ein usw. ... Aber Brecht hat das bewußt in Kauf genommen, hat die Beschränkung auf die Parabel, das exemplarische Beispiel, bewußt gewählt, um zu zeigen, daß die ökonomischen Gründe ausschlaggebend sind, daß überall dort, wo die bürgerliche Gesellschaft in ökonomische Schwierigkeiten gerät, die Gefahr des Faschismus vorhanden ist.

Das Stück ist im großen Stil geschrieben, im Blankvers, der gehobenen deutschen Bühnensprache Goethes und Schillers. Schon das bewirkt Travestie. Gangster und Blumenkohlhändler in Jamben agieren zu hören wirkt lächerlich, und lächerlich wollte Brecht das damalige Geschehen machen, nicht weil er es nicht ernst genug nahm, sondern um den Respekt der einfachen Leute vor großen Verbrechern zu zerstören. Das Leben, das da erzeugt wird, bleibt einem immer wieder im Halse stecken. Auch das wollte Brecht, damit die Erkenntnis des Zuschauers über die verbrecherischen Motive des Faschismus sich zu der Schlußfolgerung verdichten: nie wieder!

Das Stück ist ganz im großen Stil inszeniert; schnell, obwohl jede Geste ausgespielt wird, ruhig, obwohl es richtig als Gangsterspektakel angelegt ist, mit kaum zählbaren Gags und Effekten, obwohl sie alle nur dazu dienen, die Fabel deutlich zu machen. Fast alle Schauspieler treten mit völlig geschminkten Gesichtern auf, meist ein leicht grünliches Weiß; Ui mit rotausgeschminkten Augenhöhlen, Givola (Goebbels) mit einem riesenhaft geschminkten roten Maul usw. Die Blumenkohlhändler im schwarzen Anzug und im Stehkragen der zwanziger Jahre, die Gangster in der Aufmachung, wie man sie aus unzähligen Gangsterfilmen her kennt. Schon das vermittelt einen beklemmenden Eindruck. Bevor das Stück anfängt, sieht man auf der offenen Bühne, deren Öffnung wie auf einem Jahrmarkt bunt bemalt und mit kleinen farbigen Glühbirnen versehen ist, vier Kästen mit Wachsfiguren, Hitler, Göring, Goebbels und Hindenburg darstellend. Wenn der Prologsprecher, wie ein Jahrmarktsbudenbesitzer, die Vorstellung eröffnet, treten hinter den Kästen mit den Wachsfiguren die vier Spieler in ihren Stückkostümen hervor. Bereits dann stockt zum erstenmal der Atem. Da ist Ui, von Ekkehard Schall gespielt, eine Meisterleistung, an Chaplin erinnernd. Feige, charakterlos bis zum äußersten, der Mann, der selbst keinen Mord begeht, aber die anderen anstiftet. Einmal ein armseliges Häufchen Elend, dann wieder auftrumpfend, angebend, in der Szene wo er von einem Schauspieler Unterricht erhält, diesen übertrumpfend, sich überschlagend (was akrobatisch ausgespielt wird), wenn er Reden einstudiert. Man wird Ekkehard Schall nach dieser Leistung zu den wenigen ganz großen deutschen Schauspielern zählen müssen. Und doch ist kein gewaltiger Abstand zu den anderen Mitwirkenden.

Hilmar Tate als Givola, die feige Großmäuligkeit zeigend, ist prachtvoll. In der letzten Szene rennt er eine riesige hochaufsteigende Treppe zu einem Rednerpult hinauf, um einen Satz zu sagen: es spricht Arturo Ui. Wolf Kaiser als Emanuelle Giri (Göring), der stets den Hut des zuletzt Ermordeten trägt, ist von beängstigender Dichte. Wenn er lacht, überläuft es das Publikum kalt. Josef Kamper als Kneipenwirt Dogsborough (Hindenburg), Hans Hamacher als Ernesto Roma (Röhm), Heinz Schubert als Ignatius Dullfeet (Dollfuß) und Ruth Drexel als seine Frau zeigen alle Leistungen, wie man sie auf unseren Bühnen kaum zu sehen bekommt. Die Inszenierung zeichnet sich durch eine Fülle von Einzelheiten aus, die bei oberflächlicher Schilderung Seiten ausmachen müßte. Es ist jedenfalls ein richtiges Gangsterspektakel geworden, unzählige Gangsterfilme, Chaplinfilme, Stummfilme, Wochenschauaufnahmen aus der Hitlerzeit und ähnliches sind als Vorlage für die oder jene Einzelheit ausgenutzt worden. Und doch gibt es keinen Effekt um des Effekts willen, keinen Glanz um des Glanzes willen, keinen Schauspieler, der sich anstelle der zu zeigenden Figur in den Vordergrund schiebt. Es ist eine Inszenierung erster Klasse, auf einem kaum zu glaubenden schauspielerischen Niveau. Ein Lehrstück wirklichen Theaters. Und allen Unkenrufen zum Trotz der Beweis: Bertolt Brecht ist tot, aber das Brechtsche Theater lebt!

(Deutsche Volkszeitung, Düsseldorf, 9. 5. 1959)

Burkhardt Lindner

›Fascinating Fascism‹ und die Banalität des Bösen

Die anhaltende Nötigung zur »Vergangenheitsbewältigung« hat heute Umakzentuierungen erfahren: Es handelt sich hier sowohl um eine apologetische Literatur, die eine verstehende Geschichte der Nazi-Größen anstrebt oder die Alltäglichkeit des Dritten Reiches psychologisch beschreibt, als auch um eine selbstkritische Literatur, die das moralisch-politische Tabu über dem Dritten Reich ›von links‹ aufbrechen will.

Brecht hatte die Parabel vom »aufhaltsamen Aufstieg des Arturo Ui« mit der (keineswegs nur für dieses Stück geltenden) Absicht geschrieben, den Respekt vor den großen politischen Verbrechern zu demontieren. Dieser Respekt bekundet sich in der »romantischen Geschichtsauffassung der Kleinbürger (und der Proleten, solange sie keine andere haben)«. Ihr gilt die »Quantität der Unternehmungen« bereits als Nachweis eines einschüchternden Formats; das Ausmaß des Verbrechens bewirkt den Anschein des historisch Außerordentlichen.

»Dieser Respekt vor den Tötern muß zerstört werden. Die Alltagslogik darf sich nicht einschüchtern lassen, wenn sie sich in die Jahrhunderte begibt; was uns für die kleinen Verhältnisse gilt, dem müssen wir in den großen Geltung verschaffen. Der Lump im kleinen darf nicht, wenn ihm die Herrschenden gestatten, ein Lump im großen zu werden, eine Sonderstellung nicht nur in der Lumperei, sondern auch in unserer Geschichtsbetrachtung einnehmen« (*Ui*, S. 132).

Brechts Mißtrauen ist keineswegs überholt. Mit der Frage, ob man Hitler »groß« nennen müsse, beginnt die Hitler-Biographie von Joachim Fest. Er schreibt:

»Die bekannte Geschichte verzeichnet keine Erscheinung wie ihn; soll man ihn ›groß‹ nennen? Niemand hat soviel Jubel, Hysterie und Heilserwartung erweckt wie er; niemand soviel Haß. Kein anderer hat, in einem nur wenige Jahre dauernden Alleingang, dem Zeitablauf so unglaubliche Beschleunigungen gegeben und den Weltzustand verändert wie er; keiner hat eine solche Spur von Trümmern hinterlassen. Erst eine Koalition fast aller Weltmächte hat ihn in einem annähernd sechs Jahre dauernden Krieg gleichsam vom Erdboden getilgt: totgeschlagen, mit den Worten eines Offiziers aus dem deutschen Widerstand, ›wie einen tollen Hund‹.«[1]

Ist es übertrieben, aus diesem Buchanfang den Ton des Bedauerns herauszuhören? Wozu wird ein Bild des Zweiten Weltkriegs beschworen, als habe Hitler allein gegen die ganze Welt gekämpft? Wozu die peinlichen Anspielungen auf den Schluß von Kafkas *Prozeß* – so als sei Hitler am Ende gnadenlos erschlagen worden, während er sich doch selbst in den Tod beförderte, in den er das deutsche Volk zur Strafe mit hineinnehmen wollte?

Und zögert Fest, Hitler einen Großen zu nennen, so nicht wegen seiner Verbrechen – die Großen der Geschichte seien nun einmal »vom Sittengesetz dispensiert« –, sondern weil er »bei allen herausragenden Eigenschaften ein unangenehmer Mensch« gewesen sei und damit den »ästhetischen« Anforderungen an das Große nur bedingt entspreche.[2] Fest ebenso wie Nolte suchen eine historische Betrachtung der NS-Zeit zu gewinnen, wie sie ein Ranke oder Burckhardt gegenüber dem monströsen Leben der Renaissancepäpste vornahmen; dem Moralismus und Dogmatismus linker Faschismustheorien sollte damit die Positivität geschichtlichen Verstehens entgegengesetzt werden. Davon unterscheidet sich eine Auseinandersetzung, wie sie neuerdings als Selbstkritik linker Faschismustheorien formuliert wird.

»Die Abarbeitung an der monströsen Figur Hitlers ist noch nicht zu Ende. Die Gigantomanie des Banalen aus Syberbergs Hitlerfilm in uns, seine Faszination ist eine Kritik an der Linken. An dieser Stelle der Faszination brechen die linken Mythen zusammen. [...] Auch nachdem der Antifaschismus das meiste von seinem Gehalt verloren hat, bleiben die Linksradikalen auf ihm stehen. Das hat etwas Trotziges und Trickhaftes, wie beim Igel im Wettlauf mit dem überlegenen Hasen.« – »Und doch, spätestens in der Fernsehserie ›Holocaust‹ taucht sie wieder auf, diese fast magisch zu nennende Grenze, welche das ›Phänomen Faschismus‹ seinen Analysen entgegenstellt: die nicht zu bändigende Welt der Gefühle. [...] Die Grenze des Menschlichen, von einer maßlosen Vernunft lange Zeit vergessen, kehrt eines Tages gewaltsam zurück.« – »Die Epoche des Faschismus kommt mir vor, als hätte sie Enttäuschungen und Sehnsüchte ernster genommen, als andere gesellschaftskritische Bewegungen zuvor, politisch. [...] Warum geht dies der überhektischen Linken nicht in den Kopf? Die faschistische Welt, ein Ort für todmüde Menschen sich auszuruhen, diese Einladung, an ihr teilzunehmen, ist wohl ihre größte Anziehung. [...] Dem Willen zur Macht [...] fehlt nie das Gefühl für die Macht. Am apathischen Rausch der Masse ist es da und niemand weiß es besser als eine

Vernunft, die ihre entschwundenen Gefühle entsetzt oder fasziniert beobachten kann, jetzt, da sie wieder auftauchen dürfen, kaum sind sie wiederzuerkennen, so sehr entstellt durch Ähnlichkeit.« – »Im Faschismus hat für einen Augenblick der Geschichte Fantasie die Wirklichkeit besiegt.«[3]

An den Versuchen, sich dem Faschismus ›von innen‹, durch Einfühlung zu nähern, erscheint der Impuls verständlich und wesentlich, der sich gegen ein Berührungstabu richtet. Sowohl jene *Unfähigkeit zu trauern*, die Mitscherlich als Basis der Nachkriegsmentalität beschrieb, als auch der (offiziell allenfalls geduldete) Politikanspruch eines Antifaschismus, der die kapitalistischen Interessen und die Kontinuität der Machteliten beim Namen nennt, haben – fast komplementär – die in den Faschismus eingegangenen und von ihm mobilisierten Sehnsüchte tabuisiert. (Deshalb auch liest sich »Nationalsozialismus« wie das Etikett auf einer verbotenen Giftflasche, die wiederum als neofaschistische Jugenddroge durchaus Wirksamkeit gewinnt). Andererseits aber laufen solche Rekonstruktionen des ›fascinating fascism‹ von seiner Innenansicht aus (und vom eigenen ›Innen‹, das sich auf Gefühle der Faszination und Abwehr einläßt) Gefahr, die faschistische Mentalität und die nichtterroristische Wirksamkeit des Nationalsozialismus mit ›dem Faschismus‹ gleichzusetzen, von seiner terroristischen Organisationsform also weitgehend zu abstrahieren. Gegen Pseudoerklärungen, die den Nationalsozialismus als Betriebsunfall der deutschen Geschichte oder – mit etwas mehr Berechtigung – als Machenschaft des Großkapitals verharmlosen, wird nunmehr der Nationalsozialismus als Ereignis, als ungeheuerliche Realisation der verdrängten Wunschproduktion dämonisiert. Von hier aus läßt es sich leicht mit der Zeitströmung bis zu Faßbinders Melodram von der *Lili Marleen* treiben.[4] Und zur begriffslosen Faszination taugt der Faschismus besonders. Er hat sich selber so präsentiert: als Triumph des Willens zur Macht, der gegen einen hundertköpfigen, übermächtigen Feind antritt (die Juden, die Kommunisten, die Untermensch-Rassen, die Vergiftung des Volkskörpers, die Knechtung des Volks, die Novemberverbrecher usw.).

Richtig ist, daß die Aufmerksamkeit auf das Schicksal des »Wunsches« unterm Faschismus das gebannte Starren auf die Organisationsformen der Macht durchkreuzt. Der Einbruch in die Massen ›von rechts‹ und der Zerfall der revolutionären Bewegungen (die Spaltungen, die Liquidierungen) haben das Repräsentationsmodell der »Partei« als der reinen Vermittlung von Masseninteresse und objektiver Geschichtsvernunft nachhaltig erschüttert. An »einem Punkt der Geschichte [...], wo die Produktivkräfte so weit entwickelt sind, daß alle glücklich leben könnten«[5], wird eine Idee von geschichtlicher Vernunft zweifelhaft, die sich politisch als Kampf um die Staatsmacht und als planmäßige Kontrolle des Fortschritts der Produktivkräfte begreift.

Falsch ist aber, die Entdeckung des »Wunsches« vom Erbe des alten Antifaschismus abzukoppeln: von dessen moralischem Entlarvungsanspruch und dessen selbstkritischen Erklärungsversuchen. Die Rekonstruktion der faschistischen Massenfaszination hatte bereits in der zeitgenössischen Linken zu eindrucksvollen und unüberholten Einsichten geführt, ohne daß deshalb auf die plumpe Frage nach dem ›cui bono‹ verzichtet werden mußte. Geschichtlich betrachtet ist beides notwendig: die Anstrengung des Erklärens und das Festhalten des Unerklärlichen. Das Erklären zielt darauf, Machtinteressen kenntlich zu machen, Unterdrükkungsmechanismen aufzudecken und die apokalyptische Entfesselung des Bösen in die Banalität zurückzuholen, die sie doch nirgends überschritt. Was ist an der buchhalterisch-bürokratischen Abwicklung der Judenvernichtung, am preußischen Funktionieren der Militärmaschine oder an der Wirksamkeit des Gestapo-Terrors außerordentlich? Wo gewinnt auch nur eine der Nazi-Größen die Umrisse einer welthistorischen Figur?

Andererseits jedoch entziehen sich offensichtlich doch solche Vorgänge wie die »Endlösung« der Judenfrage oder die kollektive Bereitschaft zum selbstzerstörerischen »Endsieg« jeder *vernünftigen* Erklärung. Das Eingeständnis des Unbegreiflichen ist fällig, das wiederum nicht den Verzicht auf den Vernunftbegriff zur Konsequenz haben kann. An der neuzeitlichen Vernunftkonzeption ist vielmehr das ihr immanent Irrationale wahrzunehmen und zu kritisieren: ihre Gleichsetzung mit Beherrschung und Rationalisierung.

Die neuzeitliche Zivilisation und ihr Vernunftbegriff schreibt, der *Dialektik der Aufklärung* zufolge, die Geschichte der Verinnerlichung als Verleugnung des archaischen Opferrituals ins Identitätssubjekt ein: im Faschismus bricht diese verdeckte Repression nach außen, als kollektive Regression. Daß diese Regression sich zugleich mit modernster Technologie (Massenmedien, Rüstungsproduktion) verband, ist kein Widerspruch; die Ästhetisierung der Kriegspolitik verschmilzt Blutfahne und Feuerzauber mit der Perfektion der Bomberstaffeln und Kampfverbände. »Der Faschismus ist als Rebellion gegen die Zivilisation nicht einfach eine Wiederholung des Archaischen, sondern dessen Wiedererzeugung in der Zivilisation durch die Zivilisation selbst.«[6] Antikapitalistische Katastrophenstimmung und die im Kapitalismus ausgegrenzten affektiven Wunschgehalte (Bloch, Bataille, Benjamin) werden im faschistischen Sinne mobilisierbar, weil sie zugleich libidinöse und destruktive Kollektivabläufe freisetzen, in denen die Individuen regredieren können (Suggestion, Faszination, Identifikation mit der autoritär-narzistischen Führerfigur). Die kultische Fassade – die verschmolzene Masse blickt gebannt auf den Führer und erlebt, wie dieser auf sie blickt – deckt sich indes nicht mit den Macht- und Profitinteressen. Am Primat dieser (benennbaren) Interessen, die die psychologische Disposition der gesellschaftlichen Schichten in Regie nehmen, hat die kritische Faschismustheorie immer festgehalten.

Adorno, der in diesem Sinne argumentierte, hat freilich zugleich Zweifel angemeldet, ob der postfaschistische Spätkapitalismus noch nach jenem Modell des »autoritären Staates« zu begreifen sei. ›Kultur- oder Bewußtseinsindustrie‹ setzt gleichsam unterhalb der Schwelle der Subjektbildung an; die Individuen regredieren zu vorsintflutlichen »Lurchen«, ohne daß aus dieser barbarischen Reduktion noch irgendein dialektischer Funke entspringt. Deshalb kann auch die Kunst nur sinn-negierend und hermetisch gegen die scheinhafte Wiedergeburt der Kultur nach Auschwitz opponieren; wenn überhaupt noch. In jenem Aphorismus der *Minima Moralia*, dessen Kritik an Brechts *Ui* bereits zitiert wurde, wird die Fortexistenz von Kunst in Zweifel gezogen:

»Staatsaktion. – Fürs Absterben der Kunst spricht die zunehmende Unmöglichkeit der Darstellung des Geschichtlichen. Daß es kein zureichendes Drama über den Faschismus gibt, liegt nicht am Mangel an Talent, sondern das Talent verkümmert an der Unlösbarkeit der dringlichsten Aufgabe des Dichters.«[7]

[Aus: Burkhardt Lindner: *Der aufhaltsame Aufstieg des Arturo Ui*. München: Fink 1982, S. 131-136]

Anmerkungen:

1 Joachim Fest: *Hitler. Eine Biographie.* Frankfurt/Berlin/Wien 1973, S. 17.
2 Ebd., S. 19 f.
3 *Autonomie. Materialien gegen die Fabrikgesellschaft*, 10 (1979), H. 14, S. 25 ff., 29. – Hans-Jürgen Syberberg: *Winifred Wagner – Symbol unserer Vergangenheit.* In: Die Zeit, 14. 3. 1980; ders.: *Hitler ein Film aus Deutschland.* Reinbek 1978; Klaus Theweleit: *Männerphantasien.* Reinbek 1980; Félix Guattari: *Mikro-Politik des Wunsches.* Berlin 1977.
4 Man braucht gewiß nicht – um ein weiteres Beispiel der Bewußtseinsverwirrung zu zitieren – der bayerischen Zensur gegen den Regisseur Schroeter beizupflichten, wenn man dessen Interviewbekenntnisse pubertär nennt (»Heute könnte ich jemanden umbringen, ohne mir das geringste dabei zu denken, weil ich ein sinnliches Gefühl hab' für so'ne anarchische Haltung. Das erregt mich unheimlich, oben, unten und in der Mitte. [...] Adolf Hitler, die süße Tanzmaus, hat sich in eine Ballerina verwandelt«, Frankfurter Rundschau vom 29. 5. 1980). Ich stimme hier mit der Kritik überein, die Lothar Baier: *Wer unsere Köpfe kolonisiert*, im Literaturmagazin 9/1978 geltend macht (*Der neue Irrationalismus.* Reinbek 1978, S. 74 ff.).
5 Wolfgang Pohrt: *Ausverkauf. Von der Endlösung zu ihrer Alternative. Pamphlete und Essays.* Berlin 1980, S. 66.
6 Theodor W. Adorno: *Die Freudsche Theorie und die Struktur der faschistischen Propaganda.* In: Psyche 24 (1970), H. 7, S. 491.
7 Ders.: Minima Moralia. Frankfurt/M. 1964, S. 94.

Wolfgang Fritz Haug

Bürgerhandeln, starker Mann und großer Stil

Beitrag zu einer Aktualisierung des Ui-Stücks[1]

1. Der *Aufhaltsame Aufstieg des Arturo Ui* ist nicht unmittelbar für's deutsche Theater geschrieben. Auf der Flucht vor der sich über Europa ausdehnenden Naziherrschaft, 1941 in Finnland, wartend auf die US-Einreisegenehmigung, schrieb Brecht das Stück mit dem Blick aufs nordamerikanische Theater. Es ist nützlich, das Stück zunächst unter diesem Gesichtswinkel zu betrachten. Was für den deutschen Zuschauer ein Verfremdungseffekt ist – die Verlegung der Nazihandlung in die USA und ihre Verschiebung ins Gangstermilieu –, mutet den Zuschauern in den USA eine befremdliche Aneignung zu. Man stelle sich vor, wie sehr die Ui-Fabel der US-Ideologie zuwiderlief! Schwankend zwischen Anerkennung deutscher Tüchtigkeit (auch der faschistischen) und Deutschenhaß (deutsch mit faschistisch gleichsetzend) bildete die US-Ideologie die USA als das Land der Demokratie ab, den Faschismus dagegen als das schlechthin Artfremde, Produkt und Problem andrer Nationen. Und nun holte Brecht dieses Fremde, geglaubtermaßen Unamerikanische ins eigne Haus, zeigte es den Amerikanern als amerikanische Möglichkeit. Er entnationalisierte den Nazismus. Er verdichtete zu diesem Zweck die Nazihandlung mit einer amerikanischen Gangsterhandlung. Und er verdichtete diese Doppelhandlung mit dem »Großen Stil«, wie wir ihn vor allem aus dem Shakespeareschen Theater kennen. In sein Arbeitsjournal notierte Brecht entsprechend:

»doppelverfremdung – gangsterhandlung und großer Stil« (28. 3. 1941)

In den USA hat man es offenbar nicht gern gesehen, daß dadurch Hitler relativiert wurde. Denn Hitler diente als politischer Fetisch in Gestalt einer vermeintlichen »Verkörperung typisch deutschen Ungeistes«. Dieses Hitler-Bild diente dem Glauben an die eigene Unangefochtenheit durch den Faschismus. Das Stück, das diesen Glauben bedrohte, mußte 22 Jahre warten, bis es 1963 zum erstenmal in den USA aufgeführt wurde, in New York, und zwar als

Karikatur, an der keine gegenwärtige Bedeutung erkennbar war, so daß es nach einer Woche vom Spielplan abgesetzt werden mußte (Bathrik 159). Zwölf Jahre später wurde Ui zum zweitenmal in den USA inszeniert, 1975 in Chicago. Diese Inszenierung scheint vor allem bemüht gewesen zu sein, das amerikanische Gangstermilieu der dreißiger Jahre möglichst stilecht zu treffen. Die Hüte etwa müssen genau dem entsprochen haben, was man aus den klassischen Gangsterfilmen jener Zeit kennt. Der Spaß, den Brechts Text hergibt, wurde voll ausgespielt – auf Kosten der »Spannung zwischen dem Komischen und dem Gräßlichen« (ebd. 162). So wurde – immerhin nach Watergate, nach der Ermordung der beiden Kennedys und nach vielen anderen Politkrimis der amerikanischen Wirklichkeit – jegliche Anspielung auf mögliche Aktualität des Stücks für die USA heute vermieden.

Die beiden Extreme, Nazikarikatur und historisch stilechte Gangsterkomödie, leisten in dieser Hinsicht dasselbe: Sie zerstören die Brechtsche Verdichtung und damit die mögliche Aktualität.

2. Deutsche Aufführungen des *Ui* stehen vor dem umgekehrten Problem. Hitler; Hindenburg, Dollfuß usw. – alle sind bekannt aus der eignen Geschichte. Was liegt näher, als den *Aufhaltsamen Aufstieg des Arturo Ui* als Schlüsselstück aufzufassen? Giri = Göring, Givola = Goebbels usw. »Ein Zeitstück über den Nationalsozialismus.« Desto leichteren Herzens nimmt man diese Spielart in der Bundesrepublik an, als die Zeiten des NS vorbei sind. Gangsterhandlung und großer Stil erscheinen in dieser Sicht als bloße komische Kostüme. Das Ganze scheint eine Farce über eine abgeschlossene Historie.

Wenn wir das Stück inszenieren, spielen oder anschauen, sollten wir versuchen, diesen Effekt zu verhindern.

Nach Fertigstellung des Stücks notierte Brecht in sein *Arbeitsjournal*:

»im UI kam es darauf an, immerfort die historischen vorgänge durchscheinen zu lassen, andrerseits die ›verhüllung‹ (die eine enthüllung ist) mit eigenleben auszustatten, dh, sie muß – theoretisch genommen – auch ohne ihre anzüglichkeit wirken, unter anderem wäre eine zu enge verknüpfung zwischen den beiden handlungen (GANGSTERHANDLUNG und NAZIHANDLUNG), also eine form, bei der die gangsterhandlung nur eine symbolisierung der andern handlung wäre, schon dadurch unerträglich, weil man dann unaufhörlich nach der ›bedeutung‹ dieses oder jenes zuges suchen würde, bei jeder figur nach dem urbild forschen würde, das war besonders schwer.« (1. 4. 1941)

Wenn die »›verhüllung‹ . . . eine enthüllung ist«, dann kann das zu Zeigende nicht das ›Verhüllte‹ sein. Ui »bedeutet« demnach nicht Hitler, sondern die von Hitler entlehnten und mit anderem Material in der Ui-Figur verdichteten Züge bedeuten etwas darüberhinaus. Was ist das? Was ist das Demonstrandum des Stückes?

3. Unterstellt, es wäre ein Stück über den deutschen Faschismus. In diesem Fall wären erhebliche Lücken zu bemängeln. Unzutreffend scheint mir allerdings Manfred Wekwerths Vorwurf, daß sich im Ui »der Faschismus nicht immanent aus der ökonomischen Entwicklung ergibt, sondern aus dem Ausnahmefall der Übertretung der Gesetze« in Gestalt des Dockshilfeskandals (Wekwerth 42). Der Haupteinwand müßte genau umgekehrt lauten: Für ein Stück über den Faschismus konzentriert sich der Ui zu sehr auf Ökonomie und Gewalt; er vernachlässigt das Ideologische insofern, als Massenbewegung und Massenanhang des Nazismus ungezeigt bleiben. Wenn gegen Schluß die Grünzeughändler Chicagos und Ciceros mit Händehoch für den Anschluß stimmen und Givola dem Ui ihren »freudeschlotternden« Dank für seinen »Schutz« (vor ihm selbst) melden kann, dann ist damit die Massenzustimmung nicht getroffen. Ferner ist die Arbeiterklasse weggelassen. Vielmehr es kommt nur sozusagen ihr Abdruck vor in der Ansprache des Ui an die Unternehmer, worin er wirksame Unterwerfung der Lohnarbeiter unter die Bedingungen der Lohnarbeit verspricht.

Wenn nicht der Nazismus – was ist dann der Gegenstand des Stückes? Brechts Auskünfte sind nicht eindeutig:

Erste Auskunft: Das Stück »ist ein Versuch, der kapitalistischen Welt den Aufstieg Hitlers dadurch zu erklären, daß er in ein ihr vertrautes Milieu versetzt wurde.«

Zweite Auskunft: »Der Ui ist ein Parabelstück, geschrieben mit der Absicht, den üblichen gefahrvollen Respekt vor den großen Tötern zu zerstören.«

»Die großen politischen Verbrecher müssen durchaus preisgegeben werden, und vorzüglich der Lächerlichkeit. Denn es sind vor allem keine großen politischen Verbrecher, sondern die Verüber großer politischer Verbrechen, was etwas ganz anderes ist.«

»Dieser Respekt vor den Tötern muß zerstört werden. Die Alltagslogik darf sich nicht einschüchtern lassen, wenn sie sich in die Jahrhunderte begibt; was uns für die kleinen Verhältnisse gilt, dem müssen wir in den großen Geltung verschaffen.«

Dritte Auskunft: »Der Kreis ist absichtlich eng gezogen: er beschränkt sich auf die Ebene von Staat, Industriellen, Junkern und Kleinbürgern. Das reicht, die vorgehabte Absicht durchzuführen. Das Stück will keinen allgemeinen, gründlichen Aufriß der historischen Lage der dreißiger Jahre geben.«

Vierte Auskunft: Die projizierten Schriften sollen »den Zug des Ausschnitthaften, Panoptikumhaften« verstärken – sie dürfen nicht Anlaß dazu werden, in dem Stück einen »allgemeinen Aufriß« des Faschismus zu suchen.

Der zu zeigende Vorgang ist mithin zugleich enger und weiter, spezieller und allgemeiner als der Aufstieg des deutschen Faschismus.

4. An wen wendet sich das Stück? Wem soll der Aufstieg des Ui als aufhaltsam gezeigt werden? Die Frage ist gleichbedeutend mit der Frage: aufhaltsam durch wen? Wenn der ob der Größe seiner Verbrechen für groß gehaltene Ui dem Gelächter preisgegeben werden soll – wessen Gelächter? Ist es das Volkslachen?

»Der kapitalistischen Welt« soll »der Aufstieg Hitlers erklärt werden« (erste Auskunft). Ist sie der Adressat? Ist daran gedacht, daß sie, die ihn hervorbrachte, ihn aufhält?

So fragend stoßen wir darauf, daß das Stück sorgfältig Interessenlagen unterscheidet: die (relativ) kleinen Händler, der Trust und Ui verfolgen in je unterschiedlicher Weise teils gemeinsame, teils gegensätzliche Interessen. Vor allem wird sehr deutlich, daß der Ui kein bloßer Agent des Trusts bleibt, seine Diktatur also mehr als bloß die Diktatur des Trusts wird. Als Adressat kommen alle diejengen in Frage, die ihre mehr oder weniger weitgehende Unterwerfung durch den Starken Mann nicht hinzunehmen bereit sind.

Wir werden sehen, daß noch eine andere Instanz, so windelweich das Stück sie zeigt, angesprochen wird: die politische Moral.

Den Gegenstand oder das Zuzeigende (Demonstrandum) erfassen wir nur, wenn wir auch den Adressaten erfassen. Da beides noch undeutlich ist, müssen wir näher zusehen, wie Brecht mit seinem Material arbeitet. Was zeigt er tatsächlich?

5. Der Aufstieg des Ui wird gezeigt als durch den Abstieg der

bürgerlichen Demokratie hervorgebracht. Die Gründe sind nur flüchtig skizziert, während bürgerliche Verhaltensweisen eingehend gezeigt werden (dazu später). Von der Wirtschaftskrise werden kaum mehr als einige Auswirkungen auf den »Karfioltrust« angedeutet: Absatzstockung, Barmittelmangel, Firmenzusammenbrüche. Die Konzerne rufen nach dem Staat. Die *vor* der Krise bewährte Form, das Zusammenspiel von Großkapital und Staat zu managen, ist nicht mehr angemessen. Die Gestalt des »Ehrlichen Politikers«, dessen Wahlkampffonds von den Unternehmern gefüllt worden war und der durch seine Glaubwürdigkeit eine Massenbasis garantieren konnte, reicht nicht mehr hin. Der Kredit der »Ehrlichkeit« muß überstrapaziert werden auf Kosten des Kredits. Die Stunde des »Starken Mannes« ist gekommen.

Der Starke Mann repräsentiert als Verbrecher zugleich Unordnung und eine Art von »Ordnung«. Welche? Es ist die unmäßige Ordnung kapitalistischer Un-Ordnung. Denn die Ordnung der Profitwirtschaft ist die Un-Ordnung einer ständigen Krisenfolge. Auf dem Höhepunkt der Krisen entwickeln die Kapitalisten, die sich sonst willfährige Politiker halten, eine widerwillige Schwäche für den Starken Mann.

Ui, einer der Anwärter für den Posten des Starken Mannes, ist zwar ein Verbrecher, aber einer, der erkannt hat, daß es »nicht von unten« geht: »s'geht nur von oben« (4. Szene). Das Verbrechen, das den Weg über den Staat geht, wird zur Ordnung, seine Verfolgung zum Verbrechen.

6. Ui kommt aus der »Gosse«. Die »Größe«, zu der er strebt, ist die des Staatsmannes, der skrupelloser und direkter tut, was die Unternehmer normalerweise tun oder – sei es durch Gewaltagenten, sei es durch Politiker – tun lassen. Den Ui inszenieren muß daher heißen, die Konsequenz der Kapitalisten inszenieren. Die traditionelle Elite verachtet den Ui zunächst deshalb, weil er »groß« sein will, obwohl er aus der Gosse kommt. Diese Perspektive dürfen wir nicht übernehmen. Der Ui hat recht, wenn er sich gegen den Standesdünkel ausspricht.

»Der Ui hat recht« – was haben wir da gesagt? Ist er nicht das personifizierte Unrecht? – Er darf auf keinen Fall zur Karikatur bloßer Unmenschlichkeit gemacht werden. Schon gar nicht im Gegensatz zu den »Karfiolhändlern«. Aber auch diese dürfen nicht restlos preisgegeben werden. Das Gelächter, dem Ui und die

Karfiolhändler durchaus preisgegeben werden sollen, muß ein erkennendes Lachen sein, das *Unterschiede* zu machen weiß. Ebenso wichtig wie die Unterschiede sind die *Übergänge*. Brecht gibt sich alle Mühe, zwischen den Figurengruppen solche Übergänge zu zeigen. Keine der Figuren gibt sich restlos preis. Ui sagt Wahrheiten (eingebettet in seinen Diskurs aus politischer Heuchelei und Gewalt). Wichtige Wahrheiten kommen aus dem Mund von Kapitalisten, die andrerseits wieder Ui-Züge zeigen. Der vom Ruin bedrohte und von seinen Mitkapitalisten eiskalt enteignete Reeder Sheet sieht bei Clark, als dieser ihm ein »Übernahmeangebot« macht, die Ähnlichkeit mit den Leuten des Ui. »Ja, es stimmt / Da ist 'ne Ähnlichkeit ... / Sag noch einmal: ›Wie, wenn du an uns verkauftest?‹ / Ich glaub, die Stimm ist auch ... Nein, besser sag / ›Die Hände hoch!‹ Denn das ist, was du meinst. / (Er hebt die Hände hoch.)« (2. Szene).

Brecht bemüht sich, das Uihafte in der kapitalistischen Normalität und die Krämerseele im Ui zu zeigen. Schon die Wahl des Kapitalzweigs – daß es um Blumenkohl, oder allgemein um Gemüsehandel geht – darf nicht als bloßer Spaß genommen werden. Mit der Wahl von etwas gänzlich Gewöhnlichem, zugleich Lebensnotwendigem, wird der Zusammenhang zwischen der alltäglichen Gewöhnlichkeit und den gezeigten Vorgängen unterstrichen. (Übrigens hat Brecht im *Dreigroschenroman* und in der *Heiligen Johanna der Schlachthöfe* das Drama des Kapitalismus gleichfalls am Beispiel des Geschäfts mit Lebensmitteln gezeigt. Er hat also nicht dadurch von der Gewöhnlichkeit abgelenkt, daß er etwa Rüstungsindustrie oder Schnapsbrennerei (wie G. B. Shaw) gewählt hätte.

Wir müssen daher vermeiden, durch karikaturistische Verzerrung die »Normalität« des Grausigen und die Übergänge zwischen den Charakteren sowie die Reste an relativem Recht sogar in der Ui-Figur zum Verschwinden zu bringen.

Ui muß gewöhnlich genug bleiben, damit das Brechtsche Ziel erreicht wird (vergleiche die Zweite Auskunft über das Demonstrandum des Stücks).

Im übrigen verkörpert Ui Erfahrungen (»Sehr bittere Erfahrung lehrt mich« – nämlich: Geschäft und Gefühl radikal zu trennen; Szene 14). Und er verkörpert ein nüchternes Kalkül, an dem die schönklingenden hoh(l)en Bekenntnisse etwa von Frau Dullfeet wie Seifenblasen platzen:

BETTY Ein gutes Argument wirkt wundervoll.
UI Nur nicht auf den, der etwas hergeben soll.
(13. Szene)

Ui wird als »Realpolitiker« gezeigt, auch mit dem üblichen als »gesund« geltenden Maß an Antiintellektualismus der Macher und Machtpolitiker:

UI Nur kommt's nicht darauf an, was der Professor denkt
Der oder jener Überschlaue, sondern
Wie sich der kleine Mann halt seinen Herrn
(7. Szene) Vorstellt.

Die berühmte Inszenierung des Theaters am Schiffbauerdamm, mit Schall in der Rolle des Ui, kann nicht als Vorbild dienen für eine eingreifende Gestaltung des Stücks in der heutigen »kapitalistischen Welt«. Dafür hielt sich das Brechtensemble zu nah am »nationalsozialistischen« Erscheinungsbild; und der Ui wurde zu sehr als (großartige!) Hitler-Parodie gebracht und als rasender Demagoge von der Gewöhnlichkeit und von seiner Spielart nüchternen Kalküls entfernt.

Brecht legt offenbar allen Wert darauf zu zeigen, daß Ui sich nicht etwa seinen Weg umstandslos nach oben schießt (schießen tun auch andre), sondern daß er die kapitalistische Logik der Dinge bedient. Was er tut, beweist Verstand, wenn auch den eiskalten Verstand des Geld- und Machterwerbs.

Der Dialog Ui/Dullfeet, worin das Stillhalteabkommen getroffen wird, zeigt den Ui die Dullfeet'sche Logik konsequenter als dieser bedienen und ihn durch diese Überbietung vereinnahmen (Szene 13).

Ui packt die Großkapitalisten und ihre Politiker an ihrer Inkonsequenz. Sie begehen ihre Art von Verbrechen unter Wahrung bestimmter »Formen«, die er verletzt.

Nach der Ermordung Dullfeets zwecks Unterwerfung des Marktes von »Cicero« unter den Karfioltrust, begehren dessen Vertreter halbherzig auf.

MULBERRY Ihr Schlächter! Dieser Dullfeet hielt sein Wort
Und schwieg zu allem!
GIVOLA Schweigen ist nicht genug.
Wir brauchen Leute hier, nicht nur bereit

Für uns zu schweigen, sondern auch für uns
Zu reden, und das laut!

MULBERRY Was konnt er reden
Als daß ihr Schlächter seid! [. . .]

GIRI Und euer Karfiol?
Soll er nach Cicero oder soll er nicht hin?

MULBERRY Durch Schlächtereien nicht!

GIRI Und wodurch dann?
Wer frißt am Kalb mit, das wir schlachen, he?
Das hab ich gern: Nach Fleisch schrein und den Koch
Beschimpfen, weil er mit dem Messer läuft!
(14. Szene) Von euch erwarten wir Schmatzen und nicht Schimpfen!«

Wie reagieren die Bürger auf ihre (nach ökonomischer Macht abgestufte, aber mehr oder weniger alle treffende) Entmachtung durch den Starken Mann? Selbst die Machteinsetzer sind auch Selbstentmachter.

7. Bürgerliche und kleinbürgerliche Haltungen und die Praxen, die diesen Haltungen im politischen und sozialen Drama des Kapitalismus entspringen, werden von Brecht mit besonderer Sorgfalt dargestellt. Sie gehören folglich zentral zu Gegenstand und Demonstrandum des Stücks.

Zur politischen Feigheit der Geschäftsleute gehört die Klage über die Feigheit. Die 16. Szene gestaltet den (Klein-)Bürger-»Widerstand«. Die Händler sind außer sich angesichts des Terrors und der »Duldung! Unterwerfung! Feigheit!« Was tun sie wirklich? Dem »Dritten Grünzeughändler« ist der Spruch des sozialdemokratischen preußischen Ministers in den Mund gelegt, der auf seine widerrechtliche putschistische Absetzung durch v. Papen 1932 statt mit Widerstand mit dem Satz reagierte: »Meine Herren, ich weiche nur der Gewalt!«

DRITTER GRÜNZEUGHÄNDLER Was Duldung! Als die ersten zwei im Januar
In meinen Laden traten: Hände hoch!
Sah ich sie kalt von oben bis unten an
Und sagte ruhig: Meine Herren, ich weiche
Nur der Gewalt! Ich ließ sie deutlich merken
Daß ich mit ihnen nichts zu schaffen hatte
Und ihr Benehmen keineswegs billigte.
Ich war zu ihnen eisig. Schon mein Blick

Sagt' ihnen: Schön, hier ist die Ladenkasse
Doch nur des Brownings wegen!
VIERTER GRÜNZEUGHÄNDLER Richtig! Ich
Wasch meine Händ in Unschuld! Unbedingt.
Sagt' ich zu meiner Frau

Der Satz des Regierungsvertreters Pontius Pilatus angesichts der Hinrichtung des unschuldigen Jesus Christus: »Ich wasche meine Hände in Unschuld«, kommt den Händlern Chicagos wie ein schicksalhaftes Echo zurück von den Händlern Ciceros. Denn auch dieser Gestus ist typisch für sie: »Ich sag immer, sowas kann man nur mit uns machen«!

ZWEITER HÄNDLER Möglich ist sowas nur mit uns. Kein Rückgrat. [...]
DRITTER GRÜNZEUGHÄNDLER Meine einzige Hoffnung
Ist, daß der Hund einmal auf solche trifft
Die ihm die Zähne zeigen. Laß ihn erst
Einmal woanders dieses Spiel probieren.

Die Bürger Ciceros sollen sich stellvertretend wehren, ist die Hoffnung der Bürger Chicagos. Aber die aus Cicero reden schon wieder wie jener sozialdemokratische Minister:

ZWEITER CICEROER Wir weichen der Gewalt

An dieser Stelle sollten wir des sozialistischen Staatschefs von Chile, des Arztes Allende, gedenken, der *nicht* der Gewalt wich und auch nicht auf das Angebot einging, im Flugzeug außer Landes flüchten zu dürfen; sondern sich mit der Maschinenpistole wehrte und im Kampf fiel. –

Die Hoffnung der Bürger Chicagos auf andre Bürger wird enttäuscht; sie blicken auf die anderen wie in einen Spiegel:

Ihr seid dem Land den Kampf aufs Messer schuldig.
ZWEITER CICEROER Wieso grad wir? Wir waschen unsre Hände
In Unschuld.

8. »Die Sprache ist das Haus des Seins« – heißt es bei Heidegger. Brecht treibt die Haltungen aus ihren Sprachverstecken. Theater heißt für ihn immer vordringlich: Vorführen, was in den Sprachwendungen haust. Während bei Schiller die Theatergestalten in »Geflügelten Worten« miteinander verkehren, organisiert Brecht sogleich das in ihnen verborgene Tun oder Lassen. Er organisiert Erfahrungen in alltäglichem Sprachmaterial, das gewöhnlich ge-

gen inopportune Erfahrungen abgedichtet ist. Ihn interessieren vor allem die Phrasen, die Widersprüche folgenden Typs bezeichnen: Ein bestimmter Anspruch wird weder eingelöst noch aufgegeben. Die Phrase organisiert den Verrat am werten Prinzip in der Form seiner verbalen Aufrechterhaltung. Sie kann wie ein Ventil funktionieren.

Diese Arbeitsweise Brechts am Material der Sprachgesten gilt es szenisch umzusetzen. Man sollte aber beim Lachen über die blamierten Phrasen nie den Anspruch totlachen, der immerhin noch in ihnen dahinsiecht. Töten und Foltern sind keine Phrasen. Phrasenhaft ist der tatenlose Protest gegen Töten und Foltern (der aber immerhin noch Protest ist):

DULLFEET Schlimm, wenn sie grollen, schlimmer, wenn sie lachen.

Der so artikulierte Abscheu gegen die Uis bleibt folgenlos, denn der so Redende bereitet sich gerade auf ein Stillhalteabkommen mit Ui vor. Obwohl er seinen Zeitungen künftig verbietet, über Korruption und Mordtaten des Starken Mannes zu berichten, hilft ihm das nichts. Er wird ermordet. – Dieselbe Logik der Dinge zeigt Brecht in der Rede des »Ersten Grünzeughändlers«, der das Stillhalten noch verteidigt, nachdem schon erwiesen ist, daß es zu weitergehender Unterdrückung führte:

Es war gesundes Denken. Wenn man stillhielt
Und zähneknirschend zahlte, konnte man erwarten
Daß diese Unmenschen mit den Schießereien
(16. Szene) Aufhören würden. Aber nichts davon.

Die Lehre ergibt sich hier aus der gezeigten Unbelehrbarkeit. Nach Dullfeets Ermordung schwört seine Witwe, gegen Ui vorzugehen.

BETTY Ich schwör's dem Toten, daß ich meine Stimme
In Zukunft hassen will, wenn sie ›Guten Morgen‹
Oder ›Gebt mir Essen‹ sagt und nicht nur eines:
(14. Szene) ›Vertilgt den Ui!‹

In der nächsten Szene, in der sie auftritt (Szene 16), spricht sie zu den versammelten Händlern:

BETTY Freunde! Da nunmehr euer aller Freund
Mein lieber Mann Ignatius Dullfeet, nicht mehr
Weilt unter uns ...

GIVOLA Er ruh in Frieden.
BETTY Und
Euch nicht mehr Stütze sein kann, rat ich euch
Nun euer Vertraun zu setzen in Herrn Ui

Bevor sie sich mit Ui arrangiert, stilisiert sie ihn zum absolut Bösen, zum Antichristen und Unmenschen schlechthin:

BETTY Ihr Morden kommt von Herzen! Ihr Verbrechen
Ist tiefgefühlt wie andrer Menschen Wohltat!
Sie glauben an Verrat wie wir an Treue!
Unwandelbar sind Sie für Wankelmut!
Durch keine edle Wallung zu bestechen!
Beseelt für Lüge! Ehrlich für Betrug!
(14. Szene) Die tierische Tat entflammt Sie!

Aber sind die Kapitalisten, die Betty vertritt, durch »edle Wallungen« zu bestechen? Ist sie nicht selber »wankelmütig«? Wenn der ruinierte Unternehmer Sheet feststellt, daß alle seine »Freunde« nur Geschäftsfreunde waren, die sich in der Not von ihm abwenden, unterscheidet dann diese Klasse ihr »Glauben an Treue« von Ui – zumal dieser Treue und Vertrauen ständig im Munde führt? Und der Konzern, der den »Ehrlichen Dogsborough«[3] für seinen Griff in die Staatskasse einsetzt, ist er nicht »Ehrlich für Betrug«? Und ist es nicht das Geld, das alle diese Helden so entflammt, daß sie »tierische Taten« in Kauf nehmen?

Das Pathos der Stilisierung zum Tierisch-Bösen entspringt hier aus dem Schweigen über das Geschäft. Selbstidealisierung und Fremdverteufelung drehen sich um ein und denselben Nervpunkt, den absoluten nervus rerum dieser Klasse und ihrer Gesellschaftsordnung: das Geld.

9. Ui strengt in der Öffentlichkeit ebenfalls eine – etwas schäbig wirkende, dafür »volksnahe« Effekte einsetzende – Selbstidealisierung an, die sich um das Schweigen über das Bereicherungsmotiv dreht. Nicht so im Dialog mit Betty, der Witwe seines Opfers Dullfeet. Er nennt den Drehpunkt:

UI Frau Dullfeet
Sie sind im Karfiolgeschäft. Ich auch.
Das ist die Brücke zwischen mir und Ihnen.

Andrerseits verwandelt seine Sprechweise die eignen (Un)Taten in unpersönliches Geschehen. Er nützt dabei ein »Sprachversteck« aus, das im Alltag vom spießbürgerlichen Duckmäusertum unzählige Male aufgesucht wird. Zur Witwe des in seinem Auftrag Ermordeten sagt Ui:

UI Das Leben
Geht weiter, auch wenn uns ein Unglück zustößt.

Als Ui anfängt, gedeckt vom Trust und vom Staat, »Schutzabgaben« von den Grünzeughändlern zu erpressen, sagt er:

Umsonst ist nur der Tod.
Alles andere kostet. Und so kostet auch Schutz.
Und Ruhe und Sicherheit und Friede. Das
Ist nun einmal im Leben so. Und darum
Weil das so ist und sich nie ändern wird
Hab ich und einige Männer, die ihr hier
Stehn seht – und andere sind noch draußen –, beschlossen
Euch unsern Schutz zu leihn.

Dieses »Das ist nun einmal im Leben so«, dieser ungezählte Male in der »Erziehung« anstelle rationaler und mit dem eignen Interesse vermittelter Begründung gebrauchte Satz – hier dient er dazu, den Normenbruch zu normalisieren.

10. Der »Große Stil« des Elisabethanischen Historientheaters hält die Verdichtung von Nazihandlungen und Gangsterhandlungen zusammen. Ist er auch ironisch verwendet, so trägt er doch die Verallgemeinerung des Dargestellten.

Der Große Stil ist mehrfach gespiegelt in der Handlung. Er bezeichnet die Öffentliche Existenzweise dieser Unternehmer und ihrer Politiker. Er ist Fassade und mehr als Fassade: Ein Kompromiß zwischen den Ansprüchen des Volkes an die Regierenden und den herrschenden Interessen. Schließlich kommt der Große Stil als herabgesunkene Theaterform der Haupt- und Staatsaktionen vor im Unterricht in öffentlichem und »bedeutendem« Auftreten, den Ui sich von einem Schauspieler geben läßt. Selbst dieser Mime, sei er auch versoffen, darf nicht restlos preisgegeben werden. Hier wie bei aller andern Komik des Stücks sollte unter Tränen gelacht werden.

Der Große Stil der Öffentlichkeit ist hoh(l)er Stil. Er ist gemacht und gekauft und dazu da, das Volk einzuseifen. Alles richtig, und so muß er gezeigt und belacht werden. Aber da ist noch ein Rest, der darin nicht aufgeht und unbedingt festzuhalten ist: Der Anspruch des Gemeinwesens.

Wie bei Shakespeare ist der Große Stil hier der Stil der Verfügung über die Massen. Das Volk kommt nicht als handelndes, allenfalls als behandeltes vor. Heute ist Anschauungsmaterial dafür aus den Fernsehauftritten der Mächtigen oder der Machtanwärter zu gewinnen.

Im übrigen werden wir auch Shakespeare anders lesen, nachdem wir seinen Stil in der Brechtschen Verdichtung gehört haben.

11. Der Große Stil repräsentiert einen Anspruch des Gemeinwesens, sagten wir. Es ist hierbei auf verrückte Weise nach »oben« transponiert. Er fungiert insofern ähnlich wie die politische Moral. Beide sind in folgendem präzis angebbaren Sinn ideologische Größen: in ihnen ist das Verhältnis zu den objektiven gesellschaftlichen Bedingungen imaginär organisiert. Aber, wie bei allem Ideologischen (vgl. Theorien über Ideologie), dieses Imaginäre stellt eine Realität eigner Art dar. In ihr erlebt sich das Individuum als handelndes Subjekt, in ihr stellt sich das handelnde Individuum als »in Ordnung« vor. Und es muß diese Vorstellung vor den andern aufrechterhalten, mag sie auch immer nur ganz »unmoralische« Interessen begleitende Vorstellung sein. In der politischen Moralform leitet das Individuum seine Handlungen aus höheren Grundsätzen ab. In diesen Grundsätzen oder -werten wiederum »existiert« das Gemeinwesen real-imaginär unter Verhältnissen, die jeden gegen jeden richten. Steht in diesen Vorstellungen die Wirklichkeit auch Kopf und ist der Zustand der Gesellschaft mystifiziert, so stellen diese Mystifikationen doch eine reale Funktion und Macht der Vergesellschaftung dar. Brecht behandelt sie durchaus im Sinne ihrer Zweideutigkeit, als Medium des Ringens der gesellschaftlichen Kräfte, wenn auch ständig unterlegt vom absolut un-moralischen Profitmachen.

12. Großer Stil der Öffentlichkeit und politische Moral – gegen beide ideologischen Mächte verstößt Ui in den Augen der traditionellen Elite und des Kleinbürgertums, aber zugleich zeigt ihn Brecht diese Mächte, gegen die er verstößt, auch bedienen. Er organisiert die Vorstellung seines Handelns öffentlich im Großen Stil und in der Form der Moral. Er legt diese Mächte aus, organisiert sie um. Mit andern Worten: Der Ui muß auch als Tui gezeigt werden (vgl. dazu Brechts Tui-Kritik). Im Gogher Gogh aus dem »Kongreß der Weißwäscher« hat Brecht diesen Aspekt ausgearbeitet. Er sollte bei der Inszenierung sorgfältig hervorgehoben werden. Aktuell ist für uns dabei – und zwar aus der politischen

Situation einiger entwickelter kapitalistischer Gesellschaften – die populistische Verdichtung »popular-demokratischer« Elemente mit den Formen staatlich garantierter Klassenordnung (vgl. Laclau 1979 und Projekt Ideologie-Theorie 1980): Der Starke Mann spricht die (umfunktionierte) Sprache des Volkes.

13. Gangster und Großer Stil nebst politischer Moral sind die extrem entgegengesetzten Pole, in denen die Individuen sich normalerweise in der Ordnung stabilisieren. Der eine Pol repräsentiert das Offizielle, Angestrebte, der andre das Ausgegrenzte. Brecht destabilisiert diesen ordentlichen Gegensatz. Die Extreme hören bei ihm auf, einander polar auszuschließen. Dadurch destabilisiert Brecht Haltungen, die durch diese positiv-negativ-Anordnung stabilisiert werden. »Verbrechen« und Idealisierung zeigt er als zusammengehörig. In diese Extreme ist das Gemeinwesen durch die Klassenherrschaft zersetzt. In ihnen erhält sie sich.

Aber wieder gilt: Wer so denkt, wem sich das Feld derart ins Weiß der öffentlichen Moral und ins Schwarz des Verbrechens aufteilt, der ist zugleich Antifaschist und ziemlich hilflose Beute des Faschismus. Wieder ist auf diese Widersprüchlichkeit zu achten und das Ringen um den Anspruch dieser Un/Ordnung aufzunehmen, um ihn in Richtung auf demokratische Handlungsfähigkeit zu entwickeln.

14. Es gibt kein Schicksal in diesem Stück. Der Aufstieg des Ui wird als *aufhaltsam* dargestellt. Die Handlungsfolgen sind daher keine Folgen historischer Tableaus. Ihre Logik ist die einer Untersuchung auf dem Theater. Die Gemüsehändler von Chicago äußern die Hoffnung, die von Cicero würden es dem Ui zeigen. – Sofort folgt die Probe aufs Exempel. »Hoffnung« erweist sich als schönes Wort dafür, andre für die Demokratie kämpfen lassen zu wollen. Nur, daß sofort gezeigt wird, daß auch diese andern andre für die Demokratie kämpfen lassen wollen.

Die Dramaturgie des Stückes ist eine des Zeigens, und es ist eher ein Experimentalstück, in welchem das Theatralische des Alltags und der Politik einer der Untersuchungsgegenstände ist. Alle traditionellen Genrebezeichnungen führen demgegenüber in die Irre.

15. Was als Schwäche eines Stücks über den »Nationalsozialismus« erschien, kann jetzt als Stärke verstanden werden. Das Stück untersucht Bedingungen des Untergangs bürgerlicher Demokra-

tie im Würgegriff von Kapitalkonzentration und Krise und im Aufstieg des Starken Mannes. Dafür gibt es mehr als genug aktuelles Material. Allerdings sitzen die Clarks und Mulberrys auch heute an so einflußreicher Stelle, daß sie unangenehm werden können, wenn man ihre Machenschaften ins Rampenlicht der Bühne rückt.

Die Verlagerung der Handlung in die USA hat zudem, angesichts des Spiels mit dem atomaren Weltbrand, grausige Aktualität erhalten. Vielleicht erinnert man sich auch der Staatsstreiche, die vom Früchtetrust (»Vereinigte Früchte«) der USA betrieben worden sind. Und erinnert sich etwa jemand nicht an die Lockheed-Skandal-Kette? Und was gibt der Nachruf, gehalten im Großen Stil vom ehemaligen Nazi, jetzigem Staatsoberhaupt, auf einen ehemaligen Antifaschisten nicht alles her, wenn man Anschauungsmaterial für die Aktualität des Ui-Stücks sucht! Nicht zuletzt der Möchtegern-Starke-Mann, Vertreter der Herrschaft und der Trusts, die aus seinem Munde in der Sprache des Volks zu sprechen versuchen. An Aktualität – leider! – kein Mangel!

Man kann die politische Aktualität des Stücks zusammenfassend so charakterisieren: Es kann – durch vergnügliche Untersuchungen an einem Material grausiger Möglichkeiten – dazu beitragen, daß der Abstieg der bürgerlichen Demokratie nicht zum Untergang der Demokratie schlechthin wird, sondern daß die demokratischen Errungenschaften der bürgerlichen Herrschaft in einer neuen Demokratie aufgehoben werden können.

Anmerkungen:

1 Ursprünglich für's Programmheft der Tübinger Ui-Aufführung von 1980 geschrieben und dort gekürzt veröffentlicht.

2 Diese Auskünfte entnehme ich »einigen das Stück betreffenden Aufzeichnungen aus dem Nachlaß«, die Elisabeth Hauptmann der Ausgabe der Stücke von 1958 hinzugefügt hatte. In Band 4 der *Gesammelten Werke* von 1967, wo der *Aufhaltsame Aufstieg des Arturo Ui* abgedruckt ist (S. 1719 ff.), sind diese »Aufzeichnungen« nicht aufgenommen. Im folgenden wird zitiert nach Band IX der *Stücke* (Berlin/DDR 1958, S. 183 ff.). Die Textfassung in GW 4 enthält demgegenüber zwar einige Verbesserungen, diese berühren jedoch die zitierten Passagen und unsere Interpretation nicht. Da im folgenden nach Szenen zitiert

wird, ist für die Benutzung von GW 4 folgender Hinweis zu beachten: Die Szene 2 von 1958 wurde 1967 in Szene 1a umnumeriert, die weiteren Szenen entsprechend.

3 Daß Dogsborough als Schankwirt gestaltet wird, deutet darauf hin, daß in dieser Figur der ehemalige Schankwirt Friedrich Ebert mit dem General Hindenburg verdichtet ist, was das historische Material betrifft. Für das Demonstrandum des Stücks wäre es ablenkend, auch noch die Komplikationen des Gegensatzes Ebert/Hindenburg in die Handlung umzusetzen. (Beim Namen Dogsborough mag auch Shakespeares Dogsberry aus *Viel Lärm um nichts* Pate gestanden haben.)

Literaturverzeichnis:

Bathrick, David: *Ein Ui kommt nach Cicero.* In: Brecht-Jahrbuch 1975. Hrsg. v. J. Fuegi, R. Grimm u. J. Hermand. Frankfurt/M. 1975.

Brechts Tui-Kritik: Argument-Sonderband AS 11. Berlin/West 1975.

Laclau, Ernesto: *Faschismus und Ideologie.* In: Argumente 117, Berlin/West 1979, S. 667-677.

Projekt Ideologietheorie: Faschismus und Ideologie. Material-Studien. Argument-Sonderband AS 60. Berlin/West 1979.

Theorien über Ideologie: Projekt Ideologie-Theorie. Argument-Sonderband AS 40. Berlin/West 1979.

Wekwerth, Manfred: *Notate.* Frankfurt/M. 1967.

(Aus: *Aktualisierung Brechts.* Hrsg. v. W. F. Haug, K. Pierwoß und Karin Ruoff. Argument-Sonderband 50. Berlin: Argument 1980, S. 180-192)

VI

Texte zur Erläuterung des historischen Hintergrundes

Emil Ludwig
[Die Schenkung]

[...] Neudeck war seit Jahrzehnten nur noch ein Traum des Feldmarschalls gewesen. Wie er dort als Knabe zuerst auf einem Pferde gesessen, wie ihm der Großvater auf dem langen Sofa im Saale vom großen, doch so bösen Napoleon erzählt, wie er als Kadett hier die Lieblingsspeisen von der Großmutter empfangen; wie er später mit der Frau die schönsten Sommerwochen dort verbracht, mit seinen Kindern Felddienstübung gespielt hatte: das mochte dem Greis umso glückhafter vor die alten Augen treten, je ferner es rückte. Kadettenzeit und junge Ehe, alles gemütlich und zugleich standesgemäß, herrschaftlich ohne galonierte Diener, junkerlich ohne Hofmarschall, wie fern es war, wie nah es blieb, wie sagenhaft!

Dergleichen Gefühle im Herzen des alten Riesen waren leicht vorzustellen. Es scheint sie sich auch ein sonst recht prosaischer Junker aus Ostpreußen vorphantasiert zu haben, Gutsnachbar von Neudeck, fast ebenso alt und sicher ebenso königlich wie Hindenburg: der alte Standesherr von Oldenburg-Januschau, denn er kam auf einen verteufelt gescheiten Gedanken. Da hatten sie nun den alten Hindenburg gewählt, die alten Junker, damit er sie schütze, wie seine Vorgänger, die Könige, durch die Jahrhunderte getan, – und jetzt zog dieser Mann, den sie als ihr Geschöpf betrachteten, mit langsamen und schweren Tritten immer weiter auf der Bahn alles dessen, was sie und ihren Besitz gefährdete: es drohte eine sogenannte »Reform« der ostelbischen Güter, die als »überaltert« verspottet wurden von diesen Bolschewisten, die hier bloß ihre Leute festsetzen und auf dem Lande ihre Wühlarbeit fortsetzen wollten! Siedelungspläne! Zerschlagung der großen Güter! So weit kam man, wenn man einen Sklavenplan vom Feindbund annahm! Wenn die Frau eines roten Präsidenten ihre Dienstboten-Hand dem Herrn des Reiches zum Kusse bieten durfte!

Arm waren sie immer gewesen, diese Beneckendorffs, dachte der alte Januschauer, und aus dem schönen Palais mußten sie gleich wieder heraus, wenn der Alte von seinen Wählern, vielleicht sogar vom Tode verdrängt wurde. Jeden Sommer sitzt er bei ein paar alten Frauen in Oberbayern, hört einen fremden Dialekt und fremde Gedanken. Man muß ihn zurückbringen, dorthin, von wo er ausgegangen! An die Jugend muß man anknüpfen bei alten Leuten! Wie, wenn man ihm die alte Klitsche schenkte, die die kinderlose Kusine eben wertlos hinterlassen hat und die nun für ein Butterbrot versteigert werden und an ein Dutzend Erben fallen soll! So hätte man ihn wieder unter Augen, weckte die ältesten Instinkte der Scholle, wie sie seine landbesitzenden Ahnen gepflegt, ließe ihn die Not des Landjunkers am eigenen Leibe fühlen und putschte zugleich den Sohn auf, daß er und daß alle mehr Geld aus den Fonds der Osthilfe brauchten! Kapitale Idee. Fehlt nur noch einer, der das Ganze bezahlt.

Und der alte Januschauer machte sich auf nach Berlin und an den Rhein, war um seines Humors und seiner Kennerschaft in Bordeaux jedermann willkommen und brachte dann im Klubstuhl bei einer Upman sein Anliegen vor: unserm teuren Hindenburg zum 80. Geburtstag das Gut seiner Väter zu schenken. In drei Wochen war das Geld zusammen. Der »Mann ohne Aar und Halm«, wie sich der arme Junker Caprivi einst bezeichnet hatte, sollte am Ende zum Gutsherrn werden, um die Freuden und hoffentlich recht ausgiebig die Leiden dieser Klasse zu verspüren. Die Könige der Kohle und des Eisens haben für dergleichen eine schnelle Formel bereit: jeder zahlt pro Tonne seiner Produktion einen bestimmten Satz, eine Viertel- oder halbe Mark, und da dies Mehr am Ende doch der Verbraucher zahlt, so wird das Geschenk des Stammgutes eine Art von National-Spende für den Volkshelden, ohne daß die Nation es eigentlich bemerkt.

Da er aber an alles dachte, der schlaue Alte, so fiel ihm ein, wie schwer es Hindenburgs Sohne werden würde, in wahrscheinlich kurzer Zeit die hohen Erbschafts-Steuern zu bezahlen; dann käme er, da er ja nichts besaß, gleich in Schwierigkeiten; als Nachbar und Inspirator des Geschenkes müßte man ihm dann auch noch aushelfen: das mußte vermieden werden. So beschloß man kurzer Hand, zum 80. Geburtstag des alten Herrn, seinem einzigen Sohne, gewissermaßen zu dessen 44. Geburtstage das Geschenk zu machen, um gleichsam die Ahnen und die Kindeskinder durch ihn, den größten seines Namens, auf eine symbolische Art zu verbinden. Der Sohn, einfach erzogen, aber Gatte einer Baronin aus stolzem Hause, konnte mit diesem Geschenk zufrieden sein.

Ein Jahr später saß Hindenburg als Herr oder doch als Vater des Herrn auf Neudeck. Alles trug sich zu, wie der Nachbar von Januschau es vorberechnet hatte. Zwar hatte die Industrie noch ein zweites Mal sammeln müssen, und der Seismograph der Wirtschaft hätte die leise Schwankung in Kohle- und Eisenpreisen pro Tonne vielleicht mit diesem neuen Erdbeben-Zentrum in Ostpreußen erklären können. Der Eindruck auf den alten Herrn war tief. Achtzig Jahre in Ehren, aber ohne so viel Geld, sich auch nur eine schöne Jagd zu pachten, immer bequem in der Lebenshaltung, doch nie im Stile jener reichen Vettern, mit seinem ganzen Ruhme doch immer nur ein Bettler, wenn er als Gast auf die großen Güter und Schlösser der Herren in Preußen kam. Und nun stand da ein neues festes Schloß mit 25 Fenstern Front, einem großen Tor und rechts und links wahrhaftig die beiden Kanonen, die er sich als Kadett geträumt; vielleicht waren es gar jene, die er bei Königgrätz vor 65 Jahren selber erbeutet hatte!

Das alte, heimliche Gutshaus freilich war's nicht mehr, aber er war ja auch nicht mehr der unbekannte Major, er war der weltberühmte Feldherr geworden, der die Schlacht bei Tannenberg gewonnen und hunderttausend Russen zur Übergabe gezwungen hatte.

Und nun erneuten sich die heiteren Abende des Weltkrieges, wo so oft seine Standesgenossen als Gäste um ihn versammelt saßen. Viele Monate brachte Hindenburg von nun an auf Schloß Neudeck zu, und die Dohnas, Fürst und Graf, die Eulenburgs, die Mirbachs, die Cramons und noch ein Dutzend edler alter Herren saß beim Chambertin in dem schönen neuen Saale, und alle brachen in laute Klagen aus, wie schlecht es in diesen Läuften der Landwirtschaft ginge. Kam dann zum Monatsersten der Verwalter und zeigte einem der beiden Schloßherrn die Abrechnung, die immer so negativ war wie in der Politik, denn sie verstanden keines von beiden, so waffnete sich der alte Herr mit einem edlen Zorn und beschloß, sein Kanzler müßte dem Bauern wieder aufhelfen, besonders wenn er ein sehr großer Bauer wäre.

Tannenberg lag nur zwei Tagemärsche von Neudeck entfernt. Auch dort war ein Neubau entstanden, das war mehr eine Burg, ein riesenhaftes, schroffes Ehrenmal zum Gedenken an den Sieg und die Toten. Dort sprach zur Einweihung der alte Feldmarschall Worte des Gedenkens und stabilierte vor aller Welt die Unschuld Deutschlands am Kriege: »Reinen Herzens sind wir zur Verteidigung des Vaterlandes ausgezogen, und mit reinen Händen hat das deutsche Heer das Schwert geführt.« Er glaubte, was er sagte.

Doch auch als Zeichen der Einigung sollte das Denkmal dienen, darum fuhr er fort: »Möge an diesem Erinnerungs-Denkmal stets innerer Hader zerschellen! Es ist eine Stätte, an der sich alle die Hand reichen, welche die Liebe zum Vaterlande beseelt.« Ein paar Schritte hin stand Ludendorff, aber die Hände reichten sie sich nicht. Ein militärischer Gruß trennte die beiden Feldherren mehr, als er sie verband. Nichts lebte mehr in Hindenburg, das ihn heut als Chef des Staates und der Reichswehr vor aller Augen auf seinen grollenden Gehilfen zugehen, das ihn die Rechte des Mannes ergreifen ließ, dem er alles verdankte. Als Ludendorff später von der Tribüne aus sprach, war der Feldmarschall nicht mehr zu sehen.

(Aus: Emil Ludwig: *Hindenburg und die Sage von der deutschen Republik.* Amsterdam: Querido Verlag 1935, S. 301-305)

Braunbuch I:
[Über den Brand im Reichstag]

Am 27. Februar 1933 abends zwischen 9 Uhr und 9 Uhr 15, bricht im Gebäude des Reichstags Feuer aus. Die erste öffentliche Mitteilung über den Reichstagsbrand erfolgt noch am gleichen Abend durch den Rundfunk. Der Berliner Sender teilt überdies mit, daß der Täter ein holländischer Kommunist namens van der Lubbe sei. Er habe ein volles Geständnis abgelegt. Er sei nur mit einer Hose bekleidet von eindringenden Polizeibeamten im Reichstagsgebäude aufgefunden worden. Der Täter habe einen holländischen Reisepaß und ein Mitgliedsbuch der holländischen Kommunistischen Partei bei sich gehabt. In den frühen Morgenstunden des 28. Februar 1933 verbreitet der amtliche »Preussische Pressedienst« die nachfolgende Darstellung des Reichstagsbrandes:

»Am Montag Abend brannte der Deutsche Reichstag. Der Reichskommissar für das preussische Ministerium des Innern, Reichsminister Göring, verfügte sofort nach seinem Eintreffen an der Brandstelle sämtliche Massnahmen und übernahm die Leitung aller Aktionen. Auf die erste Meldung von dem Brande trafen auch Reichskanzler Adolf Hitler und Vizekanzler von Papen ein.

Es liegt zweifelsfrei die schwerste bisher in Deutschland erlebte Brandstiftung vor. Die polizeiliche Untersuchung hat ergeben, dass im gesamten Reichstagsgebäude vom Erdgeschoß bis zur Kuppel Brandherde angelegt waren. Sie bestanden aus Teerpräparaten und Brandfackeln, die man in Ledersesseln, unter Reichstagsdrucksachen, an Türen, Vorhängen, Holzverkleidungen und anderen leicht brennbaren Stellen gelegt hatte. Ein Polizeibeamter hat in dem dunklen Gebäude Personen mit brennenden Fackeln beobachtet. Er hat sofort geschossen. Es ist gelungen, einen der Täter zu fassen. Es handelt sich um den 24jährigen Maurer van der Lubbe aus Leiden in Holland, der einen ordnungsmäßigen holländischen Pass bei sich hatte und sich als Mitglied der holländischen Kommunistischen Partei bekannte.

Der Mittelbau des Reichstages ist völlig ausgebrannt, der Sitzungssaal mit sämtlichen Tribünen und Umgängen ist vernichtet, der Schaden geht in die Millionen.

Diese Brandstiftung ist der bisher ungeheuerlichste Terrorakt des Bolschewismus in Deutschland. Unter den hundert Zentnern Zersetzungsmaterial, das die Polizei bei der Durchsuchung des Karl-Liebknecht-Hauses entdeckt hat, fanden sich die Anweisungen zur Durchführung des kommunistischen Terrors nach bolschewistischem Muster.

Hiernach sollen Regierungsgebäude, Museen, Schlösser und lebenswichtige Betriebe in Brand gesteckt werden. Es wird ferner die Anweisung gegeben, bei Unruhen und Zusammenstössen vor den Terrorgruppen Frauen und Kinder herzuschicken, nach Möglichkeit sogar solche von Beamten der Polizei. Durch die Auffindung dieses Materials ist die planmässige Durchführung der bolschewistischen Revolution gestört worden. Trotzdem sollte der Brand des Reichstages das Fanal zum blutigen Aufruhr und zum Bürgerkrieg sein. Schon für Dienstag früh 4 Uhr waren in Berlin große Plünderungen angesetzt. Es steht fest, dass mit diesem heutigen Tag in ganz Deutschland die Terrorakte gegen einzelne Persönlichkeiten, gegen das Privateigentum, gegen Leib und Leben der friedlichen Bevölkerung beginnen und den allgemeinen Bürgerkrieg entfesseln sollten.

Der Kommissar des Reiches im Preussischen Ministerium des Innern, Reichminister Göring, ist dieser ungeheuren Gefahr mit den schärfsten Massnahmen entgegengetreten. Er wird die Staatsautorität unter allen Umständen und mit allen Mitteln aufrechterhalten. Es konnte festgestellt werden, daß der erste Angriff der verbrecherischen Kräfte zunächst abgeschlagen worden ist. Zum Schutze der öffentlichen Sicherheit wurden noch am Montag abend sämtliche öffentlichen und lebenswichtigen Betriebe unter Polizeischutz gestellt. Sonderwagen der Polizei durchstreifen ständig die hauptsächlich gefährdeten Stadtteile. Die gesamte Schutzpolizei und Kriminalpolizei in Preussen ist sofort auf höchste Alarmstufe gesetzt worden. Die Hilfspolizei ist einberufen. Gegen zwei führende kommunistische Reichstagsabgeordnete ist wegen dringendem Tatverdacht Haftbefehl erlassen. Die übrigen Abgeordneten und Funktionäre der Kommunistischen Partei werden in Schutzhaft genommen. Die kommunistischen Zeitungen, Zeitschriften, Flugblätter und Plakate sind auf vier Wochen für ganz Preussen verboten. Auf vierzehn Tage verboten sind sämtliche Zeitungen der sozialdemokratischen Partei, da der Brandstifter aus dem Reichstag in seinem Geständnis die Verbindung mit der SPD zugegeben hat. Durch dieses Geständnis ist die kommunistisch-sozialdemokratische Einheitsfront offenbar Tatsache geworden. Sie verlangt von dem verantwortlichen Hüter der Sicherheit Preussens ein Durchgreifen, das von seiner Pflicht bestimmt wird, die Staatsautorität in diesem Augenblick der Gefahr aufrechtzuerhalten. Die Notwendigkeit der schon früher eingeleiteten besonderen Massnahmen (Schiesserlasse, Hilfspolizei usw.) ist durch die letzten Vorgänge in vollem Umfange bewiesen. Durch sie steht die Staatsmacht ausreichend gerüstet da, um jeden weiteren Anschlag auf den Frieden Deutschlands und damit Europas im Keime zu ersticken. Reichsminister Göring fordert in dieser ernsten Stunde von der deutschen Nation äusserste Disziplin. Er erwartet die restlose Unterstützung der Bevölkerung, für deren Sicherheit und Schutz er sich mit eigener Person verbürgt hat.«

Der Pogrom gegen links beginnt

Noch schwelt das Feuer im Reichstag, noch steht eine tausendköpfige Menge vor dem brennenden Gebäude – da sind die Polizeiautos, die Motorräder, die SA-Stürme schon unterwegs.

Die erste Verhaftung erfolgt kurz nach Mitternacht. Als das Licht des Tages die dunklen Gänge des Polizeipräsidiums erhellt, da sitzen Hunderte von Verhafteten auf langen Bänken in den Korridoren: Kommunisten, Sozialisten, Pazifisten, Schriftsteller, Aerzte, Rechtsanwälte sind in der Nacht aus den Betten gerissen und nach dem Polizeipräsidium gebracht worden. Viele von ihnen schliefen, als der Rundfunk die Nachricht vom Reichstagsbrand verbreitete.

Die Mittagsblätter melden die ersten Namen der Verhafteten: unter ihnen die Schriftsteller Ludwig RENN, Egon Erwin KISCH, Erich BARON, Carl von OSSIETZKY und Otto LEHMANN-RUSSBUELDT; die Ärzte BOENHEIM, SCHMINKE und HODANN; die Rechtsanwälte LITTEN, BARBASCH und Felix HALLE; die kommunistischen Abgeordneten Walter STOECKER, Ernst SCHNELLER, Fritz EMMERICH, Ottomar GESCHKE und Willi KASPER. Der Reichstagsabgeordnete TORGLER, der bezichtigt wird, Mittäter des Reichstagsbrandes zu sein, begibt sich am Morgen des 28. Februar zum Polizeipräsidium, um gegen die Beschuldigungen zu protestieren. Er wird in Haft genommen. Die kommunistische und sozialdemokratische Presse erscheint am 28. Februar nicht mehr. Die Druckereien des »Vorwärts« und der Zeitungen »Berlin am Morgen« und »Welt am Abend« werden noch in der Nacht vom 27. auf den 28. Februar besetzt, die bereits ausgedruckten Exemplare der Morgenausgabe werden beschlagnahmt. Die Druckerei der »Roten Fahne«, die sich im Karl-Liebknecht-Haus befand, war schon einige Tage vorher von der Polizei besetzt worden. Die »Rote Fahne« war bereits vor dem Reichstagsbrand verboten.

Wer brauchte den Reichstagsbrand?

Jeder Kriminalist stellt zuerst die Frage, wem das Verbrechen zugute gekommen ist. Diese Frage muss als erste auch hier gestellt werden.

Die Hitler-Regierung behauptet in ihrem amtlichen Bericht vom 28. Februar, dass der Reichstagsbrand von Kommunisten gelegt worden sei und dass er das Fanal zum blutigen Aufruhr und Bürgerkrieg sein sollte. Gibt es auch nur einen einzigen Beweis dafür, dass die Kommunistische Partei in der Nacht von 27. zum 28. Februar zu »blutigem Aufruhr« übergehen wollte?

Die Taktik der Kommunistischen Partei spricht entschieden gegen diese Behauptung. In den offiziellen Publikationen der Kommunistischen Partei ist mehr als einmal zu lesen, dass der Endkampf um die Macht nur geführt werden kann, wenn die Kommunistische Partei imstande ist, die Mehrheit der Arbeiterklasse in den Kampf zu führen. Die Kommunistische Partei Deutschlands war erst auf dem Wege, diese Mehrheit zu erobern.

In einer Erklärung der Kommunistischen Partei Deutschlands vom 25. März 1933 zum Reichstagsbrand heisst es:

> »Jeder, der mit den Grundsätzen des Kommunismus, mit den Lehren von Marx und Lenin, mit den Beschlüssen der Kommunistischen Internationale und der Kommunistischen Partei Deutschland auch nur ein wenig vertraut ist, weiss, dass Methoden des individuellen Terrors, Brandstiftungen, Sabotageakte und dergleichen, nicht zu den taktischen Mitteln der kommunistischen Bewegung gehören. Die Kommunistische Partei hat immer ausgesprochen, dass ihr Ziel die Durchführung der proletarischen Revolution ist. Um dieses Ziel zu erreichen, gebraucht die KPD die Taktik des revolutionären Massenkampfes, die Gewinnung der Massen für die kommunistische Bewegung durch Agitation und Propaganda, vor allem aber durch die Organisation des täglichen Kampfes für die unmittelbaren Interessen der Werktätigen. Das ist die Taktik, durch die die Kommunistische Bewegung nach den Grundsätzen des Marxismus-Leninismus in allen Ländern ihre Ziele verwirklicht. Es liegt auf der Hand, dass die Brandstiftung im Reichstag keinerlei erdenklichen Sinn und Zweck für die kommunistische Bewegung haben konnte.«

Die Richtigkeit dieser Erklärung wird durch die Geschichte der Kommunistischen Partei von ihrem Entstehungstag an bestätigt. Es liegt nicht der geringste Beweis dafür vor – es widerspräche auch völlig ihrer Politik –, dass die Kommunisten ihre Taktik änderten und plötzlich zu individuellen Terroraktionen schritten.

Die Kommunistische Partei Deutschlands war in den letzten Jahren in einem ununterbrochenen Aufstieg. Sie vereinigte bei den ersten Präsidentenwahlen im März 1932 auf ihren Kandidaten Ernst Thälmann 4 960 000 Stimmen. Sie steigerte diese Stimmzahl bei den Reichstagswahlen am 31. Juli 1932 auf rund 5 300 000. Sie erreichte bei den Wahlen am 6. November 1932 sechs Millionen Stimmen. Die Kommunisten gingen in die Neuwahlen des 5. März 1933 mit den besten Aussichten. Nahezu in der gesamten Auslandspresse wurde ihnen ein grosser Stimmzuwachs prophezeit.

Die Unzufriedenheit im Lager der Sozialdemokratie wuchs. Die ständigen Provokationen der Nazis, die Passivität der Gewerkschafts- und Parteiführer, die zugelassen hatten, dass ihre Minister in Preussen von einem Hauptmann und drei Mann verjagt wurden, trieben breite Massen der sozialdemokratischen Wähler zu den Kommunisten.

Nicht minder gross war die Unzufriedenheit im nationalsozialistischen Lager. Bei den Wahlen im November 1932 hatte Hitler über 2 Millionen Stimmen verloren. Der Zersetzungsprozess war im Wachsen. Als Hitler an die Macht kam, erwarteten viele seiner Anhänger eine entscheidende Wendung zum Besseren. Sie kam nicht. Es bestand die Gefahr einer weiteren Abwanderung nationalsozialistischer Wähler ins kommunistische Lager.

Die Hitler-Regierung zählt zu den Beweismitteln für die Absicht der Kommunisten neben anderem auch die Broschüre: »Die Kunst des Aufstandes.« Aber in eben dieser Broschüre ist unter anderem folgender Satz Lenins zu lesen:

»Die entscheidende Schlacht kann dann als voll herangereift gelten, wenn sich alle uns feindlichen Klassenkräfte hinreichend verrannt haben, wenn sie sich hinreichend gegenseitig in die Haare geraten sind und sich durch den Kampf, der ihre Kräfte übersteigt, hinreichend geschwächt haben, wenn sich alle schwankenden, unsicheren, unbeständigen Zwischenelemente, d. h. das Kleinbürgertum, die kleinbürgerliche Demokratie, zum Unterschied von der Bourgeoisie, hinreichend vor dem Volk entlarvt und durch ihren praktischen Bankrott hinreichend blamiert haben, wenn die Massenstimmung zugunsten einer Unterstützung der entschlossensten, aufopfernd kühnen revolutionären Handlungen gegen die Bourgeoisie im

Proletariat eingesetzt und mächtig anzuschwellen begonnen hat. Eben dann ist die Revolution reif, eben dann ... falls wir alle vorstehend bezeichneten ... Voraussetzungen richtig erwogen und den Moment richtig gewählt haben, ist unser Sieg gesichert.«

Und weiter sagt Lenin in dieser Broschüre:

»Mit der Vorhut allein kann man nicht siegen. Die Vorhut allein in den entscheidenden Kampf werfen, solange die ganze Klasse, solange die breiten Massen die Avantgarde nicht direkt unterstützen oder zum mindesten eine wohlwollende Neutralität ihr gegenüber üben, wäre nicht nur eine Dummheit, sondern auch ein Verbrechen.«

Hätte Göring die Broschüre »Die Kunst des Aufstandes« auch nur flüchtig gelesen, so hätte er sich nicht dazu verleiten lassen, sie als Beweismittel gegen die Kommunistische Partei zu benutzen. Der Pfeil ist auf den Schützen zurückgeschnellt.

(Aus: *Braunbuch über Reichstagsbrand und Hitler-Terror.* Basel: Universum-Bücherei 1935)

Braunbuch II: [Van der Lubbe, das »Rätsel«]

Marinus van der Lubbe, holländischer Staatsangehöriger, 24 Jahre alt, arbeitslos, wurde am 27. Februar 1933 gegen 9.25 Uhr abends im brennenden Reichstag in Berlin verhaftet. Die Verhaftung nahm der Polizeiwachtmeister Poeschel vor, der sich in Begleitung des Hausinspektors Scranowitz befand. Van der Lubbe hatte nur Hosen an, der Oberkörper war nackt. Nach der Aussage Pöschels liess sich van der Lubbe ohne jeden Widerstand verhaften. Pöschel fand einen holländischen Pass auf den Namen van der Lubbe lautend bei ihm vor.

Am 21. September 1933 wurde van der Lubbe als erster der Angeklagten in den Gerichtssaal geführt. Er war als einziger von ihnen gefesselt. Sein Erscheinen rief grosse Bewegung im Gerichtssaal hervor. Van der Lubbe machte einen völlig gebrochenen Eindruck. Er ging wie ein Somnambuler. Sein Kopf war tief gebeugt. Sein Gesicht völlig regungslos, die Augen schienen erloschen. Er nahm auf der Anklagebank Platz. Der Kopf sank auf die Brust. Er schien nicht wahrzunehmen, was rings um ihn vorging. Wenn er zur Aussage aufgerufen wurde, erhob er sich mühsam und ungelenk, ohne den Kopf zu heben. Seine Antworten waren »ja«, »nein«, »es kann sein« und »ich weiss nicht«. Nicht selten beantwortete er die gleiche Frage bejahend und verneinend. Häufiger noch erwiderte den Fragen des Vorsitzenden ein unverständliches Murmeln, das der Uebersetzer zur Verwunderung der Zuhörer in verständliche Worte übersetzte. Die zwei Polizisten, die van der Lubbe als Wache beigegeben waren, wichen ihm nicht von der Seite. Wenn van der Lubbe zum Richtertisch vorgerufen wurde, pflanzte sich einer der Polizisten neben ihm auf. Die ausländische Presse schrieb am Eröffnungstage, dass man besser getan hätte, einen Arzt neben ihn zu stellen. Der amerikanische Rechtsanwalt Arthur Garfield Hays, Mitglied des Untersuchungsausschusses zur Aufklärung des Reichstagsbrandes, formulierte am zweiten Verhandlungstage seine Meinung über van der Lubbe folgendermassen:

»Jeder englische oder amerikanische Verteidiger würde den Antrag stellen, den Prozess zu unterbrechen und van der Lubbes Geisteszustand zu untersuchen«.

Nicht so der Verteidiger van der Lubbes. Van der Lubbes Verteidiger, Dr. Seuffert, fiel während des Prozesses dadurch auf, dass er nicht in die Verhandlungen eingriff. Es gab Tage, wo van der Lubbes Apathie und Benommenheit so gross war, dass er sich nicht einmal die Nase putzen konnte. An diesen Tagen reinigte ihm sein Verteidiger von Zeit zu Zeit mit einer Papierserviette die Nase. Darauf beschränkte sich die Aktivität des Verteidigers Dr. Seuffert für seinen Klienten van der Lubbe, dem die Todesstrafe drohte.

Die Darstellungen des Braunbuches bestätigt

Der erste und zweite Tag der Verhandlungen waren für die Vernehmung van der Lubbes bestimmt. Der Vorsitzende versuchte, van der Lubbe zu einer Schilderung seines Lebenslaufes zu bewegen. Van der Lubbe, der offenbar nicht verstand, was von ihm verlangt wurde, blieb stumm oder gab ein unverständliches Murmeln zur Antwort. Der Vorsitzende gab darauf einen Ueberblick über van der Lubbes Lebenslauf.

Die Darstellung, die das Braunbuch vom Lebensweg van der Lubbes gegeben hatte, fand ihre Bestätigung. Das schwere Augenleiden van der Lubbes, sein krankhafter Geltungstrieb, sein Versuch, den Kanal zu durchschwimmen, seine Wanderungen durch Europa, sein Aufenthalt in München, sein Aufenthalt in Sörnewitz (Sachsen): das Gericht war gezwungen, die Angaben des Braunbuches zu bestätigen. Das Braunbuch hatte nachgewiesen, dass van der Lubbe im März 1931 aus der Kommunistischen Partei Hollands ausgeschieden war. Der Senatspräsident musste es zugeben. Er tat dies in der Form, in der unangenehme Feststellungen vor diesem Gericht immer behandelt wurden. Er erklärte, formal möge van der Lubbe 1931 aus der Kommunistischen Partei Hollands ausgeschieden sein – faktisch habe er weiter der Gedankenwelt der Kommunistischen Internationale angehört. Wenige Minuten später las der Vorsitzende den Bericht der holländischen Polizei über van der Lubbe vor, aus dem hervorging, dass van der

Lubbe nach seinem Ausscheiden aus der Kommunistischen Partei Hollands sich der »Gruppe der Internationalen Kommunisten« oder »Raden-Kommunisten« angeschlossen habe. Der holländische Polizeibericht besagte wörtlich:

»Van der Lubbe wollte immer Führer sein. Doch fehlten ihm hierfür alle Voraussetzungen. Er ist von krankhaftem Geltungsbedürfnis erfüllt. Im Jahre 1931 trat er aus der Kommunistischen Partei Hollands aus. Daraufhin schwand sein Einfluss unter den Erwerbslosen. Er schloss sich der bedeutungslosen ›Gruppe Internationaler Kommunisten‹ an, die in ganz Holland zwanzig Mitglieder besitzt.«

Nichts anderes hatte das Braunbuch behauptet. Es hatte allerdings den Tatsachen entsprechend hinzugefügt, dass diese »Gruppe Internationaler Kommunisten« im heftigsten Kampf gegen die Kommunistische Partei Hollands und die Kommunistische Internationale steht. Vierzehn Tage vor Beginn des Prozesses hatte eine Unterkommission im Auftrage des Untersuchungsausschusses zur Aufklärung des Reichstagsbrandes in Amsterdam sechzehn Zeugen gehört, »die in der Lage waren, über Persönlichkeit, politische Ueberzeugung, Charakterveranlagung des van der Lubbe, sowie über das Milieu, dem er angehörte, Auskunft zu geben.« Die Kommission bestand aus der demokratischen holländischen Abgeordneten Dr. Betsy Bakker-Nort, dem schwedischen Senator, Rechtsanwalt Georg Branting und dem belgischen Rechtsanwalt Pierre Vermeylen. Die drei Juristen haben in einem vom 6. September 1933 datierten ausführlichen Bericht den Untersuchungsausschuss über die Ergebnisse der Einvernahmen in Holland informiert. Ueber die »Raden-Kommunisten« wird in diesem Bericht folgendes gesagt:

»Es wurde einwandfrei festgestellt, dass der Kreis, in dem sich van der Lubbe in den letzten Jahren bewegte, insbesondere die Gruppe der sogenannten »Internationalen Kommunisten« oder »Raden-Kommunisten« in Wirklichkeit eine anarchistische Gruppe ist, welche die gewerkschaftlichen und politischen Organisationen der Arbeiterschaft, insbesondere die sozialdemokratische Partei Hollands, die Kommunistische Partei Hollands und die Kommunistische Internationale aufs Heftigste bekämpft.«

Diese Feststellungen wurden in den Verhandlungen zu Leipzig unterschlagen. Um nachzuweisen, dass van der Lubbe Kommunist sei, wurde aus den anarchistischen »Raden-Kommunisten« eine Partei gemacht, die der Kommunistischen Partei Hollands gleichzusetzen ist, obwohl die »Raden-Kommunisten«, nicht zuletzt wegen ihrer Bejahung des individuellen Terrors, von der Kommunistischen Partei heftigst bekämpft werden.

Van der Lubbe hat die Frage des Vorsitzenden, ob er Kommunist sei, stets verneint. Der Präsident versuchte ihn zu einer Bejahung zu bewegen, indem er ihm sagte:

»Sie müssen unterscheiden zwischen politischen Organisationen und Zugehörigkeit zum Ideenkreis des Kommunismus.«

Trotz dieser Suggestivfrage, die sich im Prozess häufig wiederholte, hat van der Lubbe stets bestritten, Kommunist zu sein. Das hinderte den Präsidenten nicht, am zweiten Verhandlungstage zu erklären:

»Für mich ist klar, Sie sind Kommunist.«

An einer wesentlichen Feststellung des Braunbuches ging der Präsident, der sonst so eifrig mit der »Widerlegung der Braunbuchlügen« beschäftigt war, stillschweigend vorbei. Er vermied es peinlich, nach van der Lubbes Homosexualität zu fragen.

(Aus: *Braunbuch II. Dimitroff contra Göring. Enthüllungen über die wahren Brandstifter.* Paris: Edition du Carrefour 1934, S. 133-136)

Braunbuch II: [Dimitroff verhört Göring]

Der General hat mehrere Stunden gesprochen. Mit jeder Minute steigt die Erwartung: Wann kommt Dimitroff zu Wort? Das Wortduell zwischen einem Repräsentanten des Hitler-Faschismus und einem hervorragenden Vertreter des Kommunismus wird mit Ungeduld und Erregung erwartet. Endlich erhebt sich Dimitroff. Die rechte Hand auf die Bank gestützt, das bleiche, abgezehrte Gesicht gestrafft. Im Gerichtssaal von leidenschaftlichem Hass umloht, von der Liebe und Sympathie von Millionen ausserhalb des Gerichtssaales getragen – so steht er da: nicht Schuldner, sondern Gläubiger. Nicht Angeklagter, sondern Ankläger! Der Faschismus und der Kommunismus stehen einander gegenüber: der revolutionäre Arbeiter gegen den reaktionären Offizier, das Recht gegen das Unrecht, die Wahrheit gegen die Lüge.

Dimitroff verhört Göring:

»Der Ministerpräsident Göring hat am 28. Februar erklärt, dass van der Lubbe bei der Verhaftung ausser seinem Pass auch ein Partei-Mitgliedsbuch bei sich getragen hätte. Woher wusste das der Herr Ministerpräsident?«

Göring versucht die Antwort zu umgehen:

»Die Polizei untersucht alle Schwerverbrecher und macht mir Mitteilung darüber, was sie gefunden hat.«

Bünger eilt zu Hilfe. Er unterbricht. Aber Dimitroff lässt nicht locker:

»Die drei Kriminalbeamten, die van der Lubbe verhaftet und vernommen haben, haben übereinstimmend ausgesagt, dass kein Partei-Mitgliedsbuch bei van der Lubbe gefunden wurde. Woher dann diese Mitteilung über das Buch gekommen ist, möchte ich wissen.«

Görings Antwort ist ein volles Geständnis:

»Die Meldung ist mir amtlich vorgelegt worden. Wenn in dieser ersten Nacht Dinge mitgeteilt worden sind, die vielleicht nicht so rasch nachzuprüfen waren, wenn bei dem einen Beamten vielleicht auf Grund einer Erklärung davon die Rede war, Lubbe habe ein Parteibuch bei sich gehabt, und man konnte das nicht nachprüfen, hat es also vielleicht als Tatsache genommen, so wurde mir das selbstverständlich mitgeteilt. Ich habe diese

Mitteilung der Presse schon am nächsten Vormittag gegeben. Da war die abschliessende Vernehmung noch nicht fertig. An sich ist das ja auch belanglos, weil hier in dem Prozess festgestellt zu sein scheint, dass van der Lubbe kein Parteibuch hatte.«

Die Polizei hat gelogen, der Amtliche Preussische Pressedienst hat gelogen, Göring hat gelogen. Das ist das Ergebnis der ersten Frage Dimitroffs. Hier ist die Bestätigung dessen, was das Braunbuch, was die ganze Welt behauptet hat: die Berichte des Amtlichen Preussischen Pressedienstes, für die Göring die Verantwortung trägt, waren von A bis Z erlogen. Auf der Stufenleiter dieser Lügen sind die Nationalsozialisten zur Macht emporgestiegen. Diesen Lügen folgten Mord und Terror, Judenpogrome und Konzentrationslager.

Hier war wieder ein Punkt, wo das Gericht einzusetzen hatte. Das Gericht hatte zu untersuchen, wie diese Lügen entstanden sind, von wem sie und für wen sie erfunden wurden. Das Gericht rührte sich nicht. Die Verteidiger rührten sich nicht.

Die zweite Frage Dimitroffs galt den Henningsdorfer Vorgängen:

»Ich frage: was hat der Herr Innenminister am 28. Februar 1933 und in den nächsten Tagen getan, damit durch die polizeiliche Untersuchung der Weg von van der Lubbe von Berlin nach Henningsdorf, sein Aufenthalt im Asyl in Henningsdorf, seine Bekanntschaft mit zwei anderen Leuten dort festgestellt und so die Komplizen ausfindig gemacht werden?«

Der Minister hat nichts getan:

»Ich selbst bin nicht Kriminalbeamter, sondern verantwortlicher Minister und für mich war es deshalb nicht so wichtig, den einzelnen kleinen Strolch festzustellen, sondern die Partei, die verbrecherische Weltanschauung, die dafür verantwortlich war.«

Wenn es gilt, den Ruhm für die Erfolge einzuheimsen, dann ist Göring da. Dann ist nicht von der Polizei die Rede. Dann wird nur von Göring gesprochen. Wenn es gilt, schwere Verstösse gegen die primitivsten kriminalistischen Grundsätze zu entschuldigen, dann muss die Polizei herhalten. Der kleine Kriminalbeamte, der – obwohl er lediglich im Auftrage Görings gehandelt hat – wird von Göring im Stich gelassen.

Die nächste Frage Dimitroffs steigert die Erregung im Saal. Göring hat von der verbrecherischen Weltanschauung des Kommunismus gesprochen. Die klare Stimme dieses Kommunismus erhebt sich mitten im faschistischen Deutschland:

»Ist dem Herrn Ministerpräsidenten bekannt, dass diese verbrecherische Weltanschauung den sechsten Teil der Erde regiert, nämlich die Sowjetunion?«

Der Minister Göring beginnt die Gewalt über sich zu verlieren:

»Es ist mir zunächst einmal bekannt, dass die Russen in Wechseln bezahlen, und es wäre mir noch lieber, wenn mir bekannt wäre, dass die Wechsel auch eingelöst werden.«

Die nationalsozialistischen Zuhörer brechen in schallende Heiterkeit aus. Ob sie auch am nächsten Tage gelacht haben, als das amtliche Wolff-Büro den preussischen Ministerpräsidenten scharf zurechtwies, nachdem ein Schritt der Sowjet-Regierung in Berlin erfolgt war?

»Im Zusammenhang mit falschen Berichten und tendenziösen Entstellungen zu der Aussage des Ministerpräsidenten Göring im Reichstagsbrandprozess wird mitgeteilt, dass die Sowjetregierung bis zum heutigen Tage ihren Verpflichtungen in Deutschland pünktlich nachgekommen ist.«

Das Duell nähert sich dem Höhepunkt. Die eiskalte Stimme Dimitroffs übertönt das Bravo der Nazis:

»Diese bolschewistische Weltanschauung regiert die Sowjetunion, das grösste und beste Land der Welt, mit dem Deutschland in wirtschaftlichen und diplomatischen Beziehungen steht und durch dessen Bestellungen hunderttausende deutscher Arbeiter Arbeit bekommen haben. Ist das bekannt?«

Ein furchtbarer Zornanfall rötet das Gesicht Görings:

»Ich will Ihnen sagen, was im deutschen Volk bekannt ist. Bekannt ist dem deutschen Volk, dass Sie sich hier unverschämt benehmen, dass Sie hierher gelaufen sind, um den Reichstag anzustecken. Sie sind in meinen Augen ein Gauner, der direkt an den Galgen gehört.«

Händeklatschen und Bravos bei den Nationalsozialisten im Zuhörerraum. Bünger springt in die Bresche:

»Dimitroff, ich habe Ihnen bereits gesagt, dass Sie hier keine kommunistische Propaganda zu treiben haben. Sie dürfen sich dann nicht wundern, wenn der Zeuge derartig aufbraust. Ich untersage Ihnen diese Propaganda auf das strengste. Sie haben rein sachliche Fragen zu stellen.«

Zehn Worte Dimitroffs sind die Antwort:

»Ich bin sehr zufrieden mit der Antwort des Herrn Ministerpräsidenten.«

Für diese sachliche Feststellung wird Dimitroff das Wort entzogen. Dimitroff, nicht etwa Göring, der den Angeklagten beschimpfte, beschuldigte und beleidigte.

Dimitroff weiss, dass ihm das Wort entzogen wurde, um dem Ministerpräsidenten zu helfen. Er weiss, dass der Senat ihn an diesem Tage nicht mehr sprechen lassen wird. Er weiss, dass Millionen erwarten, er werde trotzdem sprechen. Der nächste Augenblick wird den Ausschluss bringen. Zehn Sekunden Zeit. In diesen zehn Sekunden muss alles gesagt werden. Dimitroff richtet das Gewehr, schiesst und trifft ins Schwarze:

»Sie haben wohl Angst vor meinen Fragen, Herr Ministerpräsident?«

Es folgt eine Szene, wie sie noch kein Gerichtssaal erlebt hat. Verschwunden der äussere Formelkram, versunken die oft verkündete Würde des Gerichtes. Der Herr, der die Komparsen agieren liess, als seien sie die Richter in diesem Saal, fegt mit einem Satz die »richterliche Unabhängigkeit« bei Seite. Er tanzt vor Wut. Eine Flut von Beschimpfungen fliesst von seinen Lippen. Seine Stimme überschlägt sich.

»Hinaus mit Ihnen, Sie Gauner!«

Der Sieger Dimitroff wird abgeführt. Der Beschuldigte Göring darf weiter Zeuge sein. Das Gericht hat geduldet, dass er Meineide schwor, dass er als Zeuge Ausführungen machte, die nur einem Sachverständigen zustanden, dass er die Leitung des Prozesses an sich riss, dass er die Angeklagten in unflätigster Weise beschimpfte und ohne den geringsten Beweis beschuldigte. Vor diesem gleichen Gericht haben Männer aus dem Konzentrationslager ausgesagt, denen man durch Misshandlungen und Folterungen Geständnisse erpresst hat. Neue Misshandlungen vor Augen, fanden sie, für wenige Minuten der Hölle entronnen, die Kraft, die Wahrheit auszusagen. Unter den sechs Richtern fand nicht einer den Mut auch nur zu einem schwachen Protest. Sie hingen an Görings Lippen. Der *Temps* schrieb am 6. November 1933:

»Der Reichsgerichtsrat Cönders trank die Worte förmlich vom Munde Görings.«

Die *Basler Nationalzeitung*, gewiss der Sympathien für den Kommunismus nicht verdächtig, schrieb am 6. November 1933:

»Die Zeugenaussage Görings war nichts anderes als eine leidenschaftliche Agitationsrede, ein Plädoyer, in dem das ganze zweifelhafte Material an Vorwürfen ohne Sichtung wiederholt wurde. Dabei trat eine Feindseligkeit und Neigung zu persönlicher Verunglimpfung des politischen Gegners zutage, wie sie sonst keinem Zeugen durchgelassen werden würde. Die Aussage wirkte denn auch trotz der Vereidigung keineswegs als unparteiische, vornehm-sachliche Erklärung, sondern als unbeherrschter und einseitiger Verteidigungsversuch ... Diese Schimpfgewohnheit macht auf uns Aussenstehende den Eindruck einer Haltlosigkeit und gefühlsmässigen Unausgeglichenheit.«

Der Zeuge Göring ist nicht vorgeladen worden zur Zeugenaussage sondern zur Verteidigung. Hätte das Gericht wirklich den Fall Göring zu klären beabsichtigt, so hätte es seine Aussage über seine Verantwortlichkeit für die Lügen des Amtlichen Preussischen Pressedienstes

»Ich habe am ersten Abend in grossen Zügen dem Leiter des Amtlichen Preussischen Pressedienstes, Oberregierungsrat Sommerfeld gesagt, wie er zu arbeiten hat, um dem Volk die Augen zu öffnen.«

zum Anlass genommen, festzustellen, wie diese »Weisungen in grossen Zügen« zustande gekommen sind. Es hätte das Alibi Görings geprüft, wie das Torglers untersucht wurde. Es hätte die im Braunbuch genannten Zeugen vernommen. Es hätte Göring unter Anklage gestellt. Das Gericht hat dies alles nicht gemacht. Es hat sich an diesem Tage sein Urteil selbst gesprochen. Die Neue Züricher Zeitung vom 6. November 1933 fasste dieses Urteil in einem Satz zusammen:

»Das ganze Gerichtsverfahren ist mit einem Schlage entwertet worden.«

(Aus: *Braunbuch II. Dimitroff contra Göring. Enthüllungen über die wahren Brandstifter.* Paris: Edition du Carrefour 1934, S. 250-255)

Niederschrift eines unbekannten Verfassers über die zweite Rede Hitlers vor dem Hamburger »Nationalklub von 1919« am 1. Dezember 1930

»Adolf Hitler, gestern im National-Klub, etwa 500 Personen aus der sogenannten ersten Gesellschaft, Kaufleute, Schiffsreeder, darunter Cuno, Deters, Adlige von Stand, viele frühere Offiziere, Bürgermeister, Senatoren und Botschafter v. B. G. Der Verein hat mit Parteien nichts zu tun, kann aber wohl im alten Sinne konservativ genannt werden. [. . .] Hitler, der an dem dem Vortrag vorangegangenen Essen nicht teilgenommen hatte, erschien lebhaft begrüßt um 9.00 Uhr. [. . .] Er war im Smoking, über der weißen Stirne lag malerisch die Dauerwelle. Er ist ein geborener Redner mit dichterischem Einschlag, steigerte sich allmählich in hohe Begeisterung hinein, die Stimme wird immer lauter, die Hauptsachen wiederholt er dann mit hocherhobenen Händen in den Saal, um gleich nachher, die Hände auf der Brust wie ein Pfarrer, zu sprechen.

Sein Vortrag war gut aufgebaut, enthielt aber kaum eine Anspielung auf die unmittelbar vorliegenden Aufgaben. Der Gedankengang war etwa folgender: Der Politiker darf nicht bei den Tagesfragen bleiben, sondern muß sich zum Prinzipiellen lenken. Da ergibt sich, daß das deutsche Volk zwar, wie immer, ein fleißiges, vielleistendes Volk ist, daß dadurch aber nicht die allgemeine Not verhindert wird. Wenn das 40 Jahre so weiter ginge, was bliebe dann übrig? Die Erfüllung der Tagesarbeit allein entscheide nichts. Die Leistung kann erst mit dem Unterbau von Prinzipien zur Geltung kommen. [. . .]

Wie ist das Leben unseres Volkes?

Früher wurden die überschüssigen Menschen exportiert. Dieser Export wurde später in Warenexport umgewandelt. Zu ihrer Produktion kamen die Menschen in die Stadt. Durch die Industrie und den Export wurde unser Schicksal an die Ketten der Weltwirtschaft gebunden. Früher hatten wir ein stehendes Heer von etwa 840 000 Mann, ebenso viele Menschen wurden durch die Kriegsindustrie beschäftigt. Diese – etwa 1 1/2 Millionen – sind zu Arbeitslosen geworden. Die Heeresarbeit war unproduktiv, aber sie erzog deutsche Männer zu Disziplin, was der Wirtschaft zugute kam, weil man gehorchen und befehlen lernte. Die heutige Disziplinlosigkeit ist durch das Fehlen der allgemeinen Wehrpflicht sehr vergrößert worden. [. . .]

Die Arbeitslosenzahl vermehrte sich auch dadurch, daß die Verbindung mit dem Ausland nur langsam angeknüpft werden konnte. Die innere Ordnung des Wirtschaftslebens war zerstört. Deutschland mußte den verlorenen Weltwirtschaftsmarkt wieder gewinnen. Der Wirtschaftler denkt, das gelinge mit niedrigen Preisen und erster Qualität. Der Politiker versagt sich dieser Hoffnung. Mit Tüchtigkeit kann man produzieren, aber nicht verkaufen. Außerdem lernen die anderen Völker mehr und mehr, ihre Bedürfnisse selbst zu befriedigen. Dazu trägt bei die Ausbildung von Angehörigen fremder Länder auf deutschen Hochschulen. Das überreiche Amerika erobert die ganze Welt mit seinen unbegrenzten Möglichkeiten. Der Weltabsatzmarkt wird immer mehr berannt.

Durch Überindustrialisierung wachsen die großen Städte. Zu Gunsten der Stadtbevölkerung wird demokratische Politik getrieben, von der die Landwirtschaft ruiniert wird. Aus diesem so schwer heimgesuchten Volk werden die Tribute herausgeholt. Das Ausland erklärt sie für erträglich, weil 47 Milliarden Gehälter und Löhne bezahlt würden. In Wirklichkeit sind es nur 6-8 Milliarden, die im Kreislauf wiederkehren. Das Vermögen des Volkes ist verlorengegangen. Was der Krieg nicht zerstört hat, ist in den letzten 12 Jahren versilbert und verpfändet worden. Aber selbst vor dem Krieg hätte Deutschland solche Tribute nicht leisten können. Heute muß das Ende der Zusammenbruch sein. [. . .] Öffentliche Ruhe und Ordnung können nicht nur durch Polizei und Heer geschützt werden. Zu sichern sind sie nur durch sittliche Staatsordnung und durch die Eingliederung aller in diese Staatsordnung. Nicht Sanierung der Finanzen, nicht Einzelaktionen können uns retten. Auch die Nationalsozialisten nehmen Sanierungen vor, besonders durch Prüfung der Beamtenverhältnisse. Hier zeigt sich, daß man den kleinen Leuten große Abzüge macht, daneben aber ungezählte Tausende nur aus Partei-Protektion neu anstellt. (Lauter Beifall) Auch wir sind von der Notwendigkeit der Steuern und des Abbaues überzeugt, aber die Katastrophe kann nicht dadurch abgewendet werden. Das ist nur möglich durch Beseitigung der Tribute. Hierfür sind die Wege zu suchen. Manche sagen, nach einigen Jahrzehnten sind wir ja mit den Tributen fertig. Ich sage aber, schon viel früher sind wir selbst fertig. Denn wir gelangen nicht an die Rohstoff-Quellen. Diese und die Absatzmärkte werden nicht durch die Geschicklichkeit des Kaufmannes gewonnen, sondern nur durch die Kraft der Völker. Durch den Kampf, Krieg und Frieden sind die zwei Erscheinungsarten dieses Kampfes. Gegenstand des Kampfes darf immer nur die Erhaltung des Volksgutes sein, einerlei, ob man wirtschaftlich kämpft oder Krieg führt. Die politische Macht kann nicht durch die Wirtschaft wiedergewonnen werden, sondern nur durch Kampf. Die lebendige Volkskraft muß für die Erhaltung des Staates eingesetzt werden. Erst unter dem Schutz des starken Staates kann die Wirtschaft existieren. Auch vor dem Krieg ist die Blüte der Wirtschaft erst durch die Blüte des Staates herbeigeführt worden. Mit der politischen Macht sinkt jetzt die Wirtschaft. So kann es und wird es auch anderen Völkern gehen. Darüber, ob England oder Indien siegt, wird dadurch entschieden, daß sich zeigt, welche Rasse in den Kampf die größte Kraft hineinlegen kann.

Seine Kraft kann Deutschland vermehren, wenn es den Binnenmarkt durch Kultivierung des Bodens und die daraus sich ergebende Konsum-Erholung stärkt. Aber es handelt sich nicht lediglich darum, im Innern Boden zu gewinnen. Es ist Irrsinn, wenn Deutschland verhungern soll, wo doch nebenan faule Völker weite Gebiete unausgenutzt lassen. Will man diese Gebiete, so geht das nur vermöge des Rechts des Stärkeren. Wie kommt unser Volk aber zur politischen Stärke? [...] Die neue Zeit hat an die Stelle des Begriffes Staat die Tatsache Volk gestellt. Der Staat ist die Form, den Inhalt gibt das Volk. Aber die staatliche Basis wird, wie einst durch die Konfession, heute gebildet durch die Gegensätze von Nationalismus und Sozialisierung. Dieser Riß geht durch die Mitte aller Kreise. Es stehen sich gegenüber die Handarbeiter und die intellektuellen Bürger. Eine Masse von vielen Millionen erklären, sich heute nicht mehr für die Gesamtheit einzusetzen, sondern nur noch für ihre Interessen. Das begann schon im Krieg, die großen Organisationen marxistischen Charakters zeigten, daß sie den Kampf gegen fremde Völker nicht mehr mitmachen wollten. Heute erklären die Millionen von Kommunisten offen, daß sie nicht mehr für ihr Volk kämpfen, sondern nur für den Sieg der Weltrevolution. Schon wegen der Kommunisten kann Deutschland nicht mehr nach auswärts kämpfen. [...] Willenlos unterwirft man sich dem heutigen schweren Schicksal. Das ist Feigheit. Dabei ist dieses Schicksal vorauszusehen gewesen, ist von Bismarck prophezeit worden. Die Parteien können es nicht wenden. Sie bringen keine tiefe Bewegung in das Volk, wirken nur an der Oberfläche. Sie geben dem Volk keine Ideale. Sie können daher nichts ausrichten gegen das in verhängnisvollen Ideen verkörperte Sowjet-Symbol. Man sage nicht, das deutsche Volk habe keinen Sinn für Ideen. Das Gegenteil hat sich schon in der Vergangenheit gezeigt. Hunderttausende haben in den Zeiten des Religionskampfes nach der Reformation für die religiöse Idee geblutet. Ohne Ideen, ohne Ideale, das sagt gegen den Schluß Hitler, geht ein Volk zu Grunde. Orkanartigen Beifall erntet er mit dem Satz: *Wenn der letzte Mensch aufhört, Idealist zu sein, so sind die ersten längst zu reißenden Wölfen geworden.* Will der Sozialismus Ideale erwecken, so muß er seine Interessen denen der Gesamtheit unterordnen. ›Ich habe mich nur einer Doktrin verschrieben: Es ist alles recht und gut, was dem Besten meines Volkes dient.‹ (Brausender Beifall) Mein Ziel ist, dem Volksgedanken die Millionen seiner Arbeiterschaft wiederzugeben. [...] Hierfür gibt es nur zwei Linien: Erhaltung der nationalen, unabhängigen Wirtschaft und Erhaltung eines gesunden deutschen Arbeiters, eines gesunden deutschen Volkes. Daß solche Linien möglich sind, zeigt der heutige italienische Staat. [...] Voraussetzung dafür aber ist die Befreiung von drei Lastern: Wir müssen den Internationalismus ablegen, müssen Abschied nehmen von dem Gesetz der Demokratie, der Geist muß wieder in seine Rechte eingesetzt werden zur Wiedergewinnung des Idealismus. Wir müssen uns freimachen von Pazifismus, mit dem nichts zu erreichen ist. Es gilt nicht das Wort: Mit dem Hute in der Hand, kommt man durch das ganze Land, sondern: In der Welt kommst Du nur weiter mit der Faust. Nicht, als ob man mit ihr fackeln sollte. Ebensowenig aber ist die Welt zu gewinnen durch den Gedanken der Versöhnung. Sondern es heißt: Suchen, finden, erkämpfen sein Recht. Brausender Beifall folgte. Die geplante Diskussion fand nicht statt, hätte auch keinen Stoff gehabt, da die aktuellen Fragen und das praktische Programm vom Redner nicht erwähnt worden waren. Später fand man sich noch mit Hitler im kleinen Kreise zusammen. Dort sprach er aber nur von seiner Organisation und von der Möglichkeit, mit ihm eintretendenfalls zusammen zu wirken.«

(Aus: Werner Jochmann [Hrsg.]: *Nationalsozialismus und Revolution. Ursprung und Geschichte der NSDAP in Hamburg 1922-1933*. Veröffentlichung der Forschungsstelle für die Geschichte des Nationalsozialismus in Hamburg. Bd. 3. Frankfurt/Main: Europäische Verlagsanstalt 1963, S. 309-314)

Aus einem Vortrag Hitlers vor westdeutschen Wirtschaftlern im Industrie-Club zu Düsseldorf am 27. Januar 1932

Ich sehe zwei Prinzipien, die sich schroff gegenüberstehen: das Prinzip der Demokratie, das überall, wo es sich praktisch auswirkt, das Prinzip der Zerstörung ist. Und das Prinzip der Autorität der Persönlichkeit, das ich als das Leistungsprinzip bezeichnen möchte, weil alles, was überhaupt Menschen bisher leisteten, alle menschlichen Kulturen nur aus der Herrschaft dieses Prinzips heraus denkbar sind.

Wir stehen heute vor einer Weltlage, die für die weiße Rasse überhaupt nur dann verständlich ist, wenn man die Vermählung von Herrensinn im politischen Wollen und Herrensinn in der wirtschaftlichen Betätigung als unbedingt anerkennt, eine wunderbare Übereinstimmung, die dem ganzen vergangenen Jahrhundert ihren Stempel aufgedrückt hat und unter deren Folgen die weißen Völker zum Teil eine bemerkenswerte Entwicklung genommen haben: Statt sich raummäßig zu erweitern, statt Menschen zu exportieren, haben sie Waren exportiert, haben ein wirtschaftliches Weltsystem aufgebaut, das seinen charakteristischen Ausdruck darin findet, daß – unter Voraussetzung verschiedener Lebensstandarde auf der Erde – in Europa und in der neuesten Zeit auch in Amerika gigantische Welt-Zentralfabriken und in der übrigen Welt riesige Absatzmärkte und Rohstoffquellen bestehen.

Die weiße Rasse kann aber ihre Stellung nur dann praktisch aufrecht erhalten, wenn die Verschiedenartigkeit des Lebensstandards in der Welt aufrecht erhalten bleibt.

Geben Sie heute unseren sogenannten Absatzmärkten den gleichen Lebensstandard, wie wir ihn haben, und Sie werden erleben, daß die nicht nur in der politischen Macht der Nation, sondern auch in der wirtschaftlichen Stellung des einzelnen sich ausdrückende Vormachtstellung der weißen Rasse nicht mehr gehalten werden kann.

Im Völkerleben ist die Stärke nach außen durch die Stärke der inneren Organisation bedingt, die Stärke der inneren Organisation aber ist abhängig von der Festigkeit gemeinsamer Anschauungen über gewisse grundsätzliche Fragen.

Sie sehen hier eine Organisation vor sich, welche ihre Erkenntnisse nicht theoretisch predigt, sondern praktisch in sich vollzieht, eine Organisation, erfüllt von eminentestem, nationalem Gefühl, aufgebaut auf dem Gedanken einer absoluten Autorität der Führung auf allen Gebieten, in allen Instanzen – die einzige Partei, die in sich nicht nur den internationalen, sondern auch den demokratischen Gedanken restlos überwunden hat, die in ihrer ganzen Organisation nur Verantwortlichkeit, Befehl und Gehorsam kennt und die damit zum erstenmal in das politische Leben Deutschlands eine Millionen-Erscheinung eingliedert, die nach dem Leistungsprinzip aufgebaut ist.

Eine Organisation, die ihre Anhänger mit unbändigem Kampfsinn erfüllt, zum ersten Male eine Organisation, die, wenn der politische Gegner erklärt: »Euer Auftreten bedeutet für uns eine Provokation«, es nicht für gut befindet, sich dann plötzlich zurückzuziehen, sondern die brutal ihren Willen durchsetzt und ihm entgegenschleudert: Wir kämpfen heute!

Wir kämpfen morgen! Und haltet Ihr unsere Versammlung für eine Provokation, so werden wir nächste Woche wieder eine abhalten – so lange, bis Ihr gelernt habt, daß es keine Provokation ist, wenn auch das deutsche Volk seinen Willen bekennt!

Und wenn Ihr sagt: »Ihr dürft nicht auf die Straße«, – wir gehen trotzdem auf die Straße! Und wenn Ihr sagt: »Dann schlagen wir Euch« – so viele Opfer Ihr uns auch aufbürdet, dieses junge Deutschland wird immer wieder marschieren, es wird eines Tages die deutsche Straße, den deutschen Menschen restlos zurückerobern.

Und wenn man uns unsere Unduldsamkeit vorwirft, so bekennen wir uns stolz zu ihr – ja, wir haben den unerbittlichen Entschluß gefaßt, den Marxismus bis zur letzten Wurzel in Deutschland auszurotten.

Denke ich an die Zeit zurück, da ich mit sechs anderen unbekannten Menschen diesen Verband gründete, da ich vor 11, 12, 13, 14, 20, 30 und 50 Menschen sprach, da ich nach einem Jahr 64 Menschen für die Bewegung gewonnen hatte, an die Zeit, da unser kleiner Kreis sich immer mehr erweiterte, dann muß ich gestehen, daß das, was heute da als ein Millionenstrom deutscher Volksgenossen in unsere Bewegung mündet, geschaffen ist, etwas einzig Dastehendes in der deutschen Geschichte darstellt.

70 Jahre haben die bürgerlichen Parteien Zeit zum Arbeiten ge-

habt. Wo ist die Organisation, die sich mit der unsrigen vergleichen könnte? Wo ist die Organisation, die so wie die unsrige darauf hinweisen könnte, daß sie, wenn notwendig, 400 000 Männer auf die Straße hinausbringt.

Ich weiß sehr wohl, meine Herren, wenn Nationalsozialisten durch die Straßen marschieren, und es gibt plötzlich abends Tumult und Radau, dann zieht der Bürger den Vorhang zurück, sieht hinaus und sagt: »Schon wieder bin ich in meiner Nachtruhe gestört und kann nicht schlafen. Warum müssen die Nazis denn auch immer provozieren und nachts herumlaufen?« Aber vergessen Sie nicht, daß es Opfer sind, wenn heute viele Hunderttausende von SA- und SS-Männern der nationalsozialistischen Bewegung jeden Tag auf den Lastwagen steigen. Versammlungen schützen, Märsche machen müssen, Nacht um Nacht opfern, um beim Morgengrauen zurückzukommen – entweder wieder zur Werkstatt und in die Fabrik, oder aber als Arbeitslose die paar Stempelgroschen entgegenzunehmen; wenn sie von dem wenigen, das sie besitzen, sich außerdem noch ihre Uniform kaufen, ihr Hemd, ihre Abzeichen, ja, wenn sie ihre Fahrten selbst bezahlen – glauben Sie mir, darin liegt schon die Kraft eines Ideals!

(Aus: Programmheft zur Inszenierung am Düsseldorfer Schauspielhaus, Spielzeit 1972/73, Heft 2)

Alfred Sohn-Rethel
Die Geschichte des 30. Juni 1934

Das Datum, an dem die Geschichte des nationalsozialistischen Brudermordes anhebt, ist der 2. Februar 1934. Bis dahin hatte Hitler noch nicht den Fuß in das Reichswehrministerium in der Bendlerstraße gesetzt. An diesem Tage trat er nun der versammelten militärischen Führung gegenüber, jener von ihm ehrfürchtig geachteten Macht, in deren Dienst er einst vor vierzehn Jahren als Spitzel für den Hauptmann Ernst Röhm in München seine Karriere begonnen hatte. Jetzt, seit einem Jahre Reichskanzler, war er vor die vereinigte Generalität und Admiralität geladen worden, um sich über seine politischen Intentionen zu erklären. Der Tag entschied über Festigung oder Sturz seines Regimes. Hitler bestand die Probe. Als er um elf Uhr vormittags den Saal betrat, empfingen ihn kalte Förmlichkeit und mißtrauische Zurückhaltung, als er ihn nach knapp zwei Stunden verließ, dröhnte der Raum von einer begeisterten Ovation. Hitler hatte die Militärs erobert. Aber welchen Preis hatte er dafür zu bezahlen? Der Preis war vorerst noch ein bloßes Versprechen, die Erfüllung erfolgt am 30. Juni.

Zum Verständnis der Zusammenhänge müssen wir ein wenig ausholen. Dreieinhalb Monate vor der erwähnten geheimen Sitzung in der Bendlerstraße, am 14. Oktober 1933, hatte Deutschland seinen Austritt aus dem Völkerbund erklärt und die Abrüstungskonferenz verlassen. Die ausländischen Mächte hatten es geschehen lassen. Man war daher die Schranken und Militärkontrollen losgeworden, die bis dahin eine deutsche Aufrüstung im großen, d. h. den wirklichen Zweck und Inhalt der Machtübernahme Hitlers, noch verhindert hatten. Gleich danach machte sich die Reichswehrleitung an die konkrete Ausarbeitung des Aufrüstungsprogramms, und im Januar einigten sich die Stäbe auf ein Gesamtprogramm im Kostenausmaß von 21 Milliarden RM, verteilt über fünf Jahre.

Damit wurde auch die politische Frage akut, wer Herr über die aufzubauende Kriegsmacht im neuen Staat sein würde: die angestammte Militärkaste der Reichswehr oder die neuen Parteimilizen der Nazis? Für die Reichswehrleitung freilich war dies keine

»Frage«; sie hatte das Hitler-Regime zum großen Teil »gemacht«, von ihrer Duldung hing sein Fortbestand ab, und die Anerkennung ihrer Souveränität in militärischen Belangen war für sie die Grundbedingung für die Anerkennung der politischen Amtsstellung Hitlers. Und so wie die Reichswehr dachten auch das hinter ihr stehende Finanzkapital, die Großindustrie und die Großlandwirtschaft. Für weite Teile des Volkes jedoch, für die demagogisch aufgewühlte Anhängerschaft der Nazis und vor allem für die Massen der Partei und der SA selbst, erschienen die Dinge in einem anderen Licht. Ihnen war nicht gesagt worden, daß die Hitler-Regierung von dem Monopolkapital, der Reichswehr und den Junkern in die Macht gehoben und geschoben worden war, daß Partei und SA bloß als Massenvorspann und Schutzgarde für deren Herrschaft zu dienen bestimmt waren. Den Nazimassen wurde täglich das Lied von der »Machteroberung« und von der nationalen »Revolution« vorposaunt, so daß sie wirklich glaubten, sie hätten sich die Macht ertrotzt und brauchten jetzt nur die Hände auszustrecken, um sich in »ihrem« Staat alle Positionen anzueignen, die gut und teuer waren. Nicht in der SS, wohl aber in der SA war ein starker, obleich verworrener und irregeführter revolutionärer Drang wirksam, gerichtet gegen die großkapitalistischen Interessen, die in der Reichswehr ihre Schutzmacht hatten. Und was die Leute der SA-Spitze betraf, den alten Hauptmann a. D. Röhm, den Dortmunder Bäckergesellen Ernst, den Breslauer Fememörder Heines und alle die anderen SA-Führer ähnlichen Kalibers, so baute sich ihre ganze Hoffnung darauf, daß sie bald von ihrem »Osaf« in die höchsten Wehrmachtstellungen erhoben werden würden, daß ihr Stabschef Röhm das Reichswehrministerium übernehmen und die SA den Grundstock des großen neuen deutschen Heeres bilden werde. Es gab für sie allerlei Gründe, solche Erwartungen zu hegen.

Im Frühjahr und Sommer 1933 hatten Hitler und Röhm die SA bis zu einer numerischen Stärke von 3 Millionen Mann aufgebläht, und dies nicht bloß zur Zerschlagung der Opposition im Innern; der Hauptzweck war, wie schon oben ausgeführt, nach außen gerichtet. Aber gerade für diesen Außenzweck mußte die Scheinmacht der braunen Armee vor dem Ausland als fanatisiertes »Volk in Waffen« präsentiert werden. Dazu gehörte, wenn der Trick gelingen sollte, ein übertriebener Militärdrill bei der SA. Tag- und Nachtübungen, Aufmärsche in allen Landesteilen, besonders den Grenzgebieten, also ein Gebaren, dessen Täuschungsabsichten die SA selbst zu allererst zum Opfer fiel. Sie mußte vom Ernst ihres Kriegspielens überzeugt sein, bevor sie das Ausland daran glauben machen konnte.

Schon im Herbst 1933 hatten sich die Gegensätze zwischen Reichswehr und Partei so zugespitzt, daß der französische Botschafter François-Poncet nach dem 14. Oktober an seine Regierung berichtete, es sei nicht nötig, etwas zu unternehmen, das Regime werde nur noch wenige Wochen fortbestehen. Daran war soviel richtig, daß das Hitler-Regime sich in den Augen der Reichswehr noch im Versuchsstadium befand. Und sie war auch entschlossen, eher das Regime wieder zu beseitigen, als die Substanz ihrer Autorität an die Partei auszuliefern. In den Reihen der Partei und besonders der SA aber wuchs die Ungeduld. Mißtrauen machte sich breit, ob es mit der »nationalsozialistischen Revolution« ernst gemeint sei. Die SA-Leute begannen »Betrug« zu wittern. Ihre Forderung ging auf die »zweite Revolution«, das hieß: die Revolution gegen rechts, nachdem die erste Revolution mit der sozialistischen Arbeiterbewegung, den »Marxisten«, aufgeräumt hatte. Seit Juni 1933 war diese Forderung laut geworden, und sie hatte die wahren inneren Widersprüche des faschistischen Regimes immer tiefer aufgerissen. Die SA sah insbesondere in der Reichswehr den »Fels der Reaktion«. Nicht nur für ihren Stabschef Röhm und die höheren Führer, für jeden halbwegs intelligenten SA-Mann war es offenbar, daß der Nationalsozialismus so lange nur eine Scheinmacht im Staat innehatte, als man nicht die Reichswehr in die Hand bekam. Röhm sollte Reichswehrminister werden: dann würde er schon dafür sorgen, daß seine SA-Ränge die guten Posten im Heer bekämen und daß die Stürme der »alten Kämpfer« in geschlossener Formation in die Armee übernommen würden. Eben dagegen aber sperrte sich die Reichswehr. Hitlers Haltung war bewußt zweideutig gemäß der Verschlagenheit, die einen Hauptzug seines Charakters bildete. Im August hatte er erklärt, das Militär sei der alleinige Waffenträger im Staat, im September gab er neue Zusicherungen an die SA. Er durfte sich die Massen nicht entfremden, deren blinde Gefolgschaft ihn den reaktionären Mächten teuer machte. Dieselbe Erwägung zwang aber auch die Reichswehr zu vorsichtigem Lavieren, da sie sich ihrer Abhängigkeit von einer politischen Massenbasis wohl bewußt war. Diese Schwäche gab Röhm beiden, Hitler und der

Reichswehr, gegenüber seine Chance.

Nach härtesten Bemühungen und zwei Monate später als geplant gelang es Röhm im Dezember, die »Gruß-Verordnung« durchzusetzen, wonach die SA-Ränge entsprechenden Reichswehr-Rängen gleichgeordnet und beide Teile zur gegenseitigen Ehrenbezeigung verpflichtet wurden. Leute wie Heines und Ernst waren damit dem Range nach Kommandierenden Generälen gleichgestellt. Die Erbitterung in der Bendlerstraße über diese Demütigung kann man sich leicht vorstellen. Zähneknirschend wurde der Befehl befolgt. Tatsächlich war er auch die äußerste Grenze von »Erfolg«, die Röhm je erreichte. Er hatte den Bogen sogar schon überspannt und mußte sich zur Besänftigung der Reichswehr für zwei Monate auf Urlaub schicken lassen, außer Landes, nach Capri und Jugoslawien. In der Bendlerstraße schwor man sich, er werde nicht wiederkommen. Die Militärs drängten auf Entscheidung. Die im Januar erfolgende Budgetierung der Aufrüstung machte die Klärung der Machtverhältnisse im Staat unaufschiebbar. So kam es zur Sitzung vom 2. Februar, in der Hitler Farbe bekennen und vor den Versammelten ein klares Ja oder Nein abgeben sollte. Übrigens wurde sie für streng geheim erklärt, und zwar nicht so sehr dem Ausland gegenüber als aus innenpolitischen Rücksichten, und der Geheimcharakter wurde bemerkenswert gut bewahrt.

Um halb elf waren die gesamten Spitzen der Reichswehr im großen Saal der Bendlerstraße versammelt. Der Raum war von Offizieren in Generals- oder Admiralsuniformen gefüllt. Eisiges Schweigen und Zurückhaltung traten ein, als Hitler Punkt elf erschien. Vor einer Versammlung solcher Art und von solch kühler Haltung hatte er noch nie gesprochen. In knapper, geschäftsmäßiger Manier, ohne allen seinen üblichen Gestus, schritt er zum Podium, fixierte nur in Kürze die gespannte Zuhörerschaft und begann, entgegen seinen Gepflogenheiten, strikt zur Sache zu sprechen. Nichts von den »14 Jahren der Schmach und der Schande«, sondern mit ruhiger Stimme geradenwegs aufs Ziel:

»Meine Herren, Sie haben der Reichsregierung ein Gesamtprogramm der geplanten Aufrüstung im Kostenanschlag von 21 Milliarden Reichsmark unterbreitet. Ich habe Ihnen dazu zu erklären, daß ich als verantwortliches Haupt der Regierung einem Rüstungsprogramm dieses Ausmaßes meine Zustimmung nicht gewähren kann.« Pause – während der die Temperatur des Schweigens im Saal unter den Nullpunkt sank. Und dann im Stil des steilsten Hitlerschen Crescendos: »Meine Herren, ich kann einem Rüstungsprogramm nur meine Zustimmung gewähren, das sich auf mindestens 35 Milliarden Reichsmark beläuft!!« Das brach den Bann, er schlug spontan in jubelnde Erregung um. Die Erregung stieg weiterhin zur Begeisterung, und als Hitler um 12 Uhr den Saal verließ, war sie zur Ovation angeschwollen. Hitler hatte die Reichswehr erobert.

Denn das Maximum an Aufrüstung – es wurde in der Folge auf 33 Milliarden RM, verteilt über sechs Jahre, budgetiert – war keineswegs alles, was er den Militärs versprach. Mit Nachdruck wiederholte er die im August gegebene Versicherung von der Reichswehr als dem alleinigen Waffenträger im Staat. Er erklärte, niemals werde er Übergriffe der Partei in die Hoheitssphäre des Militärs dulden. Die unversehrbare Souveränität der Reichswehr, insbesondere in Fragen der Personalpolitik und Beförderung, sei oberster Grundsatz für ihn. Und dann folgte das verhängnisvolle Versprechen. Hitler verpflichtete sich zum radikalen Abbau der SA bis auf das zu innenpolitischen Zwecken erforderliche Mindestmaß. (Hier natürlich lag der Grund für die sorgsame Geheimhaltung der Veranstaltung, und warum sie von allen Beteiligten so wirksam gehütet worden ist.) Dagegen stellte Hitler nur eine Forderung. Er verlangte Vertrauen, und er bat deshalb, daß ihm für die Erfüllung dieses Versprechens freie Hand und die nötige Zeit gelassen werde.

In den nächsten zwei Monaten, Februar und März, geschah indessen nichts, woraus man auf die Existenz dieses Versprechens hätte schließen können. Im Gegenteil. Die bevorstehende Saarabstimmung sowie die Propaganda und Mobilisierung aller Parteikräfte, die ihr vorausgingen, hatten die Stimmung in der SA und SS auf einen neuen Höhepunkt getrieben. Dazu kam am 12. Februar der Ausbruch der Verzweiflungsschlacht des Wiener Proletariats gegen den Dollfuß-Faschismus. Den österreichischen Naziorganisationen war Neutralität befohlen worden, aber manche der proletarischen Gruppen unter ihnen kämpften Seite an Seite mit den Arbeitern. Selbst die offizielle Nazipresse in Deutschland, u. a. der *Angriff*, mußte der plötzlich aufleuchtenden revolutionären Hoffnung Ausdruck geben. Wenn mein Gedächtnis mich nicht trügt, war es um diese Zeit, daß das Schlagwort von der »zweiten Revolution« in der SA allgemein aufkam.

Zudem war nun auch Röhm aus dem Urlaub zurückgekehrt, und die Erwartung, daß er in unmittelbarer Zukunft das Reichswehrministerium übernehmen werde, wurde mit der Gewißheit eines »öffentlichen Geheimnisses« kolportiert.

Die Reichswehr beschlich von neuem Unruhe. Ende März trat man an Hitler heran, mit aller gebührenden Rücksicht auf seine Schwierigkeiten, aber ihn doch an sein Versprechen vom 2. Februar gemahnend. Der Gedanke, den Abbau der SA durch einen allgemeinen Urlaub für sie strategisch zu verschleiern, tauchte auf. Im April ging man einen Schritt weiter. Irgend jemand in der Admiralität hatte den erstaunlichen Einfall, eines der alten Prachtstücke aus der ehemaligen kaiserlichen Flottentradition wieder hervorzuholen und dem »Führer« als ganz besondere Ovation darzubringen: eine Nordland-Fahrt zur See wurde für Hitler arrangiert. Der eigenliche Zweck war allerdings, ihn einmal für eine volle Woche von seiner Nazi-Umgebung zu entfernen und in alleiniger Gesellschaft von Admiral Raeder und Generaloberst v. Blomberg ausgiebig zu bearbeiten. Die Mühe schien von Erfolg gekrönt. Hitler wurde dazu gebracht, den Urlaubsplan endgültig zu akzeptieren und sich auf den 1. Juli als Datum festzulegen. Der Urlaub sollte mindestens einen Monat dauern, und nur ein Bruchteil der SA – ein Zehntel war die damals genannte Größenordnung – sollte in kunstvoll gestaffelter Folge zu den Formationen zurückkehren. Mit Ausnahme des letztgenannten Details wurde der Plan sorgsam herumgesprochen.

Jetzt zum ersten Male stieg in Röhm ernsthafter Verdacht auf, aber nur zögernd und immer noch ungläubig, daß sein angebeteter Führer ein solcher Schuft sein sollte. Röhm war bekanntlich der einzige Duzfreund, den Hitler je gehabt hat, und diesem gänzlich ergeben. Er gehörte zu den Romantikern des Nationalsozialismus und glaubte an die Volks- und Staatserneuerung, die Hitler heraufbringen würde, um so wörtlicher als er, der Pate der Hitlerschen Karriere, sich auch für deren Mission mit verantwortlich fühlte. Ein Ausverkauf der SA an die Reichswehr war für ihn Verrat an den heiligsten gemeinsamen Idealen. Doch der Verdacht verdichtete sich so unabweisbar, daß er es nicht mehr ertrug, stillzuhalten. Er bat Hitler um eine Audienz. Hitler entschuldigte sich mit Überlastung. Röhm wartete eine Woche und schrieb wieder. Hitler gebrauchte abermals eine Ausrede. Mit dieser Bestätigung seiner schwärzesten Befürchtungen gab es für Röhm kein Halten mehr. Eines Abends, in den ersten Tagen des Juni, um zehn Uhr begab er sich unangemeldet zur Reichskanzlei, stürmte die Treppen hinauf, stieß die SS-Wachen beiseite und erzwang sich den Zutritt zu Hitlers Arbeitszimmer. Und nun begann der Eklat, von dem später Hitler in seiner Rechtfertigungsrede vor dem Reichstag am 13. Juli in dem Sinn berichtete, als sei er es gewesen, der Röhm vor sich zitiert und ihm Moral gepredigt habe, mit Vorhaltungen, daß Röhm mit seiner Unzucht die SA vergifte. Die Kenntnis der wirklichen Vorgänge habe ich von einem Freund des Mannes, zu dem Röhm nach 3 Uhr morgens, direkt von Hitler kommend, als vollständig gebrochener Mann gegangen ist und dem er schluchzend von jeder Einzelheit des Geschehenen berichtet hat. Demnach haben Röhm und Hitler fünf Stunden lang aufeinander eingeschrien, sich die unflätigsten Beschimpfungen an den Kopf werfend, Röhm immerfort gegen Hitler im Angriff, ihn zeitweise um den Tisch herumjagend, Tatsachen zitierend, Erinnerungen beschwörend, ihn beim Worte zu packen suchend, bis es ihm endlich zuletzt gelungen sei, Hitler so in die Enge zu treiben, daß er alles widerrief und zu jeder Versicherung bereit schien. Das war für Röhm der Augenblick, zwei sorgfältig vorbereitete Verfügungen aus der Tasche zu ziehen und vor Hitler hinzulegen. »Hier, unterschreib!« Darin wurde in unzweideutiger Sprache erklärt, daß kein Wort Wahrheit an den Gerüchten von einem beabsichtigten Abbau der SA sei und daß die SA nach ihrem Urlaub im August vollzählig wieder zurückkommen werde. Die eine Verfügung lautete auf Hitler als »Osaf«, die andere auf ihn als Reichskanzler. Hitler aber weigerte sich zu unterschreiben, versuchte mit allen Mitteln, sich aus der Schlinge zu ziehen. Röhm machte Anlauf nach Anlauf, aber die Unterschrift erzwang er nicht. Er ging fort, ein geschlagener Mann.

Die beiden Verfügungen erschienen am nächsten Morgen im Fettdruck in den Zeitungen, nicht mit Hitlers, aber mit Röhms eigener Unterschrift. Auch so noch wirkten sie wie ein Donnerschlag. In der Bendlerstraße aber waren sie das Alarmsignal. Die Lage war ernst. Die Generalität beschloß zu handeln.

Die Gelegenheit wurde wiederum von der Admiralität geliefert. Zur ferneren Erhöhung alten Glanzes hatte diese die Erneuerung eines weiteren kaiserlichen Traditionsstücks, nämlich der Kieler Regatta, für Anfang Juni angeordnet. Um den Schein nach außen zu wahren, wurde Hitler eingeladen, nach Art des Kaisers die feierliche Eröffnung vorzunehmen. Und so geschah es auch – den Zeitungsberichten zufolge. Was in Wirklichkeit geschah, konnten sie nicht melden, weil sie es nicht wußten. Als Hitler an Bord des Kreuzers ging und den Raum betrat, in dem der Empfang stattfinden sollte, befand er sich unvermutet den Stäben des Heeres und der Admiralität gegenüber. Kein Wort der Begrüßung. Statt dessen erhob sich General von Fritsch, der Chef der Heeresleitung, und verlas von einem Blatt Papier eine kurze Erklärung. Es war ein Ultimatum, in dem mit dürren Worten gesagt, war, daß, wenn Hitler sich an seine eingegangenen Verpflichtungen nicht halten wolle, die Reichsgeschäfte auch ohne ihn geführt werden könnten. Daß die Erklärung so gemeint war, wie sie lautete, wurde bald darauf bewiesen. In der Aula der Marburger Universität hielt am 14. Juni von Papen, damals noch Vizekanzler, jene damals zu Recht als sensationell gewertete Rede gegen die Gefahren einer »zweiten Revolution«. Darin war für jeden, der zu hören verstand, gesagt, daß vor einer Alternative, entweder eine zweite Revolution zu haben oder ohne den Nationalsozialismus zu regieren, die Entscheidung nur im letzteren Sinne ausfallen könne. Der Zweck dieser Rede war, die Öffentlichkeit auf große Ereignisse vorzubereiten. Hitler war in diesen Tagen zu einem bombastischen »Führer«-Besuch beim »Duce« in Venedig.

So saß denn Hitler, dieser »gewaltige Staatsmann« und »Größte aller Deutschen« in der Mausefalle. Es blieb keine andere »Lösung« für ihn übrig als die, die am 30. Juni zum Vollzug kam. Rudolf Heß wurde beauftragt, mit Himmler und Heydrich die Einzelheiten festzulegen. Aber Heß kannte seinen »Führer« auch, und er bestand mit Himmler und Heydrich darauf, daß Hitler die Henkersrolle selbst übernehmen müsse. Auch Goebbels und Göring wurden hinzugezogen.

Noch gab es freilich eine Schwierigkeit. Die SA-Gruppen- und Obergruppenführer mußten bei Röhm in Wiessee versammelt werden, damit die Legende von der SA-Verschwörung glaubhaft gemacht werden könne, auf die Heß verfallen war. Aber Röhm war zu ihrer Zusammenrufung nicht zu bewegen. Hitler ging nach dessen zweimaliger Weigerung so weit, ihm als sein Vorgesetzter den ausdrücklichen Befehl zu geben, die Führung auf den 30. Juni zur Entgegennahme einer persönlichen Erklärung Hitlers nach Wiessee zu beordern. Röhm war auf der Hut. Er entschuldigte sich damit, daß er mit schweren Leberblutungen zu Bett liege und sich nicht rühren könne. So mußten zum Schluß die Opfer nach Wiessee gebracht werden durch Telegramme, die unterzeichnet waren: »Befehl des Führers – i. A. Rudolf Heß.«*

So war denn die Szene für das Morden vorbereitet. Um die Opfer in Sicherheit zu wiegen, ging Hitler auf eine Inspektionsreise von Arbeitsdienstlagern in Westdeutschland, war Trauzeuge bei der Hochzeit von Gauleiter Terboven in Essen, ließ sich mit Krupp vor der Villa Hügel photographieren und wahrte in jeder Hinsicht den Anschein friedfertiger Harmlosigkeit. Das war um so nötiger, als die Reichswehr und die SS bereits am 25. Juni in Alarmzustand versetzt worden waren. Am Abend des 29. Juni stießen Goebbels, Otto Dietrich und Lutze, der designierte Nachfolger Röhms, von Berlin kommend in Godesberg zu Hitler mit seiner Gruppe, um zwei Uhr in der Frühe flogen sie nach München ab. Dort fanden im Innenministerium um fünf Uhr die ersten Verhaftungen statt, dann ging es in langer Kolonne von SS-Wagen nach Wiessee. Die Verhaftungen erfolgten ohne Widerstand, die Betroffenen lagen ahnungslos in den Betten. Weder hier noch in München noch irgendwo anders im Reich war eine Spur der SA-Revolte, mit der Hitler später den Massenmord zu rechtfertigen suchte, zu bemerken gewesen.

Die Verhafteten wurden ins Zuchthaus Stadelheim bei München gebracht, und sofort wurde dort in Anwesenheit Hitlers mit den Erschießungen begonnen, ohne Verhör, ohne Anklage sogar. Röhm selbst wurde ein Revolver in die Zelle gelegt, als besondere Gnade, damit er sich selbst erschießen dürfe. Entrüstet lehnte Röhm ab. »Wenn Adolf mein Leben will, soll das Schwein mich selbst erschießen!« brüllte er. Danach schoß das Kommando so lange in die Zelle hinein, bis Röhm tot in seinem Blute lag.

122 Erschießungen erfolgten an diesem Tage im Hof von Stadelheim. Gleichzeitig wütete der Mord in Berlin in der Kadettenanstalt Lichterfelde. Über das ganze Land hinweg hielten die Partei-

* Dieses enthüllende Detail bekam ich von einem Augenzeugen, einem gewissen Franz Stiller, der in unserem Büro ein- und ausging. Er hatte sich auf Wunsch seines Vetters, Peter von Heydebreck, SA-Gruppenführer in Pommern, ihn auf der Durchreise nach München (bzw. Wiessee) am Anhalter Bahnhof persönlicher Nachrichten wegen zu treffen, dorthin begeben und sah zu seinem Erstaunen in dem Zuge und auf dem Bahnsteig noch andere Gruppenführer. Stiller drang in seinen Vetter, was denn da los sei. Heydebreck bekannte, daß weder er noch eine der anderen hohen Chargen den Grund ihrer Ortsveränderung wüßten, und zog aus der Tasche das Telegramm, das er Stiller zu lesen gab.

führer ihre Privatabrechnungen, »erweiterten sie ihre Aufgabe«, wie Göring es nachher nannte. Der Mord hatte freie Bahn, niemand wurde zur Rechenschaft gezogen, niemand wußte auch für lange Zeit, wie viele Opfer der Blutrausch gekostet hatte. Eine ganze Weile gingen die Erschießungen und Meuchelmorde weiter, wurden Leichen in Wäldern in der Umgebung der Städte gefunden. Auch Hitler wurde über die volle Zahl im unklaren gehalten. Jeder Besucher, der ihn zu sehen kam, wurde von Heß und Brückner der genauesten Zensur unterzogen, was er sagen dürfe und was nicht. Aber im Oktober ereignete sich ein »Unfall«, als Hitler einen deutschen Diplomaten (Botschafter von Mackensen) unerwartet nach dem Ergehen eines alten Parteifreundes fragte und der Besucher ihm stammelnd zu verstehen gab, daß der Betreffende unter den Erschossenen sei. Erst das wurde für Hitler zum Anlaß, von Heß die Liste der Opfer zu verlangen. Die Liste hatte Heydrich, und der weigerte sich, sie herauszurücken. Es kam zu einer Krise in der Gestapo, der Heydrich zum Opfer gefallen wäre, hätte er sich nicht so gut gesichert gehabt. Er mußte im November für eine Woche auf Urlaub gehen, bevor es Heß gelang, die Liste für Hitler zu erhalten. Sie enthielt rund 2 800 Namen.

Eine der feigsten und verächtlichsten Handlungen in Hitlers Leben war ohne Zweifel der Versuch, sich nach dem Mord zum Sittenrichter über die Opfer aufzuwerfen und Kübel von Unrat über die Leichen auszuleeren. Die Homosexualität und Völlerei im Kreise Röhms waren in ganz Deutschland bekannt, und selbstverständlich auch Hitler, seit Jahren schon. Im Mai 1927 hatte er in München vor Hunderten von SA-Leuten ausgerufen: »Die Clique vom ›Bratwurstglöckl‹ sind alle Hundertfünfundsiebziger: Heines, Röhm, Zentner, und wie sie alle heißen.« Aber bis zum 30. Juni 1934 hatte er so wenig Anstoß daran genommen, daß er die Ernennung von Heines zum Polizeipräsidenten von Breslau billigte.

Unter den Erschießungen hatte die des Generals von Schleicher und seiner Frau besonderes Aufsehen hervorgerufen. Der Befehl ging auf Göring zurück, der sich freilich seinerseits auf Hitler berief. Beide hatten Grund zur Gegnerschaft mit dem »politischen General«, unter anderem wegen dessen Versuch, im Dezember 1932 die NSDAP zu spalten, unter Benutzung Gregor Strassers, der ebenfalls am 30. Juni ermordet wurde. Den unmittelbaren Anlaß aber bildete eine Regierungsliste, die Schleicher in Umlauf brachte, mit ihm selbst als Vizekanzler unter Hitler, mit Röhm als Reichswehrminister und Gregor Strasser als Reichswirtschaftsminister. Sie war ohne Mitwissen von Röhm und Strasser aufgestellt worden. Auch wagte Hitler nicht, diese Liste unter seine Anklagepunkte vor der Öffentlichkeit einzureihen. Statt dessen beschuldigte er Schleicher landesverräterischer Umtriebe mit François-Poncet, mit dem jener und Röhm sich in geheimer Begegnung getroffen hätten. In Wahrheit war diese Begegnung so wenig geheim, daß Hitler selbst dazu eingeladen worden war, sich aber entschuldigt hatte.

(Aus: Alfred Sohn-Rethel: *Ökonomie und Klassenstruktur des deutschen Faschismus. Aufzeichnungen und Analysen.* Hrsg. und eingeleitet von Johannes Agnoli, Bernhard Blanke und Niels Kadritzke. Frankfurt am Main 1973, S. 200-209)

VII

Anhang

Zur Entstehung des Stücks

Im September 1934 notiert Walter Benjamin in seinen *Svendborger Notizen* über *Gespräche mit Brecht*: »Seine Planungen greifen weit aus. Er steht dabei vor einer Alternative. Auf der einen Seite warten Prosaentwürfe. Der kleinere des Ui – eine Satire auf Hitler im Stile der Historiographen der Renaissance – und der große des Tui-Romans.« (Walter Benjamin, *Versuche über Brecht,* Frankfurt am Main 1967, es 172) Brecht entschied sich zunächst für den Tui-Roman, der allerdings Fragment blieb. Von dem erwähnten *Ui*-Plan existiert eine – ebenfalls Fragment gebliebene –Erzählung, die von den Herausgebern der Werkausgabe nachträglich als *Die Geschichte des Giacomo Ui* (GW 11/252-262) betitelt wurde.

Erst 1941, kurz vor seiner Flucht aus dem finnischen Exil in die Vereinigten Staaten, erinnert sich Brecht seiner früheren Planungen. Unter dem Datum des 10. 3. 41 schreibt er in sein *Arbeitsjournal* (= AJ):

»an das amerikanische theater denkend, kam mir jene idee wieder in den kopf, die ich einmal in new york hatte, nämlich ein gangsterstück zu schreiben, das gewisse vorgänge, die wir alle kennen, in erinnerung ruft. (the gangster play we know) ich entwerfe schnell einen plan für 11-12 szenen. natürlich muß alles in großem stil geschrieben werden.« (*Arbeitsjournal,* Frankfurt am Main 1974, S. 186)

Die Intensität, mit der Brecht seinen Plan angeht, läßt sich unter anderem daran ablesen, daß die nächste Eintragung erst knapp drei Wochen später erfolgt und von der Fertigstellung nahezu des gesamten Stückes zu berichten weiß: »inmitten all des trubels um die visa und die reisemöglichkeit arbeite ich hartnäckig an der neuen gansterhistorie. nur noch die letzte szene fehlt.« (AJ, 28. 3. 41, S. 186) Am Ende der ersten Fassung findet sich eine handschriftliche Eintragung Brechts: »Helsingfors 29. 3. 41 Mitarbeiterin: Steffin.« (BBA 174/126) Margarete Steffin ist es auch, die den Stückeschreiber zu einer Korrektur des Versmaßes anhält, das Brecht – eine Übersetzung ins Englische vor Augen – »sehr schlampig« behandelt hatte (AJ, 2. 4. 41, S. 187).

Am *Ui*-Material läßt sich die für Brechts literarische Produktion eigentümliche Feststellung machen, daß die erste Fassung des Stücks mit der schließlich publizierten weitestgehend identisch ist. Dies mag daran liegen, daß das Stück zu Brechts Lebzeiten weder zur Aufführung kam noch für eine Buchausgabe vorbereitet wurde – beide Momente waren in der Regel Anlaß für tiefgreifende Textrevisionen. Entgegen Brechts üblicher Praxis, zunächst eine Fülle von Stückplänen, Szenenarrangements und Notizen anzufertigen, bevor mit der Niederschrift einer ersten Fassung begonnen wurde, ist der *Ui* gewissermaßen in einem Guß entstanden. Der im *Arbeitsjournal* erwähnte Szenenplan ist nicht überliefert. Lediglich auf einigen Notizbuchseiten finden sich flüchtig notierte und nicht systematisierte Textstellen. Die vorhandenen Bruchstücke einzelner Szenenfassungen stellen keine Varianten dar, sondern gehen alle in die erste Fassung ein.

Die erste Publikation des *Ui* in der Zeitschrift »Sinn und Form« – die Fassung ist identisch mit der in edition suhrkamp 144 abgedruckten – stützt sich auf die erste Fassung (BBA 174), fügt dieser jedoch den *Epilog* zu, der erstmals in der Fassung BBA 196 auftaucht.

Nach dem Erscheinen des Stücks in »Sinn und Form« und im Band IX der Stücke (beide 1957) wurde dem Bertolt-Brecht-Archiv eine *Ui*-Mappe mit Korrekturen Brechts zugestellt (BBA 2094). Diese Fassung – sie kann aufgrund der späteren Änderungen als die ›authentischere‹ angesehen werden – weicht an einigen Stellen von der ersten ab. Sie wurde erstmals im Band 4 der Werkausgabe veröffentlicht und ist bislang in keiner Einzelausgabe zugänglich.

Es handelt sich bei den Änderungen zunächst um eine Variante des Textes der Szene 3 der Werkausgabe (S. 1739 f.) zwischen den Zeilen: »Die Stadt hat kein Gedächtnis. Ach, kurzlebig« und »Sie dauern mich. Mein ›Morgen geht es los.« In allen anderen Fassungen (außer BBA 2094) heißt es an dieser Stelle:

»Ist hier der Ruhm. Zwei Monate kein Krawall
Und zwanzig Schießereien sind vergessen!
Selbst in den eignen Reihn!

ROMA Die Jungens fangen
An, keß zu werden, seit das Bargeld ausgeht.
Was schlimmer ist: Untätigkeit verdirbt sie.

Ein Mann verkommt, der nur nach Spielkarten schießt.
Ich mag nicht mehr ins Hauptquartier, Arturo.«
(es 144, S. 25 f.)

Eine weitere Variante stellt die Einordnung der Szene 9a der Werkausgabe dar. In der ersten und einer Reihe weiterer Fassungen bildet sie den Ausgang des Stücks, ist aber schon in BBA 174 mit der Szenennummer »7a (10)« gekennzeichnet; dies indiziert, daß schon zum Zeitpunkt der Niederschrift der ersten Fassung die Szene hinter dem »Speicherbrandprozeß« eingeplant war, wo sie in Werkausgabe 4 auch plaziert wurde. Brechts Überlegungen sind durch eine Notiz in den *Anmerkungen zum Ui* dokumentiert, die unverständlicherweise von den Herausgebern der Werkausgabe ignoriert wurde. In Werkausgabe 17 finden sich an dieser Stelle lediglich Auslassungsklammern, ohne daß die Auslassung begründet würde. Brecht schreibt dort:

»Zu der zeit [sc. 1941] war die letzte scene richtig und am platze, während sie mir heute nicht mehr ganz zu passen scheint. Ein heute gemaltes plakat, das gegen den Hitlerkrieg aufruft, mag auch als plakat gegen den krieg allgemein eine wirkung haben, aber es gibt natürlich stärkeres. Vielleicht könnte eine andere scene gefunden werden.« (BBA 175/18)

Die Fassung der Werkausgabe 4 wird um einen Prolog erweitert, der erstmals in BBA 196 zusammen mit dem *Hinweis für die Aufführung* und dem *Prolog I* auftaucht. Zu *Prolog II* existiert eine weitere, inhaltlich verschärfte Variante (vgl. BBA 174/131, identisch mit BBA 1475/21+). Welchen Prolog Brecht für die endgültige Textgestalt vorgesehen hat, läßt sich am *Ui*-Material nicht klären.

Ähnliches gilt für die Projektionstexte, die im Anschluß an die Mehrzahl der Szenen den historischen Bezug zur Nazi-Herrschaft herstellen sollen. Während in den bisher publizierten Fassungen die entsprechende Regieanweisung nur lautet: »Eine Schrift taucht auf«, wird die Parallele in BBA 196 deutlicher ausgesprochen: »[. . .], welche bestimmte Vorfälle der jüngsten Vergangenheit ins Gedächtnis zurückruft.«

Der *Ui*-Nachlaß enthält zwei Fassungen der Projektionstexte, die jeweils in einer Vielzahl von Abschriften, teils fragmentarisch, vorliegen. Die Texte aus BBA 174 sind bis auf die letzte Projektion identisch mit der Zeittafel der Fassung es 144; in es 144 heißt es: »Am 11. März 1938 marschierte Hitler in Österreich ein. Eine

Wahl unter dem Terror der Nazis ergab 98 % Stimmen für Hitler.« Die Variante auf BBA 174/123 lautet: »Vielleicht gibt es Anderes, was ihn aufhalten kann?«

Die in der Werkausgabe abgedruckte Zeittafel stellt eine Überarbeitung dar und findet sich erstmals in der Fassung BBA 196. Die Differenzen zwischen den beiden Fassungen sind nicht gravierend, lediglich die letzte Projektion der 2. Fassung unterscheidet sich maßgeblich von der der ersten: hier weist Brecht auf die der Annexion Österreichs folgenden militärischen Erfolge der Nazi-Armeen hin. Eine Reihe von Auslassungen in anderen Abschriften können hier außeracht bleiben; sie sind inhaltlich wenig bedeutend.

Die Textvarianten in den Stück-Fassungen zwischen der ersten (BBA 174) und der in der Werkausgabe gedruckten Fassung beziehen sich sämtlich auf die hier genannten Punkte: die Prologe variieren, ebenso die Zeittafeln und die Stellung der Szene 9a. Bemerkenswert ist jedoch, daß die auf BBA 174 folgenden Fassungen (die meist nur Abschriften sind) andere Titel führen als das ›Original‹, dessen Titel identisch ist mit dem der vorliegenden Textausgaben. Die Fassung BBA 196 heißt lediglich *Der Aufstieg des Arturo Ui*; dieser Titel findet sich auch über einer Reihe anderer Fassungen. In der Fassung BBA 1978 rekurriert Brecht interessanterweise auf ein früheres Pseudonym: »Arturo Ui / (Dramatisches Gedicht) / von / K. Keuner.« Erst die von Brecht selbst noch korrigierte Fassung für das Berliner Ensemble und die nach Brechts Tod hergestellte Abschrift für die Zeitschrift »Sinn und Form« nehmen den ursprünglichen Titel wieder auf. Für eine avisierte, aber nicht zustande gekommene amerikanische Aufführung scheint Brecht einen anderen Titel im Sinn gehabt zu haben, der stärker auf die beim Publikum vorhandenen Kenntnisse des Gangstermilieus abzielte: Im Notizbuch (BBA 363/123) wird die englische Formulierung aus dem *Arbeitsjournal* (Eintragung vom 10. 3. 41) wieder aufgenommen; handschriftlich und unterstrichen steht dort: *»The Gangsterplay (Game?) we know«* und *»That wellknown racket«* (Klammer von BB).

Zur Zusammenstellung der Texte

Die in diesem Band abgedruckte Textfassung ist identisch mit der Fassung in Band 4 der Werkausgabe der Edition Suhrkamp, die wiederum auf die von Brecht korrigierte Fassung BBA 2094 zurückgeht. Zusätzlich aufgenommen werden die Zeitungs- und Illustriertenfotos, die Brecht in das Manuskript der Erstfassung (BBA 174) einklebte. Die Fotos finden sich hier an den entsprechenden Stellen. Anhand der in den »Anmerkungen des Herausgebers« aufgeführten Varianten läßt sich aus der in diesem Band abgedruckten Fassung also auch die Textgestalt der Erstfassung des *Ui* rekonstruieren.

In Teil II sind alle im BBA vorfindlichen Nachlaßmaterialien zu *Arturo Ui* abgedruckt. Hinzu kommen – in Teil III – die Eintragungen ins *Arbeitsjournal* im Kontext der Niederschrift des *Ui* sowie die fragmentarische *Geschichte des Giacomo Ui* aus dem Jahr 1934, die bislang ebenfalls nur in der Werkausgabe zugänglich war. Unveröffentlichte Texte aus dem Nachlaß werden in Brechts eigener Orthographie und Interpunktion wiedergegeben. Nicht eindeutig entzifferbare Handschriften werden durch Klammern gekennzeichnet.

Brechts Schriften »Zur Politik und Gesellschaft« enthalten eine differenzierte Theorie des Faschismus, die sich von den orthodoxen KOMINTERN-Positionen in wesentlichen Punkten unterscheidet. (Vgl. Raimund Gerz, *Bertolt Brechts Auseinandersetzung mit dem Faschismus*, Bonn 1983). Die wesentlichen Elemente dieser Theorie werden im Teil IV dieses Bandes dokumentiert.

Der Abschnitt »Zur Rezeption« enthält Aufführungskritiken zu den jeweiligen Erstaufführungen in der Bundesrepublik und in der DDR sowie wissenschaftliche Untersuchungen, die den aktuellen Stand der Auseinandersetzung mit dem *Ui* dokumentieren sollen.

Kenntnisse über den historischen Zusammenhang, auf den Brechts *Ui* verweist, können heute nicht mehr selbstverständlich vorausgesetzt werden. Im Teil VI werden daher Texte vorgelegt, die den historischen Hintergrund des Stücks beleuchten helfen. Dabei handelt es sich vorwiegend um Schriften, die auch Brecht zum Zeitpunkt der Niederschrift des *Ui* bekannt waren (v. a. das

Braunbuch, an dem er selbst mitarbeitete). Die Auswahl beschränkt sich aus Platzgründen auf die wichtigsten Stationen des Stücks (Osthilfeskandal, Reichstagsbrand und -prozeß, Liquidierung der SA-Führung, Hitler-Ui).

Der Herausgeber dankt den Mitarbeitern des Bertolt-Brecht-Archivs, besonders Frau Herta Ramthun, für die Hilfe bei der Erschließung des Textmaterials. Frau Barbara Schall-Brecht ist – stellvertretend für die Brecht-Erben – für die Erlaubnis zum Abdruck des unveröffentlichten Text- und Fotomaterials zu danken.

Literatur

Theodor W. Adorno: *Engagement.* In: ders., *Noten zur Literatur.* Frankfurt am Main 1981, S. 409-430.

Theodor W. Adorno: *Staatsaktion.* In: ders., *Minima Moralia.* Frankfurt am Main 1964.

Raimund Gerz: *Bertolt Brechts Auseinandersetzung mit dem Faschismus in den Parabelstücken »Die Rundköpfe und die Spitzköpfe«, »Der aufhaltsame Aufstieg des Arturo Ui« und »Turandot oder Der Kongreß der Weißwäscher.« Rekonstruktion einer Versuchsreihe.* Bonn 1983.

Johannes Goldhahn: *Das Parabelstück Bertolt Brechts als Beitrag zum Kampf gegen den deutschen Faschismus.* Rudolstadt 1961.

Wolfgang Fritz Haug: *Bürgerhandeln, starker Mann und großer Stil. Beitrag zu einer Aktualisierung des Ui-Stücks.* In: *Aktualisierung Brechts.* Hrsg. von W. F. Haug, Klaus Pierwoß und Karen Ruoff. Berlin 1980 (Argument-Sonderband 50), S. 180-192.

Reinhard Kühnl: *Krise und Faschismus. Brechts »Arturo Ui« – heute gelesen.* In: (Landestheater Württemberg-Hohenzollern, Tübingen), *Bertolt Brecht, Der aufhaltsame Aufstieg des Arturo Ui* (Programmheft, Spielzeit 1979/80, S. 10-12).

Burkhardt Lindner: *Avantgardistische Ideologiezertrümmerung. Theorie und Praxis des Brechtschen Theaters am Beispiel der Faschismusparabeln.* In: Bogdal/Lindner/Plumpe (Hrsg.): *Arbeitsfeld: Materialistische Literaturtheorie. Beiträge zu ihrer Gegenstandsbestimmung.* Frankfurt am Main 1975, S. 229-266.

Burkhardt Lindner: *Bertolt Brecht. Der aufhaltsame Aufstieg des Arturo Ui.* München 1982.

Michael Schneider: *Bertolt Brecht – Ein abgebrochener Riese. Zur ästhetischen Emanzipation von einem Klassiker.* In: *Literaturmagazin 10, Vorbilder.* Reinbek 1979, S. 25-66.

Peter Schneider: *Literatur als Widerstand. Am Beispiel von Bert Brechts »Arturo Ui«.* In: ders., *Atempause. Versuch, meine Gedanken über Literatur und Kunst zu ordnen.* Reinbek 1977, S. 111-126.

Helfried W. Seliger: *Das Amerikabild Bertolt Brechts.* Bonn 1974.

Manfred Wekwerth: *Der aufhaltsame Aufstieg des Arturo Ui* (1959). In: ders., *Schriften. Arbeit mit Brecht.* Berlin 1973, S. 141-158.

Monika Wyss: *Brecht in der Kritik. Rezensionen aller Brecht-Uraufführungen sowie ausgewählter deutsch- und fremdsprachiger Premieren.* München 1977.

Rechte-Vermerk

Der Verlag dankt für die Genehmigung zum Wiederabdruck
- von: Auszügen aus den *Braunbüchern* I und II dem Röderberg Verlag, Frankfurt am Main
- von: Wolfgang Fritz Haug, *Bürgerhandeln, starker Mann und großer Stil*, dem Argument Verlag, Berlin
- von: Burkhardt Lindner, *Bertolt Brecht. Der aufhaltsame Aufstieg des Arturo Ui*, S. 131-136, dem Wilhelm Fink Verlag, München
- von: Emil Ludwig, *Hindenburg und die Sage von der deutschen Republik*, Herrn Gordon Ludwig, Losone (Schweiz)
- von: O. Z., *Das Lachen friert auf den Lippen*, der Zeitung Die Welt
- der Beiträge von Lothar Kusche, André Müller und Ernst Schumacher den Autoren.

Die Reproduktionen der in die erste Fassung eingeklebten dokumentarischen Fotos stellte Raimund Gerz zur Verfügung.

suhrkamp taschenbücher materialien

2001 Brechts »Leben des Galilei« (hg. Werner Hecht)
2002 Thomas Bernhard, Werkgeschichte (hg. Jens Dittmar)
2003 Martin Walser (hg. Klaus Siblewski)
2004 Peter Handke (hg. Raimund Fellinger)
2005 Ödön von Horváth (hg. Traugott Krischke)
2006 Geschichte als Schauspiel (hg. Walter Hinck)
2007 Ludwig Hohl (hg. Johannes Beringer)
2010 Rilkes »Duineser Elegien«, Bd. 2 (hg. Ulrich Fülleborn und Manfred Engel)
2011 Rilkes »Duineser Elegien«, Bd. 3 (hg. Ulrich Fülleborn und Manfred Engel)
2012 Literarische Utopie-Entwürfe (hg. Hiltrud Gnüg)
2013 Plenzdorfs »Neue Leiden des jungen W.« (hg. Peter J. Brenner)
2014 Horváths »Der Fall E.« oder Die Lehrerin von Regensburg (hg. Jürgen Schröder)
2015 Herbert Achternbusch (hg. Jörg Drews)
2016 Brechts »Mutter Courage und ihre Kinder« (hg. Klaus-Detlef Müller)
2017 Brechts »Gewehre der Frau Carrar« (hg. Klaus Bohnen)
2018 Weimars Ende (hg. Thomas Koebner)
2019 Horváths »Geschichten aus dem Wiener Wald« (hg. Traugott Krischke)

suhrkamp taschenbücher materialien

2020 Ernst Weiß
(hg. Peter Engel)
2021 Brechts »Guter Mensch von Sezuan«
(hg. Jan Knopf)
2022 E. Y. Meyer
(hg. Beatrice von Matt)
2023 Brechts »Mann ist Mann«
(hg. Carl Wege)
2024 Brasilianische Literatur
(hg. Mechtild Strausfeld)
2025 Karl May
(hg. Helmut Schmiedt)
2026 Kafka. Der Schaffensprozeß
von Hartmut Binder
2027 Horváths ›Jugend ohne Gott‹
(hg. Traugott Krischke)
2028 Frischs ›Homo faber‹
(hg. Walter Schmitz)
2029 Brechts ›Tage der Commune‹
(hg. Wolf Siegert)
2030 Die deutsche Kalendergeschichte
Ein Arbeitsbuch von Jan Knopf
2031 Brechts ›Aufhaltsamer Aufstieg des Arturo Ui‹
(hg. Raimund Gerz)